缺乏自我認同│家庭教育偏激│情緒表達障礙│社交恐懼
16個青少年諮商個案，揭開成長之路的破碎與迷茫

韋志中，周治瓊 著

榮律

破繭的青春

FEATHERING

孩子與家庭的心理對話

- 社交障礙
- 自卑心態
- 缺乏安全感
- 極端控制慾

16個臨床心理案例剖析青少年的內心困境，
解讀孩子的心理矛盾，
探索家庭模式對情感與行為的影響！

目錄

前言 ………………………………………………………… 005
Story 1　爸爸是賺錢工具 ………………………………… 009
Story 2　媽媽的手就是我的手 …………………………… 023
Story 3　父母真的長大了嗎？ …………………………… 041
Story 4　「乖小孩」之殤 ………………………………… 053
Story 5　「壞小孩」之悲 ………………………………… 069
Story 6　文化與家庭之戰 ………………………………… 085
Story 7　「生塊叉燒都好過生你」……………………… 105
Story 8　用生命來爭奪控制權 …………………………… 123
Story 9　上學為何這麼難？ ……………………………… 143
Story 10　「笨小孩」之盼 ……………………………… 159
Story 11　情緒總是失控，為哪般？ …………………… 173
Story 12　你要上廁所嗎？ ……………………………… 189
Story 13　普通家庭的「富二代」……………………… 201

目 錄

Story 14　希望生病 ……………………………………… 215

Story 15　越保護，越自卑 ……………………………… 231

Story 16　頹廢的孩子，是因為懶嗎？ ………………… 247

前言

　　本書選取我在兒童青少年臨床心理治療中的十六個典型案例，涉及拒學、情緒問題、人際交往問題、家庭關係問題、自我認同問題等各種兒童青少年成長發展中所遇到的各類困擾。年齡跨度從九歲到十八歲，讓讀者能夠從中看到不同年齡階段孩子的心理特點、內心想法，進而理解他們內心的渴望和需求。身為臨床心理醫生，我從未將我的來訪者當成真正的病人看待，而是努力去了解他們最真實的困惑和無助、憤怒和悲傷。他們從弱小無助的孩童時代，走到狂風暴雨的青春期，小心翼翼地成長，變得成熟，這原本就是一個不易的過程。我希望在他們這一段珍貴而懵懂的人生過程中，為他們提供力所能及的支持和陪伴，給予他們信心和勇氣，最終，能夠使他們相對順利地走向人生的下一階段，收穫別樣的精彩人生。

　　本書中所選取的全部案例，都是臨床工作中令我印象深刻的孩子，我也希望讀者朋友，無論是家長、教師，抑或是青少年自己，都能在層層的文字敘述中發現這些與眾不同的兒童青少年出人意料的一面，都能理解他們不為人知的真實面貌。其中的好多孩子，都讓我忍不住心生憐惜。比如那個很有意思的故事「生塊叉燒都好過生你」中的小男孩，在調皮和不可理喻的外表下，有一顆敏感和渴望父母認同的心；又如那個老師和家長眼中的壞女孩，她拚盡全力去跟家人抗爭，去表達她對父母的滿不在乎，實際上卻是在拚命掩飾自己被父母忽略和誤解之後脆弱的內心；再如那個胖胖的智力並不高的女孩，她沒有放棄自己，她竭盡全力透過自己的方法，讓家長和老師看到她，證明她自己也有價值和亮點，

前言

我至今都記得她將自己所作的畫給我看時眼中的光亮。

孩子的世界其實很單純，即使這些從醫學的角度看來有一定心理問題的孩子亦是如此。只是，他們找不到一個合適的方式去跟世界表達自己，他們渴望被看見、被聽到、被理解，卻因為不得要領，橫衝直撞，碰得頭破血流。

另外，此書中還有大量家庭模式分析的內容，我嘗試系統性地闡述家庭模式與孩子所謂「症狀」之間的關聯，希望為讀者提供一個別樣的視角，去看到兒童青少年在自我探索過程中所遇到的阻礙和波折，而不是簡單以一個心理醫生的視角去為他們貼一個疾病的標籤，去否認他們變化的可能性。我總是跟家長們說，我之所以選擇做兒童青少年心理工作，就是因為他們是一個充滿希望的群體，他們的可變性非常強，我曾親眼見證無數孩子徹底改變了消極的模樣，我對他們的未來充滿信心。只要家長不放棄，老師不放棄，心理工作者不放棄，孩子即使無數次跌倒，也還是有可能重新站起來，迎接新的人生。

兒童青少年階段，充滿著不確定性和變化性，讓人心生惶恐，卻也因此充滿魅力。

成書的初衷便是在家長、教師、普通成人與兒童青少年之間搭起一座理解的橋梁，減少因為誤解和失望造成的誤會和悲劇。在臨床中，我們每天都會聽到、看到，當孩子跟父母說自己「可能得了憂鬱症」，原本是好不容易伸出的求助之手，卻被父母一把推開，換來一頓責罵，「整天想東想西，沒病都想出病來」，或者是「你還這麼小，知道什麼？自己好好讀書」。孩子於是只好失落地收回自己求助的雙手，因此延誤治療，甚至導致無法挽回的悲劇。

當今華人心理學知識的普及還遠遠不夠，即使經濟發展良好，但對於心理的了解、意識和包容卻還遠遠滯後於經濟的發展，許多家長仍覺得心理疾病是晦氣、不吉利的事情，情願孩子身體上患有重病也不要出現情緒和心理問題。無奈嘆息之餘，我也希望能為改變這樣的現狀做一些努力。文中的所有案例基本都是以故事的形式展現，沒有強行罩上心理學的神祕面紗，而是以盡可能通俗的語言，呈現案例層層剖析的過程，讓讀者們有能夠更理解所有孩子內心糾結的動力，能更包容他們表面的情緒和行為問題，向他們伸出援手，為他們的成長保駕護航。

除了為本書成書過程付出巨大努力的工作人員，我要特別感謝本書故事中的每一位主角。感謝他們信任我，願意跟我分享他們的故事，並且允許我將故事分享給更多讀者和需要幫助的朋友。出於隱私的考慮，本書隱去全部主角的關鍵資訊，同時對涉及隱私的故事內容稍加加工和調整，以保護我們的來訪者，也真誠懇請讀者不要隨意揣測或者對號入座。他們的故事，更像是可能發生在每個兒童青少年身上的真實情景，理解他們，也能讓我們更理解身邊的每個孩子，更好地跟他們相處。

最後，如在書寫過程中有任何不當之處，或闡述不夠清晰合理之點，亦請指正和提出建議，真誠感謝！

前言

Story 1
爸爸是賺錢工具

Story 1　爸爸是賺錢工具

「喪偶式育兒」、「雲端配偶」、「詐屍式育兒」……諸如此類的話題近年來越炒越熱，人們紛紛批判爸爸們的不作為、老公們的「大爺」作風。我無意參與到這樣的爭論中，成為女權主義者或是將華人社會中的爸爸批判得體無完膚。

眾所周知，這一現象的形成是有歷史原因的。男女平等了這麼多年，讓我們忽略了幾千年傳統家庭文化對現代社會的影響，但其實，它的影響比我們想像中還要大，還要深遠。這不是某一方完成的角色分配，而是一種共謀和潛意識選擇，我們希望從實際的案例中去探討這種共謀的可能影響，看看這樣的家庭分工，這樣的角色缺位中，是否真的有完全的受益者。

「我爸就是賺錢工具。」這是一個18歲的孩子對他爸爸的評價，他用了一個比喻，表達出爸爸在家庭中的位置，不帶任何情感。

他是因為人際關係問題來找到我的。他18歲，原本應該上高三，但因為休了一年學，現在繼續上高二。他過來的時候剛復學不久，還是無法融入班級，自覺比較有個性，跟同學格格不入。他一坐下來就跟我講到很多自己跟同學的不同，同學感興趣的事他都不感興趣，覺得同學都很幼稚，喜歡看小說、打遊戲、追星，自己一樣都不喜歡，跟他們說話無聊。沒有共同語言，他也懶得找共同語言，加上班裡的同學原本就已經同班一年，中途插入的他顯得很突兀，便慢慢地被邊緣化了。所以，他現在很討厭去學校，很不喜歡這個班的人。他說完這些就沉默了，因為要說的都說完了，而原本一個小時的治療時間，他才只說了不到十分鐘。我尷尬地笑笑，我明白他的意思：我把問題都告訴你了，你趕緊幫我解決吧。

我並不想去做這個拯救者的角色。

同學感興趣的他都不感興趣，這讓我挺好奇的，我於是問他：「那你對什麼感興趣呢？」他說：「電子產品，準確來說是手機。」他喜歡手機可不是喜歡玩手機，或者用手機玩遊戲、看影片那麼簡單。他喜歡的是換手機，跟隨手機廠商出新手機的頻率換手機。他有固定喜歡的幾個品牌，只要出新款，他就換。平均每個月要換兩三臺，且從不買低端機，每一臺大概都要兩三萬元。在休學的那一年時間裡，他光是買手機就花費了近五十萬元。因為經濟條件所限，他有的時候會將舊手機賣掉，換成錢添補著買新的。但手機是一個折舊率非常高的東西，一個手機他用十來天，可能賣出去就要少將近一萬元。不過，他完全不這麼看，他覺得自己用著盡可能少的錢，不斷更換最新款的手機，是一種有經濟頭腦的表現。

什麼樣的家庭有這樣的經濟實力？是家裡有礦嗎？恰恰相反，他出生在一個普通的工薪家庭裡，媽媽是家庭主婦，全靠爸爸一個人賺錢。為了獲得更高的薪資，爸爸長期在外地工作，一年可能也就見他兩三面，好的時候會在假期時和家人一起住一段時間，但在他18年的生命裡，爸爸的形象是異常模糊的。爸爸拚命在外賺錢，只是賺錢的速度永遠比不上他花錢的速度，爸爸難免抱怨責備，加上平時相處少，交流少，他印象中的爸爸就變成了一個古板、嚴肅、動不動就打人的凶神惡煞。父子關係異常糟糕，他甚至不願意叫爸爸，只是稱「那個人」或者直呼其名。諷刺的是，他所花的每一分錢都來自爸爸。

因為距離遙遠，爸爸不善表達，長久以來這個父親表達愛的方式就是為孩子買東西。曾經有一次孩子過生日，想要一個遙控飛機，爸爸二話不說，五萬多元的遙控飛機便買給了他。小時候，孩子對爸爸還是有

Story 1　爸爸是賺錢工具

期盼的，等著爸爸回來幫他買想要的東西。而現在，這樣的方式並沒有換來雙方關係的改善，只有要錢時，他才會主動去找爸爸，而且開口簡單直接：「匯一萬塊錢過來。」他說：「那個人除了打罵我，否定我之外，跟我沒有任何交流，我覺得他不在家更好，最好一輩子不要回來。」他說這個話，是他情緒問題嚴重的時候，這對夫妻曾經商量要不要讓丈夫回來，在離孩子近的地方工作，但被孩子嚴詞拒絕，甚至表示爸爸回來，他就離家出走，這個家「有我沒他」。當然，這並不影響他繼續用爸爸的錢。有時候他覺得那個男人實在太討厭了，自己不想跟他說話，於是就找媽媽要錢。我問：「你知道你媽媽的錢是你爸給的吧？」他說：「知道啊，那又怎樣？」是啊，那又怎樣？我無言以對。

這對父母其實自己非常節儉，捨不得吃、捨不得穿，日用都是最簡單的東西，但對於小孩卻是極盡大方，甚至可以稱得上奢侈。從小到大，只要孩子想要，他們都會盡可能去滿足。花錢，成為他們表達愛最主要的方式。他媽媽曾經跟我說：「我跟他爸爸都是農村出來的，小時候吃了很多苦，很羨慕別的小孩什麼都有，所以我們都希望給自己的孩子最好的。」他們想著給予孩子更多物質滿足之後，孩子的成長過程中會少一些遺憾，將來就會相對順利。我們不在此探討這對父母是在滿足自己的需求還是孩子的需求，有如此想法的家長，在臨床中並不少見，物質匱乏的環境中成長起來的父母，總是如惡補小時候的自己一般，給予孩子自己曾經夢想中的一切，將孩子培養成「富二代」的標準形象。多年後他們才發現，不知不覺間，孩子將一切看作理所當然，不感恩，不自我努力，像寄生蟲一般賴在家裡，走不出去。

他跟媽媽的關係很親密，這個 18 歲的孩子，走到哪裡，都要媽媽陪著，包括來做心理治療。他 6 歲左右和父母分房睡，但是在此期間他的

爸爸都是不在家的。他晚上很害怕，媽媽不忍心，有時候也會繼續跟兒子一起睡，直到小學畢業，他才基本能夠自己單獨睡。到18歲了，他還是有很嚴重的分離焦慮，他自己一個人的時候會覺得很恐懼、很空虛，媽媽一出門就擔心媽媽會出事，會不斷打電話給媽媽，問她什麼時候回來。一旦媽媽不接電話，他就變得異常焦慮，一個接一個地打，坐立不安，什麼事也做不了。每個家長都知道需要逐步跟孩子分離，但分離遇到困難的時候，父母的處理方式，會直接影響到孩子接下來的成長過程。在母子分離的過程中，父親的參與尤為重要。遺憾的是，他的爸爸幾乎在他的整個成長過程中都缺席。

跟這個孩子接觸，會讓我不自覺地忽略他已經是一個18歲的成年男孩，總覺得像與十二三歲的小孩相處，跟他說話，感覺他與其他同齡的高中生思維方式總有差距。他很少主動說話，大部分時候都是等著我問，他說自己找不到話題，也不知道談什麼好。不過，他每次都準時過來，當然，媽媽都陪著一起來。他好幾次說：「我不太知道該怎麼跟你表達我的想法，要不然讓我媽媽進來跟你說，我媽媽會說得更詳細，她更知道我在想什麼。」我驚訝起來：「她比你自己還知道你在想什麼嗎？」他低頭想了一下，大約第一次聽到有人這樣問他問題，接著說：「可能吧，反正她說得比我好。」於是，我才知道，從小到大，只要與媽媽外出，有熟人問問題，媽媽都會自然地替他回答，他只需要乖乖地站在旁邊就好了。媽媽總有說不完的話題，寒暄話說得體面光鮮，他很佩服媽媽這一點，對比之下，自己就笨嘴拙舌，什麼都說不清楚，也不會聊天。

他從不主動跟別人聊天，都是對方找他，沒有人主動找他時，他就一個人孤獨地待著。他上學的大部分時光都是一個人度過的。不過，他也不是完全沒有朋友，在國中的時候他幸運地交到了幾個朋友，相對比

Story 1　爸爸是賺錢工具

較順利地度過了國中三年。不過,他的朋友都是女孩子,而且大部分都比他大,他說自己跟男同學聊不來,男同學也不太樂於跟他相處。他說:「我跟女孩子相處比較安心,跟男的總覺得不自在。」他的女性朋友多把他當「閨密」看待,有什麼心事都跟他說,他是個很好的傾聽者。他跟女孩們相處,看起來沒有明顯的性別界限。

　　他有一個交往了近一年的女朋友,與對方關係非常親密。女孩在上學,他會每天接送,休學期間他幾乎不出門,只有女友叫他,他才會興致高昂地外出。雙方分開的時間不會超過 24 小時,此外還要時時保持聯絡,要求對方去哪裡都要拍照報備,對於女友和異性的接觸他也非常敏感。當然,這是極有默契的一對,女友也接受這樣的親密,甚至會檢視他所有的線上聊天紀錄,對他與異性的任何交流都高度警戒。對方的一舉一動都牽扯著他的情緒,女友沒有及時回覆訊息,他便焦慮起來,不管女友是否在上課,都一遍又一遍地打電話,因此,雙方發生爭吵是家常便飯。吵得激烈,分手便脫口而出。交往近一年的時間裡,他平均每個月都會說一次分手,不過大部分的時候都像是小孩子扮家家酒,一兩天之後他又會去找對方,或者買很貴的東西送對方,就又和好如初。只有一次,雙方發生持續的爭吵,女友將雙方聊天紀錄發到動態上大罵他,很多人都在留言裡指責他不負責任,他又偶然間發現女友跟前男友有聯繫,一系列的事情把雙方的關係逼到冰點。他跟我說:「那次我們的關係是徹底完了,絕對沒有復合的可能了,她傷透了我的心。」言語中滿是憤怒,他發狠地表示絕不再聯繫對方。我靜靜地聽他講,不置可否。幾天之後,他突然想不通了,覺得離不開對方,沒有女友的陪伴,自己的人生完全沒有意義。於是,他又拚命打電話給女友,但女友將他拉進了黑名單,他激動之下吞了十幾顆感冒藥,吃完藥之後他緊張地打

電話給媽媽，緊急去了醫院，雖然醫生覺得問題不大，但他仍然堅持要洗胃。媽媽想辦法聯繫到女孩，女友慌忙趕來，雙方抱頭痛哭，女友感動於他的真誠，他反覆表達「離不開你，離開你我不知道怎麼活下去」。就如言情劇的情節一般，兩人每天都在山盟海誓和撕心裂肺中度過。總之，雙方再次復合，不過相處模式毫無變化，平靜感動地相處了幾天之後，又再次重複爭吵、分手、復合的循環。他說：「我女朋友就是我目前全部的人生寄託，只有她可以拯救我。」寄託沒有了，自然就活不下去了。他以為情侶之間的相處都如他們一般，他說：「哪對情侶不吵架，對吧？」我問他：「這樣吵會覺得累嗎？」他低著頭，沒有回答。在家庭之外的親密關係中，他把女友當成自己的一部分，而不是獨立的個體去相處和互動，恰巧對方也不是人格成熟的個體，由此雙方上演著一齣齣「相愛相殺」的言情劇，感動彼此的同時，也折磨得彼此身心俱疲。

與他和兩個女人之間異常糾結的關係相反，他對爸爸的態度卻是非常決絕的。他直接說：「我不希望他回來，他一回來就只會吵架，打罵我，說我不去上學，說我這不好那不好，說我沒前途，將來想掃馬路都沒人要⋯⋯」他滿臉不悅，總結說：「總之，我在他眼中就是一無是處。反正這麼多年沒他在家，我都習慣了。」媽媽會補充說：「他爸爸的脾氣真的是⋯⋯我都受不了。」我問媽媽：「怎麼受不了呢？」媽媽表情悽苦，沉默良久，大約是往事不堪回首，接著說：「孩子說他是賺錢工具，我也覺得他是賺錢工具，這麼多年，除了拿錢回來，我感受不到他對這個家有什麼意義。孩子有錯，他除了打罵，從來不會好好說，跟我說話也是，從來沒有好語氣。」很明顯，這個媽媽是站在孩子這一邊的，我內心一沉，這可不是一個好的訊號。兒子說得更直接：「我覺得我爸根本就配不上我媽，我媽肯定是後悔跟他結婚。」我趕緊問：「你怎麼知道你媽媽

Story 1　爸爸是賺錢工具

後悔呢？」他回答得很快：「我媽自己說的。」我看著媽媽，媽媽大約覺得這樣的話不太適合在治療中談論，便含糊地回應：「沒有什麼後悔不後悔的，現在關鍵是治好孩子的病。」她也許並不知道，這樣的話，在一個青春期的孩子眼中意味著什麼，長久以來獨占母親的經驗，讓他將父親視為最強勁的敵人，而這個敵人，原本應該是這個家庭中重要的協調和平衡因素，如今卻處境尷尬。

據媽媽說，爸爸聽到孩子這樣形容自己時心裡非常難受，想不通自己近二十年為了妻兒努力工作，換來的卻是這樣的結局。媽媽也客觀地說：「我老公確實顧家，也從來不亂花錢，這麼多年一個人在外地也沒有拈花惹草。但是，除了這些，真的沒有別的了。」兒子就不同了，這個孩子雖然能力不突出，但是天生擅長跟女性打交道，媽媽說：「這麼多年，都是我跟孩子相處，我們經常聊天，他什麼事情都會跟我說，跟女朋友相處的點點滴滴也不會瞞我。」果然是母子連心。可爸爸呢？爸爸自從孩子排斥自己回家後，最近幾年一直在遙遠的外地工作，有時甚至一年都回不了家一次。為何走那麼遠？除了工作本身的調動和安排，還因為工作待遇較佳。只有他把錢給孩子的時候，孩子對他的態度才會稍微客氣一點，不會發脾氣。當然，這種態度的持續時間很短暫，平時沒有特殊情況，兒子是不會主動跟爸爸聯繫的。媽媽會跟老公聊兒子的事情，但多半也是談不到幾句便爭吵起來，雙方意見完全不一致，最後就變成了互相指責。爸爸變成了這個家中可有可無的存在，平時母子倆很少提到他，不過雙方都知道他真實地存在於這個家庭中。

爸爸成了這個家庭的影子。母子間卻相互依靠、陪伴，誰也離不開誰。

青春期，是孩子處於孩子和成人之間的過渡期，著名心理學家艾瑞

克森（Erik Homburger Erikson）說，青春期孩子需要完成自我認同，會面臨自我同一性和角色混亂的衝突。一方面，青少年本能衝動的高漲會帶來問題；另一方面，更重要的是青少年面臨新的社會要求和社會衝突而感到困擾和混亂。所以，青少年期的主要任務是建立一個新的同一感或自己在別人眼中的形象，以及他在社會群體中所占的情感位置。艾瑞克森在 1963 年時說：「這種同一性的感覺也是一種不斷增強的自信心，一種在過去的經歷中形成的內在持續性和同一感（一個人心理上的自我）。如果這種自我感覺與一個人在他人心目中的感覺相稱，很明顯這將為一個人的生涯增添絢麗的色彩。」很顯然，我們故事中的主角沒有順利地完成尋找自我同一性，以及在社會群體中找到自己位置的這個過程。他在團體中找不到自己的位置，他厭惡團體規則，覺得群體中的其他人都無聊、幼稚，同時他又極度自卑，認定自己不會說話，不知道如何表達自己的內心想法。他在家庭中的位置也同樣尷尬，原本應該在孩子位置上的他，站到了爸爸的位置上，去陪伴母親，開解母親，當然也由此享受到普通孩子無法享受的權力，在家中擁有著絕對的話語權。顯然，這對一個青少年來講並不是一個舒服的位置，他進退不得，焦慮而徬徨。

　　按照他的年齡，他原本應該在進入青年階段時，去體驗親密關係，以此來避免孤獨，而他與女友之間的關係，更像是拋棄自我的融為一體，但融為一體後彼此都不舒服，不斷爭吵，互相攻擊，卻又無法真正地分開。這不是健康的親密關係，他在這段關係中也不能真正不孤獨。沒有對方就活不下去，不是真正的愛對方，那更像是孩子離不開母親的感覺。因此，從這個角度講，他並未實現真正的獨立，青春期未完成的遺留任務，影響到了他接下來的生活和人際關係。

　　而這個青春期過渡的失敗，與父親的缺席有莫大的關係。

Story 1　爸爸是賺錢工具

在孩子離家，進入社會的過程中，爸爸扮演的是一個榜樣的角色，是規則的制定者，需要在孩子在外遇到挫折往家裡逃的時候，推他一把，給予他一定的力量和壓力；更需要以自己的親身經歷給予孩子一些引導和建議。對於這個孩子而言，這些都是缺失的。母親過度保護，過度包辦，讓他對自己的能力評價非常低。與此同時，每次遇到挫折都能逃回家，都能有人幫自己善後的經驗，讓他總是有機會往後退，往家裡逃。媽媽還是不斷去給他幫助，幫他跟學校請假，幫他承擔家庭中原本應該由他來盡的責任，甚至他跟女朋友發生爭執，母親也會出面調和。這個家庭的秩序是錯位的，孩子是這種錯位的受益者，也是受害者。他想盡辦法將爸爸趕出家門，以便自己可以獨占母親，繼續若無其事地留在家裡，他享受著這種唯我獨尊的感覺。殊不知，長遠而言，他是讓自己的人生一直卡在家裡，看不到未來，他也不可能真正找到人生的價值和意義。

從故事中母親的角度而言，從小跟孩子「親密無間」的依戀已經成為一種控制。孩子離不開媽媽，反過來講，這個近二十年與丈夫分居兩地，沒有工作，沒有過多的娛樂，也沒有親密朋友的母親，她的情感同樣無處安放和寄託，她需要被孩子需要的滿足感。很多媽媽會這樣說：「不行啊，我一離開，他就把事情搞得一團糟。」理由很充分，但不放心、委屈、抱怨中，是有滿足的，這是不健康的情感滿足。

男孩會和爸爸競爭自己的母親，而這場競爭，只要夫妻之間足夠相愛，就不足為患。對男孩而言，這場競爭的失敗，具有里程碑式的意義，他能夠在哀悼和失落中接受，媽媽屬於爸爸，而我應該尋找自己的伴侶。而如果這場競爭他不費吹灰之力便獲得了勝利，他又為何要歷經千辛萬苦去離家呢？

唐納德・威尼柯特（Donald Woods Winnicott）說：「父親們，活下來，

活下去，在孩子的童年裡，不死亡，不退場，熬過生活的艱辛，熬過妻子從對你向對孩子的情感轉移，熬過孩子對你的親近和依戀，熬過他們對你的理想化，熬過他們的憤怒，熬過他們的失望，熬過他們一會把你視為神、一會視為蟲的戲劇性起伏，最終在他們心中成為一個普通的，但卻深愛著他們的老男人。你還站在那裡，你還堅韌地存在著，因為你是父親。」而這個故事之中的父親，一個階段都沒有熬過，他早早退場，帶著悲憤，遠離了孩子，也摧毀了孩子。

家庭生活中，跟孩子相處，跟妻子相處，身為爸爸和丈夫的男性很容易生出「算了，我退一步」的想法，因為在傳統價值觀的評價標準中，爸爸有一個天然的逃避場所 —— 工作。在婚姻家庭中，有一類男人他是離家出走的。爸爸在家庭中要經歷夫妻相處的挫折和磨練，在孩子出生到不斷長大的過程中，家庭不斷面臨著變化和挑戰，甚至要經歷一些較量和戰爭。大多數時候，這種較量都是沒有硝煙的，是心理上的較量，是關係當中微妙變化的較量。在妻子分娩前後，丈夫就開始落寞，此時他眼中只有自己的妻子，開始天天盼望著新生命的到來，而當孩子出生後，這種落寞達到最高值，小嬰兒需要全身心投入地去照顧，需要母親時時陪伴在身旁，爸爸在此時，能插手的地方並不多。家庭的動力發生了變化。先是夫妻二人，你中有我，我中有你，慢慢變成了母子（女）兩個人，眼中只有彼此，爸爸在此時很容易被擠走。三角關係中，總有一個人會不自覺地被忽略，但這種忽略不能是長期的，夫妻永遠應當是家庭中最穩固、最堅強的連線，夫妻二人需要共同努力，讓丈夫回歸，要把孩子推出去，推到團體生活中去。

這個過程並不容易，需要夫妻二人密切配合，需要丈夫不嫌麻煩、不畏拒絕地靠近妻子，奪回自己的地盤。

Story 1　爸爸是賺錢工具

　　當然，很多時候男人們懶得去做這件事，他們沒有勇氣，甚至無所謂，不願意搶，不願意奪回自己的家庭陣地，而是選擇轉移陣地，忘我工作，甚至去尋找新的親密關係。就好像在戰場上兩軍對壘的過程中，一方還沒開戰就撤退了，跑得遠遠的，剩下的一方連對手都沒有。撤退是最簡單的，社會價值觀甚至也縱容著這種撤退：「男人只要拿錢回來就算好老公、好爸爸了，不要要求那麼高。」「男人在外面打拚已經很累了，回家玩玩遊戲，放鬆放鬆也是應該的。」「孩子才是自己的，老公說不定哪天就變成別人的了。」於是，很多爸爸就心安理得地繼續「偽單身」的生活。

　　在臨床中，也經常見到另外一種現象，就是退休的爸爸突然遺憾太少陪家人了，孩子好像一夜之間就長大了，自己還沒來得及好好管教。於是他滿懷熱情地要將自己畢生的經驗教訓都教給孩子，給予孩子全方位的指導和干預。而這時，孩子已經成年，渴望擁有自己的空間，想按自己的意願安排生活。只是，退休後孤單空虛的父親卻是不能允許的，從工作選擇，到結婚對象，甚至是日常穿衣吃飯，他都要指教一番。當然，孩子已經不是當年那個盼望著父親回家，喜歡父親陪伴，仰慕著父親的孩子了，不爽便會反抗、嫌棄，於是家庭紛爭不斷，於誰都無益。

　　爸爸需要在孩子需要、家庭需要的時候在家庭中活下去，並不是在前十幾年中都完全「死亡」，或者偶爾「詐屍」，然後又在自己想回歸、想存活的時候理所當然地期待孩子與自己關係親密。要知道，陣地一旦失守，要想再次奪回，是難如登天的。

　　丈夫需要活下去，陣地便不能丟，妻子是自己的，對於孩子也要擁有責無旁貸的教導責任。孩子的成長只有一次，一旦錯過，必然後悔莫及。

故事中的爸爸始終沒有出現，治療一度陷入僵局，找不到方向，沒有進展。後來我問他：「你做心理治療，是因為你媽媽要你來，還是你自己想來？」他誠實地回答：「我媽要我來，我就來了，反正也不是我給錢。」他說：「我並不相信我目前的狀況能夠改善，我覺得我什麼都改變不了。」接著，他就不斷冒出一些新的病症來，比如說腸胃突然不舒服，食慾不振，每天吃一頓飯，或者什麼都吃不下，短時間內瘦了快五公斤。媽媽焦慮地帶他到各處尋醫問藥，他都乖乖去。我問他：「不吃飯不難受嗎？」他有氣無力地回答：「我真的沒胃口。」當然，他因此又繼續跟學校請了一個月的假，繼續待在家裡。

他不想好起來，面對外界的壓力，他有無法言說的恐懼。

沒辦法做家庭治療，面對這個18歲的孩子，我只能從孩子的角度入手，希望更多地調動他的主動性和責任感。我明確告訴他治療一定要是他自己願意來，而且有他自己的目標，不然，沒有真正的意義。在治療過程中，我也不再只是自己去找話題，而是多給他一些空間，他不說話，我也盡量不主動說話。他很多時候仍然沉默，等著我找話題，我便也等著他。他每次過來，我都問他有沒有想好自己想說什麼，想跟我討論什麼，他也談到不知道說什麼。這是個冒險的嘗試，我抱著破釜沉舟的決心，想激發他的主動性，讓他看到自己的能力和價值。

這之後，他有好長時間沒有來，後來預約了一次，諮詢中仍然說在學校很緊張，媽媽總是念他，讓他很煩。後來，有半年時間他沒有再來。半年後的一天，他突然主動約我，這是一個奇蹟般的事情，我都覺得有些難以置信。以前都是他媽媽約好，他只負責出席。不過，我並沒有按照他的要求，第二天就立刻為他安排，我知道，等待對他而言是有意義的。我刻意為他安排了一個兩天後的時間。他準時到來，是一個人

Story 1　爸爸是賺錢工具

過來的。他剛一坐下就滔滔不絕地講起來，好像變了一個人。整整一個小時，我幾乎不用找話題，他有他的目的和想法。他說自己重新回到學校了，這次想找我是因為在學校被老師誤會，當眾批評了，自己心裡很不爽，覺得這個老師師德有問題，所以想立刻找我，跟我談。我輕輕一笑，心想：果然還是如孩子般一刻都不能等，希望對方隨叫隨到。不過他接著說：「但是你沒有時間，這兩天我自己想了想，又沒那麼生氣了。他是老師，總不可能什麼都了解得一清二楚。」我趕緊回應他：「所以你自己處理了你的憤怒。」他不好意思地笑笑。接著，他興高采烈地跟我講新班級的生活，說這個班的同學人都挺好的，不會對自己另眼相待。因為自己沒住校，經常為他們帶些零食，慢慢地大家就熟悉起來了。當然，他大部分的朋友還是女孩子，用他的話說：「至少我跟男生當普通朋友還是沒問題的。」他臉上神采飛揚，像完全變了一個人，有著自信的光芒。他沒有提起爸爸，我便沒有唐突地問，只是真誠地笑著對他說：「看到你的進步，真替你高興！」他開心地笑。

　　我並不確定這個孩子是否真的擁有了完整的變化，不知道他再次遇到挫折的時候是否還會想要退回家中，我只能祝福他，能夠在群體中找到屬於自己的位置，穩穩地待下去，在廣闊的天地中，擁有自己的一席之地。

　　父親們不要再做「賺錢工具」、「擺設」或「影子」，在家庭中「活下來、活下去」，找到屬於自己的位置，為孩子的成長留下屬於爸爸的印記。爸爸，這個光榮的稱呼，會伴隨孩子一生，將帶給他們無可替代的影響。

Story 2
媽媽的手就是我的手

Story 2　媽媽的手就是我的手

　　何為「母子連心」？這個故事讓我有了更深刻的體會。

　　這個小朋友上小學四年級，半年前因為沒有完成作業被老師當眾責罵，當時在教室裡就哭了起來，只是回家後什麼都沒說。之後便出現一連串的情緒問題，在家容易發脾氣，想到要去學校就緊張，不願意出門等等。漸漸地，他就鬧著不願意去上學，家裡炸開了鍋，爺爺奶奶媽媽輪番上陣進行思想教育，「怎麼能不上學？上學是每個學生應盡的責任，你不能這麼任性，這麼懶……」嘴皮都磨破了，依然不管用，他只是在家哭，賴在床上不起來，就是不上學。好勸不管用，耗盡了家長的耐心，爭執再一次更新：打罵伺候。打罵了幾次之後，小朋友果然不說不鬧了，每天哭著去上學，彷彿去的不是學校，而是去刑場一般。然而好景不長，一段時間之後，無論怎麼打罵，他都不願再去小學，一整天都蜷縮在床上拿著被子捂著頭，一聲不吭，誰都不見，什麼都不要，誰去靠近他，他就大哭大喊，掙扎反抗；晚上也難以入睡，常被噩夢驚醒。家裡人慌了手腳，媽媽看著孩子的樣子，無比心疼，便辭掉了工作，每天寸步不離地陪著孩子，對孩子基本有求必應，想盡辦法哄他開心，不管孩子怎麼攻擊她都默默承受，如此一個多月之後，孩子才慢慢再次信任了媽媽。不過，他只信任媽媽，只要媽媽，彷彿變成小嬰兒一般，媽媽走到哪裡便跟到哪裡。

　　媽媽陪他去上學，他就跟著去學校。他在教室裡有了一個專屬的位置，在教室的最後一排，旁邊加一個媽媽坐的位置，媽媽正式做起陪讀的工作。這份工作24小時上班，一刻都不能休息。不管他做什麼事都要陪著，聽課要陪著他聽，他跟朋友玩的時候要站在他旁邊，他需要不時跑到媽媽身邊尋求媽媽的回應，這些也就罷了，連媽媽上廁所他也要跟著，站在廁所外面等著，弄得媽媽非常尷尬。這個快十歲的孩子，好

像長回去了一般，幼稚而黏人，一分鐘見不到媽媽就不管場合地大聲喊叫起來，再得不到回應就哭鬧起來，同班同學怎麼看，他絲毫不在意。他還有一些很有意思的表現，比如說老師上課提問，點名要他回答，他卻像沒聽到一般，安定地坐在位置上，不反應，也不抬頭，只是坐在那裡，要是逼急了就小聲說一句「我不在家」，弄得老師哭笑不得。而且，他耐心極好，不管老師等多久他都不回答，連「不知道」也懶得說，就只是沉默。偌大的教室，大家都眼睜睜看著老師，老師被架在一個進退不得的位置上，無辜又無奈。又比如，假使他跟同學發生了爭執，不管是誰更不對，他都一律第一時間大哭起來，旁若無人，哭聲大到整層樓都能聽到，而且經久不息，從無中途休息的情況，老師上課也上不了，一直要哭到當事人來向他道歉，全班同學來安慰他，他才慢慢止住。所以，雖然他長得瘦瘦弱弱的，但大部分同學都不敢招惹他，盡量讓著他。

見我之前，媽媽反覆跟我強調，這個孩子以前不是這樣的，他以前很乖的，是因為被老師批評，家長不知道情況，又打罵他，他才變成了現在這樣。言下之意，他現在這個狀況主要是外界原因造成的。接著，媽媽又焦慮地表達目前的無助：「我們不陪他，他又不願意去上學，我們也沒有辦法，學校也給我們很大的壓力，說這樣陪讀對其他孩子影響不好，我們真的不知道怎麼辦好。」

一個孩子，竟然能把全家和老師、同學都弄得只有招架之功，全無還手之力，我倒好奇起來。媽媽猶豫再三，才終於將他帶了過來。

我仔細打量他：看起來比四年級的孩子要小一些，瘦瘦弱弱的，拉著媽媽。他的手一直放在嘴巴裡，一直在咬手指。媽媽告訴我，他從小到大都咬手指，出現情緒問題後，就咬得更厲害了。這個小孩第一次來

Story 2　媽媽的手就是我的手

的時候是爸爸媽媽陪著來的，坐在外面。治療開始，大部分孩子在動員下都是能獨自進入治療室的。我們在外面僵持了一下，他一定要他的媽媽陪著他才願意進去，拉著媽媽的衣服，手放在嘴巴裡咬著，低著頭，表情低落，這樣勉強進入了沙盤室。我們嘗試讓他和媽媽分開坐，以失敗告終，他全程基本上就是一直靠在他媽媽旁邊，一步都沒有離開。我明顯地看出他對那些沙具很感興趣，但是他扒著媽媽站了很久，一動不動，一直在咬手指。我們鼓勵他說：「你自己去選，你媽媽坐在這裡等你。」他不行，一定要拉著媽媽去沙具架前選，他想要什麼，他不會自己去拿，而是指給媽媽，讓媽媽去拿，或者拉著媽媽的手去拿，然後再放到筐子裡面拿下來，拿下來之後就開始擺了。我也明顯地感覺到，當他開始去創作沙盤的時候，他是設計好他要怎麼擺的，是有自己的想法的，但是他不動，他指揮媽媽的手，拿著他媽媽的手去擺。他媽媽就一直說：「你自己擺，我也不知道你要怎麼擺，我不知道放在哪裡。」他不說話。治療進行了一個小時，他全程一句話都沒有說，都是一直拉著他媽媽的手去做所有的事情，包括去完成沙盤的創作。

　　而且在第一次的治療當中，我基本上是什麼都做不了的，因為他單純擺沙盤就擺了一個小時。他不斷地拉著媽媽去拿新的沙具，新增很多沙具去塞滿整個沙盤，有空隙的地方全都被塞滿了。媽媽很焦慮，不斷問：「還要添東西嗎？都已經放不下了呀。」他不回答，只是拉著媽媽去做他想做的事情，完全沒有自己動過手。在這個過程當中我明顯能感覺得到，這個媽媽有很多的不耐煩，她說：「我的手都拉痛了，我覺得我不知道你該擺在哪裡。」媽媽越來越煩躁，聲音當中的焦慮也在更新，但是這個小孩全程任何的表情都沒有，他就是不說話，也不生氣，也不哭鬧，他就是拉著你的手，然後一直拉著，拉過來拉過去，就這樣完成了

我們的第一次治療。最後，整個沙盤擺得滿滿（的），一眼看去，沙具間沒有超過一指的空隙，我猜想，若是能加水，他一定會將沙子與沙子之間的空隙都填滿起來。這個沙盤創作，展示了他平靜外表下難以表達的焦慮。

他媽媽在每次治療之前都要跟我彙報他這一週的狀況，她總是翻來覆去地說：他一刻都離不開我怎麼辦？我陪得很累，怎麼辦？他要是一直好不起來怎麼辦？他到底要什麼時候才能好起來？聽到後面，我已經聽不到具體內容，只剩下滿腦子的「怎麼辦？怎麼辦？」這個媽媽的焦慮，能把一個成年人給淹沒，我心想，更何況是孩子呢？我內心有些理解這個孩子了。

他是這樣子的，在我出現在他面前之前，他跟他家裡人有說有笑，談論得很好，手機玩得很帶勁。我一出現，他就立刻變了臉，拉著他媽媽的衣服就不動了，一句話不說，不管問他什麼，似乎都與他無關。我是想做一些調整，能夠讓他和媽媽稍微分離一下。所以我鼓勵了好多次，讓他自己去選，讓媽媽坐在原處，然後暗示媽媽：「你坐在這裡不要動，看他能夠堅持多久。」事實證明他的堅持性好像比我們預想的都要好。他就一直拉著媽媽，抱定你不動我也不動的信念，穩如泰山。媽媽被纏得沒辦法，還是站起了身。媽媽幫他拿好了沙具，然後放在筐子裡面。我當時就想既然都已經選好了，你把這個沙具從沙具架搬到沙盤上面，這麼一點距離應該是沒有問題的，我也想去觀察一下他的這種無法分離到底到什麼程度，去試探一下能不能推動他自己去做這個事情。我就說：「媽媽你就坐在這裡，我們今天就一定要他自己把沙具從地上拿到沙盤上面。」

接下來發生的事情超乎我的預料。他走到媽媽旁邊，趴在他媽媽肩

Story 2　媽媽的手就是我的手

頭，嘴巴裡發出「嘤嘤」的聲音，用力地咬著手指，就像兩三歲的小孩撒嬌的樣子。我和他媽媽就不斷地跟他說：「你自己去搬啊，很輕的嘛，你可以的。」「試一下，你可以的。」但他一直保持一個姿勢，一動不動，媽媽坐到旁邊的椅子上，他就馬上跑過去，繼續趴在媽媽肩頭，保持姿勢。全程大概持續了半個多小時，只有我跟他媽媽是一直盯著鐘錶的，因為我們有壓力，看著時間一分分流走，治療卻一點進展都沒有，要知道那時間都是拿錢買來的。很遺憾，這些對他沒有任何意義，他堅定地踐行著他的堅持，半個多小時，一直趴在他媽媽的肩頭一動不動。不管我們說什麼，做什麼，不斷將筐子挪近沙盤，搬到他腳下，只是彎一下腰的工夫，他依然故我。

　　治療室裡的氣氛變得有些微妙起來，空氣裡焦慮的濃度在不斷上升，不過他像是戴了防毒面具一般，全不受影響，面不改色，他比任何人都守得住。我不由得對他心生佩服，他好像進入了一種無人之境，眼中只有守著媽媽這件事，心無旁騖，誓死踐行。沉默一陣之後，媽媽開始哭起來，邊哽咽邊說：「他好像很嚴重，我也不知道該怎麼辦，不知道該怎麼處理他的問題，我真的無可奈何了……」我沒有回應他，也沒有干預。哭了一會之後，媽媽扛不住他的嗚咽，還是為他把沙具搬了上來。他很會找臺階下，馬上就換了動作，積極地拿著媽媽的手擺放起來，完成了沙盤的創作。他再一次贏得了勝利。

　　事後我回想，發現自己被捲在其中了，這對母子之間焦慮的連線就像一個漩渦，能把身邊的力量都拉進去，被深深地傳染。必須想辦法跳出這個漩渦，要藉助其他的力量。第三次，我便將他的爸爸請到了治療室裡。這在當時是一個沒有辦法的辦法，我並不確定能否有明顯的效果。

驚喜的是，整個治療室的氛圍明顯有了改變。

相較於媽媽的焦慮，爸爸更開朗大方，他會開玩笑，會用父親特有的方式，比如手搭孩子，拿沙具去逗孩子之類的方式來跟孩子互動。他看到兒子不動，不會坐立不安，他會想辦法轉移孩子的注意力：「你要選什麼，選這個好不好？你喜歡這個動物嗎？」當然他的嘗試大多數時候都以失敗告終。他就又做起鬼臉來，講笑話去逗兒子，偶爾孩子也會笑，但都躲在媽媽背後笑，把臉埋起來，不讓別人看見，除此之外，便沒有更多的反應。爸爸也有很洩氣的時候，說：「我來也沒什麼用，也做不了什麼。他都不理我，只要他媽媽，我也沒辦法。」說著再次坐回到自己的椅子上。我極力鼓勵他，說孩子至少還笑了，前幾次他什麼回應都沒有。爸爸受到鼓舞，便再接再厲。

接著，爸爸就見識了孩子與他媽媽之間超乎他想像的難分難捨，看著他拉著媽媽的手去完成整個沙盤創作，全程身體和媽媽黏在一起，以及兒子完全不聽從指令的狀態。爸爸很沮喪地說：「我沒想到孩子的狀況會糟糕成這樣。我以前一個月才回家一次，每次回家待的時間也很短……」說到這裡他就停住了，沒有繼續往下說，神情複雜，妻子也神情複雜地看了丈夫一眼。可以猜到，大意是他跟妻子和孩子沒什麼交流，對他們的情況都不甚了解。他一直堅信孩子的狀況不嚴重，是媽媽一定要陪著他去上學，是妻子太寵孩子，而且很不滿意妻子不聽他的勸告。平時，在跟妻子的交流中，他也不斷流露出責備的意思，他堅信給兒子來點硬的，兒子很快就可以好起來。總之，他認為妻子是自找的。他不同情，不支持，不理解妻子，克制地指責和埋怨，不斷損害著夫妻之間的關係。他親自去體驗了與兒子互動的挫敗，看到妻子面對孩子的無可奈何，想法才稍有了改變。

Story 2　媽媽的手就是我的手

　　這一次治療之後,這個孩子終於開了金口,讓我聽到了他雖不大,卻可愛的聲音。

　　我嘗試問他:「你擺的沙盤是什麼意思,你想表達什麼呢?」沒想到他居然認真地回答起來。他怎麼說呢?趴在媽媽的耳朵上,悄悄說,再由媽媽把他的話大聲地說出來,媽媽似乎很習慣做這件事,做起來很自然。我再三請他自己大聲說,徒勞,他依然堅持讓媽媽做他的傳聲筒。我詢問他在學校裡的情況,他就會說在學校裡有一些討厭的同學,會替他取外號,還說數學老師凶,經常會罵同學,自己很怕。當然,這些都是透過媽媽生動地翻譯出來的,他的回答非常簡短,惜字如金。他的媽媽很厲害,很懂他的心。全程我都聽不清他的聲音,他聲音真的很小,我乾脆放棄了,直接聽媽媽的翻譯版。他談到一件事,關於與同學發生爭執,媽媽便教育他:「他打你,你不理他就好了。」孩子不服氣:「爸爸叫我打回去的。」他這句話說得非常清晰、堅定。我留意到這個細節,知道夫妻教育方式上有衝突,另外,爸爸的教育方式能夠給孩子力量。

　　在這之後,他開始用自己的手去完成沙盤創作了,擺自己喜歡的恐龍,一個個對戰狀態,列隊站立。擺完之後他繼續趴在媽媽的肩頭,把手放在嘴巴裡,繼續咬。與之前相比,他沙盤擺放得很順暢,不再猶豫不定,不斷調換,我能感覺到他焦慮的減輕。他描述自己擺了一個恐龍的世界,恐龍們在打架。我於是指著幾個擺在一起的恐龍問他:「哪一個恐龍是你呢?」他指著最大的那隻,看看我。我很驚訝,這個看起來很無助,很弱小的孩子,他的內在認知竟然是最大的那個才是我,打架最厲害的才是我。他確實厲害,他成功搞定了家人,搞定了同學,甚至搞定了老師,大家都要順著他,拿他沒辦法。

　　我們鼓勵媽媽不幫他翻譯,讓他自己大聲說。他便說:「媽媽不幫

我說，我就聽不見了，我也回答不了。」我哭笑不得，於是問他：「你的嘴巴在哪裡？」猜他怎樣回答？他立刻躲到媽媽的背後，把自己的嘴巴藏起來。我又問他：「你的手在哪裡呢？」他把手收起來，也藏到媽媽的背後。我接著問他：「媽媽的手在哪裡，媽媽的嘴巴在哪裡？」幾乎沒有一絲猶豫，他舉起媽媽的手，指著媽媽的嘴巴，跟我說「這裡」。我突然就意識到，原來在他的概念裡，他跟他媽媽是一體的，媽媽的手就是他的手，媽媽的嘴巴就是他的嘴巴，當然也就不存在他自己動手，自己動嘴。他並不是不會講話，他只是覺得自己不需要開口，他享受著媽媽幫他做所有事的感覺，享受這種全能的支配感。因此，他才覺得那個最大、最厲害的恐龍是自己，他比父母還要大，大家都要聽他的、他在這個過程當中享受的愉悅，是我們這些大人不懂得的。我們以為他很辛苦，很難受，但他的情緒不僅僅是這樣，他是痛並快樂著的。

這次治療結束的時候，我特意跟他握了手，他當時剛好在穿衣服，手還在袖子裡，於是就伸給我一隻袖子，我就握著他的袖子，清晰而肯定地對他說：「對，我是跟你握手，這裡面的才是你的手。」

接下來一次治療，有一個非常戲劇性的轉折：媽媽重感冒，發著燒，流鼻涕，咳嗽，喉嚨痛到說不出話，一說話就滿臉痛苦的表情。媽媽一直在咳嗽，根本停不下來，孩子仍然對著媽媽的耳朵去說話。之前我曾經嘗試過很多方法，明示媽媽不要幫他翻譯，收效甚微，媽媽總是會忍不住扛起翻譯的工作。這一次，她感冒了，嗓子發炎，非常痛，她嘗試翻譯了幾句之後，便擺擺手，說不下去了。她沒有辦法幫小孩說話。孩子一開始也很堅持，又回到打死不開口的狀態，問什麼也不回答，氣氛有一瞬間非常的尷尬，他便又低頭吃手指。這時候，爸爸做了一個舉動，救了場：他坐到了媽媽旁邊的位置上，把小孩抱到了他的腿上。孩

Story 2　媽媽的手就是我的手

子一開始稍微有一點抗拒，但很快就接受了這個方式，爸爸開始跟孩子互動：「我要餵你的恐龍吃沙子。」孩子也就跟著餵恐龍吃沙子，兩人玩得不亦樂乎。不一會，雙方便用恐龍打起架來，孩子的攻擊性非常強，不管怎麼耍賴，他都要想方設法去打敗爸爸。他要拿最多的、最大的恐龍，去攻擊爸爸手裡的恐龍。這是一個很有意思的父子玩樂場面。

　　接著，爸爸就單獨把他放到凳子上去坐下來，他玩得投入，很自然地坐下了。這是這兩個多月的治療以來，第一次，他單獨坐在凳子上，意義非凡。媽媽仍在不停地咳嗽，中途她實在忍不住了，便獨自起身出去喝水。我盯著孩子，他居然沒有跟出去，但我確信他是知道媽媽離開的。等到媽媽回來之後，我便問他：「你媽媽還在不在？」他回頭看了他媽媽一眼，說：「還在。」這是他第一次直接跟我說話，沒有透過他媽媽的嘴巴來傳遞翻譯，直接看著我回答。我強行忍耐自己的驚喜，接著問：「你知道你媽媽離開過嗎？」他頭也不抬地回答：「知道。」我便直截了當地問：「你不擔心你的媽媽會離開嗎？」他說：「不擔心，因為『司機』在這裡。」說著看一眼爸爸。爸爸不開車，媽媽走不了，真是個心如明鏡的孩子。

　　在這一次治療中，我能感覺到自己真正在跟一個四年級的孩子談話，也是他第一次直接跟我對話。我問他：「那為什麼在學校裡你要一刻不停地跟著媽媽呢？」他說：「怕媽媽會走。因為學校離家裡很近，媽媽走路就回去了。」後來，我才了解到，「陪讀」得精疲力竭的媽媽，對兒子在言語上會有不自覺的恐嚇：「你再不聽話，那我就不陪你，我就走了。」我便動員起爸爸這個對孩子來講代表著力量的角色，來增加孩子的安全感。爸爸繪聲繪色地講起來：「我去跟你們校長談，不讓你媽媽出去，讓門口的保全不放你媽媽出去，你媽媽私自跑了，我就回來罵她……」孩

子雖然口頭上還是不斷否定，不放心爸爸的建議，但我明顯地感覺到他身體的放鬆。

媽媽非常震驚，這一次治療之後，他在學校發生了非常大的變化。他還是需要媽媽陪著上學，但他可以跟其他的小孩正常互動了，沒有再出現發生爭執就不顧場合大哭的情況。他該完成的作業也都能完成，跟同學玩得開心的時候，媽媽不在，他也不再到處找了。媽媽多次測試他，刻意偶然離開，他竟然都能泰然處之。

有一次，我問他：「你喜歡現在的狀態嗎？」他沒有立刻回答，只是靦腆地笑，我又換了個問題：「現在的狀態有什麼好處嗎？」我不確定他是否會直接回答這個問題，不過想冒險試一下。事實證明這個孩子是很單純的，他毫無保留地回答：「在學校有一些事情我不想做，老師會因為我情緒有問題，就不勉強我做。有同學欺負我，大家都會來關心我，同學也會跟我道歉，滿好的。」他不想上的課，他就會跟他媽媽說「我不想上」，他媽媽就會帶他回家，老師也會允許他提前回家。回家之後，媽媽怕他心情不好，就同意他玩電腦。他在仔細的探索中，如發現寶藏一般，知道原來情緒失控可以有如此多的好處，一邊心中暗暗竊喜，一邊享受著因為情緒失控帶來的特權。為此，他可以不辭勞苦，聲嘶力竭地哭一個多小時，像個小嬰兒一般，在哭這件事情上有用不完的精力，讓媽媽異常心痛，不自覺地作出一次次妥協。

聽完他的話，媽媽難以置信地搖著頭，她不相信自己的孩子會有這麼多的小心思，更不相信他會裝哭來得到自己想要的東西。我便問她：「這個一兩歲的孩子都會的小伎倆，你怎麼不相信10歲的孩子也是會的呢？」我們無意從道德上評判這個孩子的行為，這在孩子看來，不過是一個小遊戲，他透過他自己的方式來贏得勝利。所以，當爸爸領悟到他

Story 2　媽媽的手就是我的手

這番話的深意，玩笑著去打他的屁股教育他時，他並不生氣，只是帶著自豪的笑，像極了一個惡作劇得逞的孩子。是大人將他的全部行為都以大人的視角來看待，將他們成人化、嚴重化，讓無窮無盡的焦慮籠罩著這個家庭，大家都被困在其中，動彈不得。

　　伴著震驚，媽媽開始哭泣，她說：「我一直覺得孩子是因為適應不了學校的狀況，是因為在學校受了打擊，有很多的挫折應對不了，所以才變成現在這樣。我需要去保護我的小孩，我一直是這樣想的，我覺得我必須要去扮演這個角色。但是沒有想到的是，我的孩子的想法是完全不一樣的，我自以為是在幫他，卻讓他越來越退縮。我沒想到會是這樣的結果。」確實，這個孩子非常聰明，像有一顆七竅玲瓏心，狠狠打擊了所有大人的「想當然」，他並不覺得這個過程是很悲傷或者很難受的，他甚至非常享受這種他去支配媽媽的全能感，想盡辦法實現他說了算的幻想，巧妙地讓整個家庭都圍著他轉，在學校裡也用哭泣和膽怯讓所有人都聽他的，就圍著他轉。這簡直是一種理想的人生狀態，而他只是用了一點小心思，就完全實現了。他這樣樂在其中，自我陶醉，是他的媽媽完全想像不到的。

　　媽媽接著說：「他一開始因為在學校被老師罵，情緒有明顯的問題，漸漸地不願意去上學，他的爸爸當時不在家，我和他奶奶以為他是不聽話，想蹺課，就打他、罵他，說讓他去上學。直到他的情緒問題越來越嚴重，不願意讓任何人接近他的時候，我們才意識到了問題的嚴重性。我非常愧疚，是我讓他變成這樣的，我覺得自己有義務去補償我的孩子。所以，即使全家人都說我不對，我還是覺得是他們不了解孩子，只有我才是真正為孩子著想……」

　　媽媽被恐懼和焦慮控制著，擔心只要她一不滿足兒子的要求，兒子

就會回到以前的狀態,一個人躲在被子裡,誰也不要。她反覆說:「真的,他不是正常地哭,是那種歇斯底里地哭,影響整個課堂秩序,我除了順著他、哄著他,沒有其他辦法。」我心裡想,當然一定要這樣哭才有用,才能回家,他知道媽媽所有的軟肋,把媽媽完全拿捏住,媽媽還以為是他病得嚴重,需要小心伺候。母子彼此不放心,糾纏在其中,難捨難分。

他究竟是為何跟媽媽如此緊密相連呢?

這次治療中爸爸出去了一段時間,結果他眼皮都沒抬,仍然自己玩自己的。我故意告訴他:「你爸爸出去了。」他仍然繼續自己玩,也不看我,說:「媽媽在就好了,爸爸在不在無所謂。」爸爸回來之後,我就問孩子:「你媽媽是誰的?」他想都沒想便答:「當然是我的。」我轉頭看著爸爸媽媽,讓他們回答。媽媽沒有回答,只是笑。爸爸想了許久,像下了很大決心似的,靦腆答道:「媽媽當然是要替我做飯的!」這對夫妻年齡並不大,但在親密表達上,有著華人傳統的含蓄,孩子便理所當然地忽略這種含蓄,當不存在。這時候,我才發現這個小孩在這麼長的時間裡,一直都是坐在爸爸媽媽中間,而且他是理所當然地在這個位置上,享受著這個位置的特權。夫妻關係在這個家庭中是模糊的,可以忽略不計。所以他大言不慚:「媽媽本來就是我的!」

我於是示意媽媽要坐到爸爸的旁邊,媽媽猶豫了一下,坐在了更靠近爸爸但還是有一定距離的位置上,身體有些僵硬。我知道媽媽在這個過程中承受的壓力是很大的,焦慮是非常嚴重的,常常處於崩潰的邊緣。我於是問她:「你有沒有跟你老公商量過,讓他幫幫你?」媽媽搖搖頭,眼淚又往下流,說只要一跟老公說,他就只會說教,就說應該怎麼去做,這樣做不對,應該那樣做。媽媽有一句形容爸爸的話很恰當:「當

Story 2　媽媽的手就是我的手

領導者的人，是習慣說教的。」是的，爸爸在公司裡是主管，習慣指導，堅持認為媽媽的教育方法有問題。

爸爸解釋說：「她可能覺得我需要忙工作，怕麻煩到我。」接著，我才知道孩子一直到現在都是跟他媽媽一起睡的，偶爾爸爸回來，那就三個人一起睡。爸爸一直堅持這樣不行，但雙方商量後無法達成共識，也就不了了之。媽媽反覆說：「孩子一個人會害怕，一定要我陪。」我當時想，如果不是因為孩子要媽媽陪著上學，學校施壓，他們大約仍不會去處理這個混亂的三角關係。孩子理所當然地霸占著媽媽，跟媽媽在身體和情感上融為一體，爸爸只在外圍指揮，實際已經被邊緣化。

要讓孩子有獨立的自我，還需要爸爸出力。

媽媽再次哭起來，爸爸遞上了紙巾，這是這麼多次家庭治療中爸爸第一次主動遞紙巾。接著，爸爸第一次主動坐到了靠近媽媽的位置上，在她旁邊原來孩子坐的位置上坐了下來。小孩這時候做了一個很有意思的事情，他跑到父母中間說：「這是我的位置。」爸爸便說：「你沒有位置，你不應該坐在這裡。」他說：「那我就蹲在中間。」接著，這個小小的人就真的蹲在中間開始玩沙盤。我說：「那你不就成第三者了？」他笑嘻嘻地答道：「我就是要做第三者，我就要坐在這裡。」一開始，我們都在笑他，後來笑容慢慢凝固，父母陷入了沉思。

爸爸大約明白了什麼，就說：「你怎麼擠得過我？」一把就把孩子抱到旁邊，他馬上又跑回中間。這一次父母沒有再給他留位置，他在中間站了一會兒，覺得無趣，就悻悻地坐到了旁邊的沙發上，自己玩起來。在這個帶有意象的過程中，我們希望在孩子心中種下一顆種子：外面的世界才是屬於你的世界，媽媽是屬於爸爸的。

媽媽仍不放心，她總是擔憂，沒有她陪，孩子是不行的，會情緒崩潰，會害怕。我沒有責備她，只是鼓勵她，睜開眼睛看看孩子能做到的事情，多相信孩子一些。爸爸站了出來，抓住一切機會勸告媽媽。

　　最後一次治療的時候，孩子很自覺地坐到旁邊的位置上，全程自己獨立完成沙盤創作。爸爸會去跟他互動，媽媽基本上不參與。他也曾威脅爸爸：「媽媽不陪我就不擺。」爸爸便想到擲骰子的方式，我們擲了多少點，每個人就拿多少個。他漸漸能夠遵守遊戲規則，在沙盤中分出自己的領地和爸爸的領地，不互相侵犯。擺完之後，他能夠坐在離媽媽最遠的位置上自己去玩，可以回答我的問題。我問他：「為什麼你的同學都不需要媽媽陪呢？」他低頭笑，不回答。我便誇張地恍然大悟道：「哦，我知道了，因為你是小寶寶，所以需要媽媽陪著去上學。」他仍不回答，只是不好意思地笑個不住。我在嘗試扭轉他的意識，他堅信可以隨意支配媽媽是強大的表現，我卻要著重告訴他，這是小嬰兒才會做的事，是幼稚的表現。要知道，這個年齡的孩子是最不喜歡別人說他是小孩子的，會盡一切可能證明自己的強大和成熟，這樣的描述，對他會更有衝擊力。

　　媽媽在爸爸的鼓勵下，嘗試一步步為孩子留出成長的空間。夫妻倆商量著為孩子精心布置他的臥室，放上他最喜歡的恐龍，制定好規畫，逐漸讓他可以自己睡。在學校，媽媽減少陪伴的時間，在他專注聽課的時候，跟同學玩鬧的時候，跟他打聲招呼，便走開。漸漸地，他能夠半天都不需要媽媽陪伴了，在同學欺負他的時候，也不再哭鼻子，因為他堅信小女生才會哭鼻子，男子漢可以反擊。他想成為一個男子漢，想擁有力量，展現自己的能力，只是之前用錯了方式。

　　到學期末的時候，他終於能夠背著書包自己去上學了。

Story 2　媽媽的手就是我的手

　　心理學上有一個概念叫做「全能感」，是指孩子覺得自己無所不能，全世界都圍著自己轉，身邊的人都隨叫隨到，這在嬰兒身上展現得最淋漓盡致。嬰兒餓了，就哭，媽媽就來餵奶；尿褲子了，溼溼的不舒服，就哭，媽媽又來了，幫寶寶換尿布；無聊了，也哭，媽媽立刻飛奔過來，檢視知道一切正常之後，知道嬰兒無聊了，便陪他玩……嬰兒對媽媽是全能支配的，就像他的手腳一般，他想抬起來便能抬起來，想放下便放下。這是一件令人興奮的事情。然而，這種全能感卻是需要在恰當的時候被挫敗的。原因很簡單，外面世界的人不是媽媽，媽媽也不可能永遠有能力滿足嬰兒全部的要求。如果媽媽不忍心，遲遲不去挫敗孩子，勉強自己去應付孩子所有的要求，問題便出現了。

　　媽媽的手腳，變成了孩子的手腳，被隨意支配，雙方難分難捨，進而，孩子將全世界的人都當成「媽媽」，老師的問題可以不回答，與同學發生衝突一定要同學道歉，上學媽媽不陪就不去……如若不滿足這些要求呢？那就哭。

　　看過很多家庭之後，我發現，家庭中最清醒的其實是孩子。案例中這個10歲的孩子，他看得最清楚，他跟媽媽緊密相連，他把媽媽控制住，把爸爸排除在外，爸爸媽媽都被他拿住了，都被他玩弄於股掌之間。接著，控制老師，控制同學，用一個情緒問題，他竟然得到了許多平時得不到的關注和益處。而被焦慮和擔憂蒙蔽雙眼的媽媽，還只是為他擔憂，怕他情緒失控，怕他沒辦法自己一個人應對困難，堅信自己是在幫孩子。孩子不一定能表達清楚整個過程，但他一定對家庭動力有最敏銳的感受力，媽媽怕什麼，擔心什麼，怎樣才能吸引到關注，怎樣才能讓父母不斷妥協，他都心如明鏡。他沉迷於這樣的家庭遊戲中，沾沾自喜。我們不能放任他沉迷，是因為他一旦習慣於以小孩子的方式來獲

得成就感和滿足感，那麼在外面的世界中，他就會裹足不前，甚或一遇到挫折就逃回家裡，最終連基本的社會化都無法完成。

母子之間的分離，需要爸爸的參與和配合。在上面講的故事中，能看出來媽媽之所以離不開她的孩子，是因為她覺得小孩離不開她。

我一直很感激媽媽的那一次感冒，如果沒有那一次感冒的話，我不確定這個孩子能有如此迅速的進步。我想盡各種辦法，要媽媽不說話，不要去幫她的孩子做翻譯，相信她的孩子能開口說話，均無果。那一次，感冒讓這個事事幫孩子解決的媽媽變得「無能」起來，她說不了話，她只能放棄。家長該無能的時候要無能，父母「無能」了，孩子才有機會展示自己的能力。在這個育兒焦慮的時代，父母都擔心自己不是好父母，不是優秀的爸爸媽媽，為此不惜一切代價滿足孩子的要求。無論是價格高昂的補習班，還是花掉一輩子積蓄的學區房，又或是生活上事無鉅細的小心安排……他們費盡九牛二虎之力，在為人父母這個職位上努力做到一百分。著名心理學家溫尼科特說，想成為「足夠好」的父母，做到 60 分就夠了。做到了 100 分，就是過分好，過分多了，不是你的責任你也去做了，該孩子自己處理的事情你也幫他處理了。比如，孩子在學校跟同學發生了爭執，家長跑到學校把對方同學罵一頓，把老師罵一頓。又或者孩子跟弟弟妹妹發生衝突，父母看不過去，就立刻跑上前評判：「你是姐姐，你要讓著弟弟妹妹。」又或者表明公平地各打五十大板：「一個巴掌拍不響，你們兩個都有錯，都該打。」甚或孩子確實犯了錯誤，甚至觸犯了法律，父母還要忍不住出手，找關係，拉資源，幫孩子擺平。彷彿整天坐在直升機上，隨時準備為孩子進行後援處理。很多時候，家長問我：「孩子出了問題，我該做點什麼呢？」我答：「不是要做什麼，是要不做什麼，是不要多做。」少做，不做，適時無能，也是為

Story 2　媽媽的手就是我的手

人父母之道。

　　總忍不住想做點什麼的原因是什麼呢？是焦慮。看著孩子不能如自己期待的那樣去處理事情，便焦慮。案例中的媽媽是看著孩子不開心便焦慮，還有的父母是看到孩子過於活躍便焦慮……總之，孩子就是個奇怪的生物，如果不能像父母期待的那樣去發展成長，父母便接受不了，總想扭轉，總想催促，總想做點什麼才安心。卻不知，父母倒是心安了，孩子這個事件的當事人，則徹底「袖手旁觀」了。

　　促進孩子成長，是要把孩子藏在父母背後的手拉出來，鄭重地告訴他：「這是你的手。」進而鼓勵他，「去吧，你可以用你自己的手去嘗試，去創造屬於你自己的世界。」

Story 3
父母真的長大了嗎？

Story 3　父母真的長大了嗎？

幼稚、沒有責任感、任性……這一系列的詞語，按照常理會用來形容誰呢？叛逆的青少年？調皮的孩子？如果是用來形容已經為人父母的家長呢？會覺得不可思議嗎？

沒有長大的父母，在我的臨床工作中並不少見。

有人說，所有的職位都有一些基本的要求，要有一定的資歷或考核能力，也沒有任何訓練和考核，但這份工作，又恰恰是影響最大，犯錯的後果也影響最深遠的，這是最大的矛盾。我們用一個比較極端的案例來呈現這個過程。

這是一個女孩子，我們可以叫她「沉睡的女孩」。她剛上國三，沒辦法堅持正常上學。在沒有服用任何幫助睡眠和鎮靜神經的藥物的情況下，她可以每天至少睡十五六個小時，清醒的時間短暫而寶貴，她可以一天只吃一頓飯，彷彿進入了冬眠狀態，她這樣的情況已經持續了差不多一年的時間。

她從小學業成績非常好，國小做了六年的班長，國一開始直到她生病前也一直是班長，還當主持人，參加作文大賽、文藝演出活動，身兼數職，是老師和家長眼中的「別人家的孩子」。但跟她同班六年的國小同學，沒有一個人知道她的家庭情況，她也從來不會請任何同學到家裡。當然，這並不影響她跟每個同學的關係。她是非常外向的個性，總是能在最短的時間內跟陌生人聊到一起，談笑風生的樣子，會讓不知情的人以為他們是多年老友。不過這都是表象，按她自己的說法，她國小六年都沒有朋友，沒有人真正在意她。

無論如何，她的國小還算平穩地度過了。

上國中之後，她仍然品學兼優，而且非常幸運，她終於交了一個朋

友,是那種整天形影不離的閨密,這是她第一次覺得自己可以毫無顧忌地完全信任對方,上學變成了一件值得期待的事情。雙方無話不談,而且都喜歡打同一款遊戲,因此共同話題很多,用她的話說就是「我終於覺得自己不孤獨了」。結果,好景不長,國一下學期時,閨密就開始在全班同學面前孤立她,而且表現得非常明顯:上一秒還跟其他同學有說有笑,她一走近,便立刻變了神情,藉口走開了;放學不再等她;吃飯不再等她⋯⋯全班同學都看出端倪,但也不方便干涉。她原本就是自尊心非常強的孩子,幾次之後,就不再主動找對方,依舊表現得什麼事情都沒有一樣,跟其他同學玩笑打鬧,沒有詢問對方,也沒有跟周圍的人側面打聽,表面雲淡風輕得好像失去這個朋友,對她一點影響都沒有。

　　只有當夜深人靜的時候,她才會翻來覆去地想這件事,回想自己跟朋友相處的全部細節,一件件排查自己所做的事,所說的話,不斷猜測是不是自己哪裡做得不對,說得不好。一遍遍假設,又一遍遍推翻,上演激烈的天人交戰,只是,這是不可能會有答案的心理過程,但她控制不住自己,每天不停地想,反覆思考。她的糾結程度不像是失去一個好朋友,倒像是荳蔻年華的孩子失戀了一般,魂不守舍。她陷入深深的自我懷疑中,覺得肯定是自己不好,所以朋友才會遠離自己。從未有過的,她從頭到腳地嫌棄自己。可是,她白天還是會強迫自己保持開朗樂觀的情緒狀態,若無其事地跟同學相處,沒有一刻是稍微放鬆和平靜的。這個過程實在太痛苦了,於是,她想到一個逃避的方法 ── 玩遊戲。這個原本只是她學習之餘消遣的東西,如今變成了她全部的精神寄託,打遊戲的時候什麼都不用想,而且那種贏了遊戲之後簡單的成就感,讓她欲罷不能。每次晚上到家,胡亂寫完作業之後,她便爭分奪秒地玩起了遊戲,該睡覺的時候,假裝睡覺,騙過了家人,半夜再爬起來

Story 3　父母真的長大了嗎？

繼續玩。白天當然是沒有精神聽課的，不管她怎麼強打起精神，都無濟於事，老師說的東西完全進不了腦子，記憶力下降明顯，人好像變笨了，成績直線下降。她知道這樣不行，強迫自己提早一點睡覺，然而沒用，根本睡不著，忍不住又繼續玩遊戲。如此過了國二的第一學期。

成績下降了，老師交代的任務沒有完成，班級幹部應該負責的事情也經常出問題，班導師多次當著全班同學面前批評她，讓她要以身作則，一副「怒其不爭」的樣子。她只是低著頭聽，不反駁也不表態改正，好像老師的話就是耳邊風，直接從她耳邊不著痕跡地吹過去了，氣得老師直摔書本。反覆說：「你怎麼會變成這個樣子？你以前不是這樣的，你不能這麼自暴自棄！」多次批評無果後，老師失去了耐心，當著全班同學的面，宣布撤銷她班長的職務，包括小老師、學生會的職務，她也面無表情地接受了。

這時候，她第一次出現了不想上學的念頭，並且跟家長提出這個想法。要知道，以前她是那種恨不得沒有週末，一週七天都待在學校的孩子。

跳過所有的過程，她直接告訴家裡人自己不想上學，家裡人爆發了。但據她自己說，她當時告訴奶奶，是希望奶奶可以問一下自己原因，稍微安慰一下自己，因為她自己真的撐不下去了。不過，這個部分她是對家人說不出口的。

事情的發展跟她預想的完全不同。家裡人爆發了，爺爺、奶奶、爸爸，輪番上陣，打罵她，問她：「為什麼事情剛發生的時候你不跟我們溝通？就是一個朋友，是什麼大事，值得這麼大驚小怪！」接著，如臨大敵的全家發現了她晚上都在玩遊戲的事情，更炸開了鍋，好像心頭的疑

慮終於找到了合理的解釋：其他的理由都是藉口，遊戲上癮才是真的！

　　網路上有一個在青少年之間流傳很廣的說法：我們不需要知道電子遊戲是什麼，它會不會造成近視，它會不會上癮，我們只需要一個「背鍋仔」，一個可以掩蓋家庭教育失敗、學校教育失敗、社會教育失敗的東西。現在它叫遊戲，十五年前它是早戀，三十年前它是偶像，三十五年前它是香港電影，四十年前它是武俠小說。

　　一個國中生因憂鬱症跳樓身亡，家屬要告遊戲公司，因為孩子天天玩「吃雞遊戲」，遊戲裡的人從樓上跳下來不會死，他們認為孩子一定是因此跳樓的。一個國中生，不知道從樓上跳下來會死亡，這在家長口中竟然變成了理所當然的言論。我有一個來訪者，國中生，讓我跟她看她的遊戲聊天室中一個憂鬱症小孩的家長罵他們的言論，那個家長覺得是這個遊戲群裡的人把她的孩子帶壞了，她的孩子以前很聽話，成績很好，是跟他們組隊打遊戲後才像變了一個人似的。而家長不相信，自己兒子的憂鬱症已經非常嚴重，經常會有自殺的念頭，是這群所謂的「壞孩子」花費空餘時間陪她的兒子聊天，開導他，鼓勵他堅持讀書。

　　總之，正如上面表述的，我們這個故事的主角的家裡人，也找到了遊戲這個「背鍋仔」。原本期待家人能夠支持和安慰自己的孩子，迎來了噩夢般的生活。

　　「每天醒來第一件事，就是挨罵。」她說，「我說什麼都是不對的，家人沒收了我的電腦，拔了網路線，但他們並沒有消氣。」我很納悶：「怎麼叫沒消氣？」「他們看見我不聽話，就生氣囉。我奶奶還把我爸叫回來，打了我好幾頓。」她爸爸是個長途公車司機，常年不在家。奶奶覺得孩子目前的狀態自己搞不定了，便把兒子叫回來。結果，爸爸不由分

Story 3　父母真的長大了嗎？

說，直接打幾頓，罵她「不爭氣，不聽話，要造反」了事。面對一個國中生，他們並未覺得打罵有何不妥。

她只能繼續回去上學。每天準時去，坐下來便開始睡覺，一直睡到當天最後一節課的下課鈴響，就像頭腦中裝了一個鬧鐘一般，準時醒來，收拾書包，回家。她不吃午飯，一天之中，不管誰叫她，不管周圍發生什麼事，多大的聲音，她都不會醒。所以，漸漸地，同學、老師也都習慣了，任由她睡去。她對這一段經歷的解釋是：「我不會不去上學，因為不去上學會被打罵，我肯定得去上學，不去上學我怎麼辦呢？」回到家，吃完飯，她繼續睡覺，家裡人不能把她從睡夢中拖起來罵，因此只能由著她，以為她是因為身體不好，或者學習太累了才會這樣。

實在睡不著的時候，心裡憋得難受，她便用美工刀劃自己，在手臂上劃好幾道，一定要看到血流出來，不止血，不消毒，讓傷口自己結痂。我看著她手臂上的傷痕，於心不忍，問：「不痛嗎？」她苦笑一下：「不痛。看著血流出來，心裡就舒服了，覺得挺開心的。」後來，她才跟我講到一件事，因為手臂有傷口，怕被家人發現，大熱天也穿長衣服，盡可能遮起來。有一天不小心被奶奶看見，奶奶氣得不行，什麼都沒說，直接從廚房拿出菜刀，遞到她面前，說：「你要死就去死，我們反正也管不了你了，我們這麼多年該做的也都做了！」在講整個事情的過程中，她非常平靜，就像在講別人的事。我內心像被一塊大石頭壓著，有無數情緒在心中湧動，但面對著她的平靜，我什麼也說不出來。她聳聳肩說：「我能怎麼辦？」是啊，她能怎麼辦呢？

她對我說：「我不想去想這些事情，不知道該怎麼去面對，怎麼去處理，我想起來很難受，我只能不去想。」我說：「如果你這一年不睡覺，我很難想像你怎麼熬得過來。」她看了我一眼，沒說話。

她應對的方式是：抽離。

不去想，不去體驗，不去思考，她把自己抽身成行屍走肉，麻木地面對著身邊發生的一切。因為面對太痛苦，沉浸其中太痛苦，她無法向家裡人解釋，面對一團糟的生活，也無從下手去改變。於是，她把頭一縮，像鴕鳥一般，躲在自己的羽毛裡，呼呼大睡。如此，再難聽的話也傷害不到她，她就像是穿上了金絲鎧甲，誰都近不得身。所以，她不痛苦，也不快樂，只是麻木。即使因為這樣放棄自己的前途，她也不管。

於是，我們想為她安排家庭治療。

她爸爸來了一次，但不是為了做治療，他說：「該怎麼治療是你們的事情，我還要忙自己的工作，我對這個孩子已經沒辦法了，你們覺得該怎麼治就怎麼治。」言語中好像覺得我們為他添了麻煩。於是，我們便不敢再為他「添麻煩」。

這個小孩來自一個比較特別的家庭，她的爺爺是一個高級知識分子，大學老師。她的爸爸從小就非常調皮，學習成績也不好。面對身邊優秀的同齡人，這個爸爸便有了非常不幸的童年。爺爺奶奶，特別是奶奶，覺得臉上無光，又希望能夠把兒子教好，因此對他是非打即罵，滿學校追著兒子打也是常事。不過，兒子的成長沒有遂她的願，即使家裡想盡辦法，他還是高中一讀完就輟學了。輟學之後他做過很多工作，包括家裡人也想辦法幫他找過一些工作，但他沒有一份工作能做得長久，也沒有固定的收入，一直都住在父母家裡。後來他在網路上認識了一個女孩子，第一次見面的時候，她爺爺奶奶就搓合兩個人，理由很充分，擔心他這個樣子，到時候結不了婚，沒人願意跟他，好不容易有個女孩子來了，肯定要抓住機會幫幫他。

Story 3　父母真的長大了嗎？

這一幫，這個孩子的人生悲劇便開始了。

小孩出生半年後，爸爸媽媽就離婚了，因為她的媽媽覺得在這段婚姻裡面看不到希望，丈夫就像扶不起的阿斗，像沒長大的孩子，每天想著怎麼好玩，跟狐朋狗友出去半夜才回來，不關心她，也不關心孩子。爸爸不同意，雙方不斷爭吵，最後撕破臉，不歡而散，媽媽從此就再也沒有出現過，沒有來看過孩子，沒有電話，也沒有經濟支持。在半歲的時候，她便經歷了第一次被拋棄。

爸爸並沒有因此振作起來，承擔起做父親的責任，他照樣到處吃喝玩樂，照樣心安理得地找他的父母要錢，稍不順心還會在家裡發脾氣。年齡大了，爺爺奶奶只能一邊搖頭嘆氣，一邊繼續給錢養著自己的「大兒子」。這個女孩是由他的爺爺奶奶撫養長大的，她爸爸基本上不管，連她上幾年級都不確定，只有當她在學校被投訴，或者看到她在家裡有什麼沒做好，再或者就像這次一樣，居然膽敢不上學一類的事情發生時，爸爸才會跳出來，將她打罵一頓，在他眼中，這就是教育了。爸爸偶爾高興了，帶她出去玩一玩，買些好吃的給她，便是她最美好的記憶了。後來爸爸再婚了，沒有再要孩子，但是這對夫妻還是一直住在爺爺奶奶家裡。

爸爸再婚，是她第二次被拋棄，自此之後，爸爸基本上便不再管她。

女孩說：「只有我爺爺脾氣是最好的，從來不生氣，也不打罵我，但他基本上不過問家裡的事情，家裡即使吵翻了天，他都可以安然地坐在房間裡看他的報紙，或者看他喜歡的書。」這個家基本上就是由奶奶來管。奶奶是一個非常積極、認真、負責的家庭主婦，現在已經六十多

歲了，每天仍然勤勞地奔波著，完全不像一個老人。這個孩子的到來，讓她的生活有了新的忙碌對象。她全部的注意力都放在這個女孩身上，一刻不得空閒。不管她在家裡做什麼，奶奶都會評價一番，說她哪做得好，哪做得不好。奶奶不止一次跟她說：「我就是後悔當時沒好好管教你爸，你爸現在才這麼沒有出息，我一定要好好教你。」因此，她事必躬親，生怕孫女有一點閃失，當然，也生怕她哪裡做得不好。女孩在家裡不敢有半點鬆懈，亦步亦趨，盡可能讓奶奶滿意，當然，奶奶基本上不可能有滿意的時候，總能挑出錯來。

女孩說：「我在家裡，總有一種寄人籬下的感覺，所以，我盡可能什麼都做到最好，讓他們滿意。」原來這個品學兼優，在學校總有用不完的精力的孩子，老師眼中的好學生，同學眼中的好同學，是這樣一步步培養出來的。

她休學一段時間之後再回去上學還是適應不了，轉到別間學校之後也只讀了一兩個月，就再也無法堅持，再次回到了家裡面跟他爺爺奶奶生活在一起。每次見到她，她都打著哈欠，不管跟誰說話都滿臉倦意，說話也有氣無力的，總是說睡不夠。她的話裡都夾雜著哈欠：「我每天都睡不醒，我就是覺得特別的睏，我也沒辦法。」奶奶談到她就直搖頭，說：「我們只能盡我們最大的能力，要怎麼樣就隨便她吧。」說完低頭，無奈地嘆氣。自從我們建議家庭治療但爸爸拒絕過來後，女孩就不願意再做心理治療。治療遇到瓶頸，無路可走。

睡覺總比結束生命好，權宜之計也罷，無奈也罷，好歹也算一條路。做心理學的時間久了，時常會碰到很無奈、能改變的部分非常有限的案例，特別是在家人不配合的情況下，那種無力感，很讓人氣餒。

這是一個情況相對極端的家庭，在她的父母組成的小家庭中，爸爸

Story 3　父母真的長大了嗎？

媽媽都是沒長大的孩子，因為錯誤的結合將她帶到世上。媽媽急於擺脫這個錯誤，不負責任地丟下她一走了之，爸爸無力照顧，也沒打算照顧，因此將她丟給了爺爺奶奶。唯一管她的奶奶卻總是束縛著她，不斷否定她，在她遇到困難，最需要幫助的時候攻擊她。奶奶是她唯一相對可靠的依靠，卻是她親近不得的人。這個年近花甲的老人家武裝得嚴絲合縫，她掛在嘴邊的口頭禪是：「我不知道我做錯了什麼，別人也是這樣做，我也是這樣做，怎麼我教出來的孩子就會變成這樣子？」她的潛臺詞是：「我有這樣的兒子和孫女已經是非常不幸的了，如果你們還要來說我做得不對，我不應該管，那麼誰來管？你以為我想管嗎？」我們跟她交流的時候都小心翼翼斟酌著用詞，生怕她會誤會，認為我們在批評她，更不用說告訴她需要適當地調整和改正了。略感欣慰的是，爺爺脾氣好，對女孩也不錯，是她稍微敢親近的人。但在她需要保護的時候，爺爺仍會事不關己地躲到他自己的世界裡，彷彿一切都是世人無聊的吵鬧，與他這個高人無關。她遇到困難時，家人給她的回應，讓她覺得家人嫌棄她添了麻煩，弄出這些事情來。奶奶覺得自己這麼大年紀，這麼辛苦，孫女應該體諒她，努力上進；爸爸只管打她；爺爺不管不顧。每個人對她都滿腹抱怨。當然，多年不健康的家庭互動模式，讓她沒有辦法直接表達內心的需求，無論怎麼被誤解，她都是在心裡保持強硬，不多說一句話。自暴自棄是她的反抗方式，也是逃避方式。她放棄做治療，也是因為她不相信自己的現狀能夠改變。我有時候慶幸她找到睡覺這樣的方式，讓她可以在這個家庭中暫時自保。

這個家庭中的每一個人，都談不上有終極錯誤，但確實造成了一個悲劇的家庭。

父母都是小孩，生出孩子來，讓爺爺奶奶養著，這應該算相對少見

的情況，這可以形容為「小女孩與小男孩」組建的家庭。在臨床中最常見的，是父母一方沒有長大，在新的家庭中仍然想繼續做孩子享受照顧和關愛，而另一方過度承擔的狀況，可以形容為「小女孩與爸爸」或者「小男孩與媽媽」的婚姻，這樣的婚姻，在一帆風順時不會存在明顯的問題，只會在家庭遭遇風波和壓力時，顯現出其不夠穩固的狀況來。

一個爸爸曾說：「我們家需要挑60公斤的擔子，而且一直都只有我在挑。小孩生病之後，可能60公斤的擔子就變成了100公斤，我需要有人來分擔一下。但是，我老婆不趴在我身上讓我挑就很好了。」

一個妻子控訴說：「結婚20年，家裡什麼都是我撐著，經濟壓力要我承擔，孩子教育要我承擔，家務要我承擔，他一直在外地工作，週末回來就自己找地方消遣。」她憤憤地說：「他就是想著，就是什麼都讓你做，做死你為止，做死你活該！我現在就是在忍耐，盡我的責任，等哪一天我忍不了了，他們兩個我都不要了，我對他們已經仁至義盡了！」她口中的「他們兩個」是指她的老公和女兒。20年的家庭生活，讓她覺得自己是帶著兩個「孩子」，照顧著兩個「孩子」，特別是女兒生病之後，丈夫的不分擔、不支持，讓不堪重負的她覺得自己隨時都想要放棄。

戀愛的時候，一方的不成熟或者任性、小脾氣，會被理解為可愛、單純、有個性，另一方也會享受這種被依賴的成就感，一方出「小孩」牌，對方立刻拿出「父母」牌，雙方異常契合，彷彿找到了靈魂伴侶。然而好景不長，在婚姻中，面對挫折和壓力，單靠一己之力很難獨擋，一個爸爸（媽媽）帶著兩個「孩子」，有一個還是自己名義上的丈夫（妻子），這樣的艱鉅任務幾乎無法完成，內心的不平衡感也會越來越強烈，指責、抱怨、爭吵隨之而來，直到無法維持，婚姻破裂。

Story 3　父母真的長大了嗎？

　　有人說，婚姻應該是兩個成年男女鑄就一個足夠堅硬的殼，以此抵擋外界的風吹雨打，保護孩子免受傷害，使彼此在壓力來臨時能夠互相汲取力量。所以，兩個「小孩子」鑄成的殼可能更像「過家家酒」，表面有意思，其實異常脆弱，不堪一擊，稍有不如意就「一拍兩散」。一個大人跟一個「孩子」組成的殼，表面風光浪漫，大約也能在一定時間內保持完整，一旦大風浪來臨，也是風雨飄搖，自身難保。成熟的雙方，成熟的婚姻，才能帶來有安全感的家，才能讓孩子面對挫折時能夠勇敢地向家人求助，相信家人願意給予，也能夠給予自己支持和幫助。

　　家需要兩個成年人共同建立，從生理到心理都真正成熟的成年人。風雨來臨時，兩個成年人共同鑄就的堅固的殼，才能真正為孩子保駕護航。

Story 4
「乖小孩」之殤

Story 4 「乖小孩」之殤

家長最常對孩子說的話是什麼？要乖，要聽話。乖，通常是我們評價一個孩子的最高標準，但是乖孩子，卻是我臨床治療工作中的主要工作對象之一。

品學兼優，處處為他人著想，懂禮貌，講規則，從不反駁父母，是老師的小幫手，父母的決定堅決支持……這樣的孩子，常會被冠以「懂事」、「聽話」、「有前途」等標籤，是所有家長口中的「別人家的孩子」。然而「別人家的孩子」，卻也有難以言說的悲傷和委屈，需要獨自嚥下。我們有的時候會接觸一些名校的學生，他們是眾人豔羨的對象，但他們自己卻找不到活著的意義和動力，覺得活得很累，相當一部分人有結束自己生命的念頭。

乖小孩，是有代價的。

這個女孩子，是在上國二時，出現了嚴重的強迫跟憂鬱傾向。每天擔心學不好怎麼辦，用很多儀式動作去緩解自己的焦慮，反覆洗手，反覆檢查作業，只要發現一個錯別字，就整張撕掉，全部重寫。完全看不進去書，上課會被身邊人的小小舉動所影響，不斷提醒自己要集中注意力，但卻不由自主地去注意同學哪怕一個打哈欠的小動作。她的狀況不斷加重，一度無法正常上學，進而引發更深的自責，不斷怪自己為什麼做不好，別人都可以正常去上學，為什麼自己上不了。自殺的想法隨之出現，覺得這樣的自己活著沒有任何意義，只會拖累家人，自己死了，父母就不用擔心，就能過更好的生活，自己也能解脫了。她經常一個人坐著，毫無預兆地開始流淚。她告訴我說：「我看不到任何希望，我的眼前一片漆黑，我厭惡這樣的自己，我不知道該如何堅持下去。」每一次會談，她基本上都是從頭哭到尾，某一些時候，我都懷疑自己要被她的憂鬱拖下去了，要變得跟她一樣絕望。

所有事情的起因都來自一次期末考試的失常發揮，這是她多年讀書生涯中少有的一次失誤，由此牽扯出所有被埋葬的過往時光。

她從小就是那種特別乖、特別懂事的孩子，從什麼時候開始呢？比大家預想的都要早，大概從幼稚園開始她就是那種乖寶寶了，幼稚園老師開始教大家寫字，每天會有一些學習排程。她每天一回到家第一件事就是自己做作業，非常自覺，完成作業後就看書，做該做的事情。父母有時看不下去，都勸她出去玩，這個才四五歲的孩子說：「我要讀書，不能耽誤時間，玩是浪費時間。」她從小基本上所有時間都是花在學習、看書上，她在整個交談中的用語都不太像個國中生，但又莫名讓人覺得她將那些道理和知識講得過於生硬，並不像自己內心所想。她每時每刻都在關注著大人的臉色，大人要她做什麼，她就做什麼，從不會違背大人的意願，也從不表達自己的想法，從不提要求。在她父母的記憶裡，他們的孩子從來不會像其他小孩一樣纏著父母要買這買那。帶她去超市，她也只拿一樣小東西，無論怎麼鼓勵，都絕不動手拿第二件。見到大人就打招呼，不多說一句話，不多走一步路。但她也不是內向不說話的書呆子，無論跟誰，都能聊得風生水起，活潑、乖巧，就是典型的「別人家的孩子」。那時候鄰居、親戚朋友都非常羨慕，都來跟她父母取經：「你們怎麼把小孩教得這麼乖，有什麼經驗可以傳授給我們一下嗎？」爸爸媽媽表面客氣，內心裡自然是驕傲、自足的。

用她父母的話說：「我們做夢都沒有想到，她最後會有這麼嚴重的情緒問題，要反反覆覆地休學，這對我們來說就像天塌下來一般。」他們期待著孩子順利地沿著各間名校一路讀上去，找一份人人羨慕的工作，擁有一個圓滿的人生。孩子在這樣的光環之下，更加依賴於學習成績來形成自我認同，對於外界的誇獎越發受用，她活在一個由外界決定自己價

Story 4 「乖小孩」之殤

值的世界中。她跟我說:「我從來不討厭考試,不討厭應試制度,我希望天天考試,那樣我就能經常被表揚。」不錯,那時的她,是應試教育的受益者,是「乖孩子」的代表,她也並不覺得做乖孩子很委屈,外界的誇獎不斷強化著她內心「乖孩子」的角色,為此她不惜一切代價。

她的自信心是完全建立在學習之上的,而且完全由外界決定,這就注定她的自信會不穩定,在過度自負和自卑之間大幅波動。

她在人際關係上就摔了跤。

小學時因為成績很好,加之一直是班長,是老師眼中的天之驕子,各種光環圍繞,小孩子難免容易膨脹,不知天高地厚起來。她在班上特別張揚,成績不好的全都看不上,說話基本上都是眼睛朝天,管理也較粗暴,因此得罪了一些同學,漸漸開始被同學們排擠。大家像約好了一樣,有她到的地方就默默走開,去哪裡玩也不叫她,她組織的活動也不去參與。一個十來歲的孩子,從眾星捧月到被全班同學排擠,那種落差、無助與徬徨,難以想像,但她沒跟任何人說,家人更是一絲端倪都沒看出來。她偷偷哭過很多次,但每天白天依然沒事一樣去上學。在一個孩子混亂而狹小的思維裡,這件事情不斷被加工發酵。深刻反思,痛定思痛之後,她將全部責任都歸結到自己身上:太霸道,太張揚,太以自我為中心。因此她決定調整到另外一個極端——凡事為別人著想,壓抑自己的想法,以讓別人開心為前提建立關係。

小學發生被排擠的事情之前,學校一直是她能夠放鬆自己、自由表達的地方,她是發自內心喜歡上學。上幼稚園,大部分孩子都是哭著去的,她從來沒哭過,反而天天盼著去上學,討厭週末的到來。曾經有一次,奶奶去接她放學回家,她抱著學校的柱子哭,不願回家。家人至今還對這件事情頗多感嘆,認定這個孩子天生就是學習的料。小學發生人

際關係的問題之後，她在學校開始盡可能壓抑自己，小心翼翼地跟同學相處，生怕得罪任何人。學校成了壓抑之地。

帶著「討好」心態的人際關係交往模式，成為她一直沿用的與人相處的方式。她要求自己跟全班每個同學都要關係很好，每天像心理醫生一樣，一直去支持、安慰、傾聽同學的聲音，只要有人需要幫助，她寧可省出自己的飯錢，犧牲自己的複習時間，也會幫助對方。她每天像打了興奮劑一樣，開朗、樂觀，做所有人的開心果，不生氣，不低落，彷彿永遠不會疲倦，像陀螺一樣不停旋轉。效果顯著，她真的跟全班同學都成了朋友，大家都覺得她性格好，學習成績又好，願意跟她來往。

長時間上著發條的生活，透支著她的精力和心力，到國二時，問題終於爆發了。她出現很嚴重的強迫症狀。她會因為一道數學題想不起來，而反覆去糾結，她的大概思維過程是這樣的：我一定要把這道題想出來；我連這道題都做不出來，我還有什麼能力；我自己的學習能力已經沒有了，我沒辦法再把書讀好，我沒辦法上好的學校，我將來怎麼辦？活著有什麼意義？我還不如死了算了……這樣的強迫思維繞成了一個死結，她能因為所有的小事跳進死胡同中，不斷自我否定，最終得出「自己不配活著，活著只會浪費空氣，拖累父母」的結論。

生病之後，她告訴信任的同學她有憂鬱症，每個同學都驚掉下巴，以為她開玩笑：「你要是有憂鬱症，那我們所有人都有憂鬱症了。」沒有人相信，她也維持著好不容易建立起來的開朗樂觀的形象，只要在同學和老師面前，就永遠是笑著的。她也有狀態不好的時候，但她絕不在這樣的時候去跟同學接觸，她寧願不去學校，也絕不讓其他人看到自己狀態不好的樣子。她說：「沒有人喜歡看別人哭喪著臉，這會影響別人的情緒。」

Story 4 「乖小孩」之殤

　　她的症狀發作得很特別，會在很短的時間內復發，又會在更短的時間裡奇蹟般地好轉。從極度低落到積極樂觀，像變了一個人一樣，突然所有東西都想通了，原本認為黯淡無光的未來、一文不值的自己，都突然光亮起來，她有動力去努力了，要爭分奪秒地回學校繼續奮鬥。她跟我分享的都是心靈雞湯似的積極觀念，她會看很多勵志故事，堅信「別人能做到，自己也能做到」。對於朋友，她不斷要求自己再寬容一點，最好能做到像聖人一般，這樣就不會有難受的感覺了。她後來跟我說：「並不是我真的好了，我每次復發，家裡人都會特別緊張焦慮，不停地問我『你什麼時候才能好，你什麼時候才能回去上學？』我聽了，心裡很愧疚，就逼自己快點好起來。」我第一次聽說還能逼自己好起來的，嚴格意義上講，這不是好，而是將已經暴露的情緒，重新壓抑回去。

　　她就像不停地在跑無數個馬拉松，每一次跑得太累，不能再堅持下去時，她便用生病的方式來短暫休息一下。而每當她停下來休息的時候，身邊習慣了她一直奔跑狀態的人就會不斷詢問：「你要休息多久，你什麼時候才可以重新振作起來，繼續去奔跑？」聽得多了，她也覺得自己休息是不對的。別人都在跑，自己停下來便是頹廢、是墮落，於是就拚命為自己打氣，拚命加油，再次跑起來。只有跑起來的時候，只有呈現自己最好狀態的時候，她內心才是踏實的，身邊的家人老師同學都喜歡她，這讓她所有的付出都變得值得。

　　到底是怎樣的家庭，才能養育出如此容不得自己有半點差錯，連生病都會愧疚的「乖孩子」呢？

　　她是家裡的獨生女，奶奶一直跟他們一起住。奶奶非常能幹，照顧家庭是一把好手，樣樣都可以被評到「優秀」。打掃環境，打掃得一塵不染，做飯做得很好吃，洗碗都洗得非常乾淨，簡直無可挑剔，天生的家

庭主婦。相比之下，作為這個家庭原本的主婦，媽媽就弱爆了。她不拘小節、大大咧咧，少了母親的溫情；對於家務不甚上心，覺得勉強過得去就可以；照顧孩子也馬馬虎虎，對於孩子的細膩感受不太理解。奶奶在各方面徹底把媽媽給比了下去，於是媽媽做出了選擇──讓位，既然奶奶做得好，那就讓她去做。你做的飯好吃你去做；你打掃環境更乾淨，你就去打掃；你照顧孩子仔細妥當，那就你去照顧……我樂得逍遙。因此，這個女孩子基本上是由奶奶帶大的，從小也是跟奶奶一起睡，和奶奶更親近。

　　媽媽的角色慢慢被奶奶取代掉，在家庭中逐漸被邊緣化了。表面看起來，她是心甘情願讓出位置來的，她也從不與婆婆爭執，相安無事地過著平淡的生活。直到她坐在家庭治療室裡她才真正地表達出了自己的憤怒和委屈，她從結婚開始就覺得自己在這個家庭裡面沒有地位，丈夫總是指責她，這也做不好，那也做不好；婆婆雖然嘴上不說，但對她的尊重也很少，總喜歡在她面前顯弄才幹；對於自己的孩子，她很想參與照顧，但是沒人給她機會。不過，她有自己的方式來「偷偷參與」，爸爸教女非常嚴厲，管教細緻，肯德基、麥當勞不能吃，洋芋片不能吃，冰的不能吃，不能看電視，不能玩手機，不能看雜書……總之，只要他認為不好的，孩子就通通不能碰。媽媽在這些上面是「豬隊友」，只要老公不在，她就偷偷去買東西給小孩吃，偷偷給孩子看會電視，孩子也因此跟她稍稍有些親近。這樣做的後果是什麼呢？另一方完全成了壞人，媽媽總是說著「你爸爸不讓你吃」，而不是「這些東西對你身體不好」；而本身，爸爸在她眼中就是脾氣暴躁、難以靠近的冰冷形象了。

　　爸爸年輕時脾氣非常暴躁，只要他在家裡，全家人大氣都不敢出。孩子曾經向我舉了一個例子證明這一點：女孩有個表哥，平時性格很霸道，基本上誰都不怕。有一次來家裡玩，不小心弄壞了一個東西，爸爸

Story 4 「乖小孩」之殤

回來看見後,劈頭蓋臉地訓了他一頓,表哥只能垂著頭聽,一句都不敢還嘴。之後,表哥再也沒有去過她家,現在已經成年讀大學了,還記得當時的事情,還會聲音怯怯地跟女孩說:「你爸爸真的很凶,我真的很怕他,我現在看到他都怕。」表哥可以因為怕爸爸便不來,女孩小的時候卻每天都要面對這樣一個爸爸,又不知她該如何應對。

爸爸當時的工作是執法人員,那時候的工商管理並不健全,商販們也不服管理,用他的話說:「我那是冒著生命危險去上班,隨時都可能挨打挨罵,而且薪水又低,家庭經濟壓力又大。」我問他老婆:「你知道你老公當時的情況嗎?」她搖搖頭:「不知道,他什麼都沒說過,今天我是第一次聽他說。」家人一無所知,只知道他太容易發脾氣了,於是躲著他,離他遠遠地。他說:「連我自己也說不清,只知道心裡總是憋得慌,一點點小事就想發火。」一般家庭中,最順理成章的發洩對象便是孩子,孩子總會有做得不完美的時候,孩子弱小不敢反抗,孩子不會因為你發火就離家出走,因此,在長達幾年的時間中,孩子長期處於爸爸的吼叫和憤怒教育中。

「爸爸教育你的時候有人幫你說話嗎?」她搖搖頭。只要爸爸一發脾氣,家人們連話都不敢說,更別提幫小女孩說話。爸爸是家庭主要的經濟來源,最權威,最有話語權,家人不敢輕易反對他,奶奶稍微勸過幾次,也連帶被罵了一頓,自此之後,便無人敢管。爸爸會因為她作業字寫得不好,就當著她的面把她的作業本全部撕掉,讓她重新寫,寫不完不准睡覺。也有很多時候,她明明乖乖地坐在書桌前,只是稍微發了一下呆,爸爸衝過來就把她的作業本丟在了地上;她明明好好地吃著飯,爸爸突然就拿筷子打她的手。「我完全不知道他什麼時候會發火。」她說的時候似乎還心有餘悸。

每次她挨打挨罵，奶奶跟媽媽都在旁邊看著，想勸又不敢勸。我問媽媽：「你認同你老公的教育方式嗎？」媽媽很激動地說：「肯定不認同，我覺得他就像暴君一樣。」接著，大約想起了什麼，她的氣勢立刻弱下去了，不再說話。我沒有問她為什麼不勸、不阻止，她大約也怕我問這樣的問題。媽媽和奶奶會在爸爸離開後，去勸孩子：「你下次要小心，下次不要再這樣了。」她們覺得這樣是唯一能幫到孩子的方式。而這句話的潛臺詞也就相當於「下次要注意，不要再惹你爸生氣了」，總之錯的還是孩子，勸告她要改錯。

孩子就在這個過程中，小心翼翼地調整自己的行為方式，盡最大的努力改正爸爸所說的錯誤的行為。每天回到家就做作業，不看電視，不亂跟小朋友出去玩，每次考試都拿高分⋯⋯她做了「乖孩子」能做的一切，然而，收效甚微，爸爸還是會發脾氣，不明原因。

媽媽反覆跟我說：「我理解女兒面對這樣一個爸爸，她的那種無助，我很想去幫她，但是⋯⋯」不論出於何種原因，女兒感受到的是，她在最需要幫助的時候，沒有人幫她。她從很小的時候就開始覺得凡事都只能靠自己，也就不難理解，她為何在學校被人排擠了，也沒有跟父母吐露半個字。媽媽在面對婆婆要搶她的位置的時候，選擇了讓出來；在面對丈夫不斷去指責她，這做得不好，那做得不好的時候，她再次退縮。她的口頭禪是：「你們做得好你們去做，反正我做了你們也不滿意。」她就真的萬事不管，活得像個「已婚的單身女子」，每天按部就班。迴避，是她應對所有問題的方式。

她卻不知道，有些問題是無法迴避的，有些位置是不能讓的，不然，會追悔莫及。

Story 4 「乖小孩」之殤

媽媽似乎並不明白這個道理。她說：「我一直很希望跟女兒親近一些。」接著轉向女兒理直氣壯地說：「但是你什麼都不願意跟我說，為什麼你在學校承擔那麼大壓力你不跟我說？你又不跟我們親近。」孩子沒有說話，一直在流眼淚。我便問媽媽：「你覺得這是你孩子的錯嗎？」爸爸便接過話來說：「我老婆說話就是這樣，我也知道她並不是要去指責小孩或者去指責其他人，她說出來的話就是這樣子。」是的，就像她告訴女兒「下次不要惹爸爸生氣」一樣，表面是安慰，卻暗含著責備。原來這個想親近孩子的媽媽，用的也是指責女兒的方式去表達親密，孩子又如何能夠親近她呢？

爸爸在孩子生病之後，做了很多調整，不斷反思自己，調整自己的情緒，想去彌補。奶奶在醫生的建議下被請回了老家，媽媽不管家裡的事，爸爸就承擔了所有的家務，不過老婆並不買帳，堅信老公是挑剔她，對她不滿意。老公想了很久，開口對妻子說：「我要你去學習做家務，把家裡面的一些事情安排一下，並不是說你做得不好，我只是希望你可以改變一下，我們可以去把家庭經營得更好。」媽媽突然流下淚來，哭著說：「我這麼多年跟我老公相處，這是第一次聽到他說這樣的話，以前每次都是說我做得不好，碗也洗不乾淨，地也拖不乾淨。我一直覺得他是嫌棄我的，他是後悔娶了我這個老婆。」說完這段話，媽媽好像突然醒悟了一樣，對女兒說：「我並沒有責備你的意思，我只是希望你有困難的時候，不要自己一個人承擔，可以來找我們。」孩子沒有回答，沉默良久。

用指責來溝通，是有問題的家庭溝通方式中最常見的方式之一。比如，一個妻子想讓丈夫幫她倒一杯水，她一定不會直接說「能幫我倒杯水嗎？」而是習慣性地說「我都渴死了，你都不幫我倒杯水！」彷彿丈夫

天生應該知道她什麼時候渴，什麼時候需要喝水一般，不然就是對她不夠上心。在教育孩子方面就更加明顯。比如說，想讓孩子體諒自己的辛苦，媽媽通常不會說「媽媽也很辛苦，你要體諒一下媽媽」，而是說「你怎麼這麼自私，一點也不會體諒我的辛苦，養你也白養！」或者說「我們這麼辛苦還不是因為你！」透過指責來表達需求，往往達不到預期的效果，大約會引起兩種反應：疏遠或自責。婚姻中的另一半疏遠的可能性更大，而孩子，引起自責的更多。

在臨床中，我經常聽到孩子告訴我：「我覺得自己很自私，我爸媽很無私。」「我覺得是自己拖累了父母，沒有我，他們會生活得輕鬆很多。」「我什麼都做不好，總是讓爸媽失望，很沒用。」我有時候會問他們：「有人是不自私的嗎？」「沒有了你，爸媽真的會過得更好嗎？」他們往往很堅定地回答：「嗯。」

這個孩子就是自責的典型。

一直以來，她都將讀書看得跟她的生命一樣重要，在她眼中，學習成績不好，整個人的價值就沒有了，活著也是在拖累家人，爸爸也不能像以前一樣有面子，還要天天擔心她。在她生病的這一兩年內，父母總是告訴她：「你的課業我們已經不在意了。」她還是不信。她堅信，父母對她每一件小事的建議，都是嫌棄。只要我變得不好了，我就不會被愛了。我不止一次地問她：「你覺得你爸媽喜歡你嗎？」她總是很猶豫：「我不太確定。」想了想，補充說：「可能有時候喜歡吧。」我問：「什麼時候呢？」她沒有回答，眼淚順著白淨的臉龐流下來。父母著急地解釋：「我們當然是喜歡你的，我們就你一個孩子。」父母可能不明白，這樣的解釋，是道理上的喜歡，而情感的表達，是需要在日常的點點滴滴當中展現的。

Story 4　「乖小孩」之殤

　　她反覆休學，反覆換班級，成績漸漸越拉越低，她無法接受這樣的狀況，害怕去考試，每到考試之前狀態就會變得特別差。她很喜歡跟我談論自己的理想，她說她想當醫生，因為可以幫助別人，當她覺得自己的成績肯定上不了大學醫學系的時候，深受打擊。我嘗試跟她去討論，不是只有做醫生才能幫助別人。她一語道破：「我接受不了自己做一個平凡人。」醫生，是一個光鮮的職業，一個受人尊重的職業。父母從小希望她優秀，成為人上人，這樣的期待，已經深入骨髓。

　　是不是讓患者接受治療，認真改變，就能使其一切都恢復到從前，甚至突破自我，變得更優秀？這是我開始做臨床心理治療時的自我要求和期待。那時候，我接觸重症患者較少，抱著很多不切實際的期待。在為這個孩子治療的很長時間裡，我看到她的努力，看到她的積極主動，他們全家人也抱著殷切的期待，每次治療都準時過來，從不遲到。過程當中她的狀態時有波動，家人從不抱怨，不換醫生，不表達挫敗，是很「乖」的來訪對象。我們在很長的時間中都抱著期待：她可以回到以前，再次優秀。她的父母說他們了解憂鬱症，努力就能慢慢好起來。他們迴避去想，如果這個慢性病，沒有真正好起來的時候呢？或者需要十年八年才能好起來呢？他們不敢想。

　　孩子也不敢去想，因此選擇不斷激勵自己，害怕平凡，害怕無法優秀。

　　有一次我問她的父母：「你們了解憂鬱症嗎？了解你們孩子內心的想法嗎？」他們搖搖頭。一個把成績當成生命的人，當她的成績不能為她帶來認可的時候，是什麼感受？憂鬱發作的時候究竟是怎樣的煎熬，為何會有想結束自己生命的念頭？他們想不通，理解不了。我建議他們去看看相關的書籍，去讀一些類似經歷的人寫的自己的故事。後來，一家

人過來，告訴我他們一起讀了一篇很火紅的網路文章，兩個人一邊讀一邊流淚。那一刻，我才真正覺得這對父母是跟自己的女兒在一起的，而不是單純地期待孩子好起來，讓他們不要再擔心。

一家人在一起，便有力量應對所有的風雨和挫折。

她的變化有一個很有意思的轉捩點——家人答應她買了一隻貓。她竟然因此有動力正常回學校上學了，父母都覺得難以置信。同意她養一隻貓，在很多家庭中是很小的事情，對這個家庭而言卻是一個不容易的決定。爸爸以前做過獸醫，熟知各種動物身上攜帶的病毒，對於唯一的寶貝女兒，他們歷來是保護有加，也不覺得養寵物會有多大的正面意義。養寵物，在這個家庭是被禁止的。她從小就想有一隻寵物，能陪著自己，感受牠對自己的天然依賴和活力，只是這個想法只停留在內心中，從未說出口。跟所有「乖孩子」一樣，她很善於透過察言觀色來摸清父母的意願，知道父母不會同意，便連提也不提。她這次鼓起勇氣去說這件事，父母的第一反應是：擔心。擔心貓身上攜帶的病毒，擔心家裡沙發會被抓壞，擔心她會被抓傷⋯⋯好在，他們說出了這些擔心，但沒有直接拒絕孩子，一家人開了很多次家庭會議，反覆協商，最後決定將這個貓放在陽臺，有一個位置專門給牠，平時就不讓牠進屋。女兒想去跟牠玩就去陽臺，而且規定好打掃環境、餵養這些瑣事都由孩子來完成。確定好之後，家人真的讓她養了貓，她也認真地照顧起來。

在漫長的休學期間，爸媽要上班，家裡就她自己一個人，每天連起來做點東西吃、下樓走一下的動力都非常弱。有了貓之後，每天早早就有一個小東西叫她起床，要她去餵吃的，而且貓天性活潑，很有生氣，小奶貓更是如此，愛跳來跳去，要主人陪著玩。她說：「牠對我很依賴，牠很喜歡靠近我。」這對於一個處於深層自我否定的孩子而言，是莫大的

Story 4 「乖小孩」之殤

安慰，這也是一種價值感。「看到牠那麼有活力，我好像也受到感染似的，去學校也沒那麼難受了。」她將很多的進步歸功於這個小動物，我倒覺得，她的突破在於她能夠跟家人表達自己的想法。以前擔心提了也會被否定，甚至還會被罵，就不說了，現在有力量去提，本身就是很大的進步，當然，這也跟她內心中對父母的信任度增強有關。以前，她的父母見到我會絮絮叨叨地講她最近情況好了，她最近情況又不好了。現在變化很大，他們會說：「我們一家人相處的感覺比以前好了很多。」

孩子覺得父母是在自己身邊的，不是物理空間上的在身邊，而是心理上的陪伴。她會更有勇氣去面對問題，去做出改變。

「乖小孩」的故事講完了。這個聽話的孩子，正嘗試著去「不那麼聽話」，去接受自己的不完美，相信父母喜歡真實的自己。這個過程，需要的時間還很長。

聽話的背後是什麼？可能是恐懼。一個上幼稚園的小孩子，每天放學就認真完成作業，做完作業就自己去看書，讓她出去玩也不出去，可算是「乖孩子」的典範了，可是她真的那麼喜歡讀書嗎？不想出去玩？天生會讀書？不是的，那是因為她在家裡是如坐針氈一般地小心謹慎，很怕一不小心就會惹爸爸生氣，又是一頓罵。她在家裡無人保護，只能用她自己的方法保護自己：做好一點，再做好一點。有個在上國中的男孩子跟我說，直到四五年級，父母才允許他走出社區大門。父母平時做生意很忙，大部分時間都留他一個人在家裡，他就一個人完成作業，再乖乖看電視，等爸媽回來。偶爾下樓跟鄰居小孩玩一會，其他人要一起去社區附近玩，他就不跟去，自己乖乖回家。我問他：「你從來沒想過自己偷偷出去玩一下嗎？對外面的世界不好奇嗎？」他說：「不知道，那時候就是覺得爸媽說不能出去就是不能出去。」自制力真是好得出奇。沉默

066

了一會，他聲音低低地說：「我也怕跑出去，萬一被我媽碰見，她又罵我。」原來，這個孩子有一個很保護他但又極嚴厲的母親，他從小習慣了媽媽說什麼就聽什麼，不敢多走半步。當然，這個乖孩子自信心很弱，每次談話都是小心翼翼的，每到考試，會緊張得全程手腳發抖，生怕考不好。

聽話的背後是什麼？可能是壓抑，因為人是有需求的，特別是小孩子，更接近於人本真的狀態，小孩子是追求快樂的，所以什麼好玩玩什麼，對所有新鮮的事物懷有好奇心，想去探索。而聽話，根本上講就是壓抑這些天性，過度以社會化的標準要求自己，以成年人的規則衡量自己的言行。孩子的世界跟成年人的世界是不一樣的，對於規則也是懵懂地理解，對於未來，對於前途，更是模糊得幾乎沒有概念，要做到事事符合成年人的標準，不可能是真正的心服口服，更多的是壓抑本能，早早就扮演起大人的樣子來。

在小孩子的身體和心理狀態下，去踐行大人的處事規則，累積到一定程度，通常會有兩種結果：壓抑到自己也麻痺了，習慣成自然，也就是完全放棄自我，成為沒有主見、時時討好別人的人；另一種則是在長期的內心衝突之下，內心不斷自我衝突、消耗，最後爆發甚至是崩潰。

聽話的背後是什麼？可能是害怕被拋棄。回想這個案例，這個女孩在家庭中沒有穩固可依靠的人。媽媽很想關愛她、理解她，但媽媽沒有力量，沒有家庭話語權；奶奶年老，跟她沒有共同語言，只會照顧她的日常飲食起居；爸爸有話語權、有力量，但這又是一個陰晴不定的爸爸，是隨時會發火罵人、很難討其歡心的爸爸。她的乖、聽話，更多的是在盡力討好爸爸，討好這個家庭中最有權勢的成人，以防他生起氣來，真的把自己趕出家門。我不止一次聽到孩子們跟我講述曾經被父母威脅拋

Story 4 「乖小孩」之殤

棄的經過。最常見的是言語威脅，「再不聽話就不要你了」、「再不聽話就把你丟到馬路上去」；更嚴重的便是直接付諸行動，趕出家門。大晚上，把孩子拉出家門，趕到漆黑的走廊裡，讓孩子走。孩子不敢走，不敢哭，坐在家門口，望著漆黑的走廊，心裡瑟瑟發抖。我曾問過好多孩子：「你確定家人會開門嗎？」有的說：「不確定，但是我也不敢走，我哪也去不了。」有的說：「理智上知道他們會開，心裡還是忐忑的。」做得不好、不聽話就會被拋棄，這對於沒有能力養活自己的孩子而言，是最深層的恐懼。聽話、乖，是護身符，是保證自己不被拋棄的唯一法寶。

Story 5
「壞小孩」之悲

Story 5 「壞小孩」之悲

「不良少年」，這是沒那麼乖的青少年會被輕易扣上的帽子。不認真上學，甚至不上學，整天在外面玩，交不三不四的朋友，早戀，不聽話，穿著怪異……成為這些孩子最吸引眼球的罪狀。也因為「壞」得很明顯，這些孩子的悲傷經常會被人忽略。

外在多叛逆強硬，內在就有多委屈壓抑。

但家長們不管這些。家長們一見到你，就恨不得用三天三夜深刻控訴自己孩子的斑斑劣跡，跟你說：「我已經沒有辦法管了，你們來幫我管管，醫生你們來幫我管管我的孩子。」細聽下來，不免心中忐忑，這孩子該是怎樣的妖魔鬼怪，惹得一對父母如此憤怒無助？在醫學診斷中，也會為他們貼上「品行障礙」之類的標籤，與同齡的其他孩子相比，他們處於被否定、嫌棄的邊緣。

當孩子來到你的面前，你會發現他們跟你想像中的完全不一樣，他們單純、直接、真實，可能會說髒話，可能表現得不可一世，但仍可以看出，他們是內心渴望溫暖的普通孩子。而且，接觸下來你會發現，與這些孩子很容易建立起信任關係，只要他發現你對他並不另眼相待，而是真誠接納的，他的防備就會完全放下來。

對，叛逆的外表，只是他們的面具，可面具戴久了，會讓身邊的人忘記去看看他們面具背後悲傷的臉。

這是一個 15 歲的女孩子，因為拒學、在學校打架、經常徹夜不歸、早戀等原因，父母焦慮無奈，覺得孩子無可救藥，抱著死馬當活馬醫的心態找到我們。父母希望她不要總是出去玩，能乖乖上學，不要化妝，不要弄那麼奇怪的髮型。總之，要是有恢復出廠設定這一功能，猜想父母早就迫不及待地將孩子一鍵還原。父母覺得她渾身上下都不對，需要

徹頭徹尾地重新洗牌。

於是，我見到這個孩子，頂著一頭粉紅色的頭髮，化著妝，叼著棒棒糖坐在我的對面，帶著點不屑地說：「找我什麼事？」在我對她予以解釋，表達尊重後，她馬上畢恭畢敬，開啟話匣子，滔滔不絕地講起自己的經歷和感受，她真的需要一個人傾聽和理解：她並不是天生叛逆，也並不是壞孩子，大部分時候，她的情緒其實非常憂鬱。

這個孩子高中之前的成績都非常不錯，一直是班上的前幾名，她不算特別用功，但勝在相對聰明，讀書對她來說並不算難。她家庭經濟條件很好，在物質上從來沒有擔憂過，但在同學面前從不炫耀，而且很大方，樂於分享所有好東西，同學找她幫忙也很少推辭。那時候，她在學校的知名度很高，基本上全年級的人都認識她。老師覺得她不是典型的乖學生，評價她小毛病一大堆，但語氣裡總帶著寵溺，畢竟有成績這塊免死金牌在那裡。她也以為自己會像大多數人那樣，平穩地度過自己的學習階段，高中大學一直讀下去，雖然她談不上多喜歡讀書，但也並不討厭。

但故事總有轉捩點。

她的轉捩點跟家庭有關。國二的時候，爸爸媽媽打算生第二胎，跟她商量的時候她堅決不同意，威脅父母說生了第二胎自己就把小嬰兒掐死，要麼自己就離家出走，再也不回家。總之，有自己就不能有弟弟和妹妹。爸爸媽媽是比較傳統的家長，一方面希望多一個小孩父母離開了還可以陪她，家裡也會熱鬧一點；另一方面，是來自老人那邊的壓力，也希望能有一個男孩子傳宗接代。父母以為她只是鬧鬧脾氣，等到弟弟或妹妹出生，看到小嬰兒很可愛，她自然慢慢也就接受了，所以，並沒

Story 5 「壞小孩」之悲

有向她做很多思想工作，想讓她自己接受現實。為何一個看似優秀又受歡迎的孩子，會那麼害怕父母多生一個孩子？父母當時並沒有多想。

這也是我接觸到的父母常見的處理方式，家庭中達不成共識時，習慣用拖延的方式來解決問題，希望隨著時間的推移，對方能慢慢想通，接受現實。對待孩子，這樣的方式會更加常見，父母覺得孩子遲早都會接受自己的安排，孩子的看法都比較幼稚，不夠長遠，聽聽就算了，等孩子懂事了，就會明白，父母都是為他們好。只是，當今的父母們，低估了這屆孩子強大的自我意識，他們不會再那麼輕易地接受父母的安排。

國三時，母親歷經辛苦，將妹妹帶到世界上，雖然奶奶明示暗示著失望，但是她的父母是充滿喜悅的，全身心投入新生兒的照顧中，全然沒有留意到她的情緒此時已經產生了變化。她大部分時間都有些悶悶不樂，與父母衝突明顯，對妹妹表達出明顯的厭惡，只要妹妹一哭就會發脾氣，對妹妹評價非常低：長得難看，哭得難聽，又不聰明，將來肯定沒出息。用她的原話說便是：「父母生了妹妹這個垃圾，把我也變成了垃圾。」那時候她抓緊一切時間待在學校，能不回家都盡量不回家，覺得學校的朋友比家人都對她好，都懂得她。

跌跌撞撞地，讀完了國中，參加完升學考試，成績還考得不錯，她進入口碑好的高中就讀，這是個人才濟濟的地方。她的徹底轉變也是從這時候開始的。

她在高中裡成了異類，班上的同學都是各地考來的傑出學生，學習起來可以用瘋狂來形容，學校本身就管理得非常嚴格，課程安排非常滿，空閒時間需要完成安排好的各科作業。但同學們還是覺得不夠，抓緊一切時間努力讀書，規定六點半起床，五點半全體室友就都起來看

書,平時交流的所有話題,都圍繞著課業,相處毫無趣味可言。她本不是刻苦學習的類型,但在這裡,不刻苦似乎變成了一種原罪,更重要的是,考試成績出來,她第一次體會到自己不是大家關注焦點的感覺。初始她也想奮發學習,但堅持了幾天就堅持不下去了,覺得這樣太辛苦,但看著同學們都在努力,自己如坐針氈,每一分鐘都非常焦慮,她被這種焦慮裹挾著,動彈不得。

她覺得室友太愛讀書,給自己太大壓力,就央求父母為自己申請不住校。申請之後仍覺得難以適應,就開始藉口頭痛、肚子痛,不斷向母親打電話,央求母親帶她回家;後來就開始斷斷續續地上學,沒辦法完成學校的作業,越來越多的時間請假在家。這一時期,她跟父母的衝突加劇了。她在家裡經常吵鬧,容易發脾氣,曾經有一次因為被爸爸批評,推了她一下,她服了大劑量的感冒藥,所幸並未造成較大的傷害。她開始在網路上結交朋友,經常打扮得非常漂亮,去外面一玩就玩幾天,花錢沒有節制。父母一開始想到的是經濟制裁,沒收她全部的零用錢,單純地期待她沒有錢就寸步難行,也就沒辦法出去玩了。但他們再一次低估了女兒應對困難的能力。你不給錢,她可以跟朋友借,她給朋友從不缺錢的印象,因此想要借到錢並不難。借完之後爸爸媽媽沒辦法,又會去幫她還。當然,不是還完就完了,免不了對她一番數落責罵,揚言「以後敢借錢就再也不幫你還,別人如果告你,你就去坐牢吧!」對於這樣的威脅,這個15歲的女孩當然不會放在心上,父母比她更怕為她的未來留下汙點。在這段期間,父母已經對她失望透頂,覺得她懶散、拒學、要求多、愛發脾氣、花錢又大手大腳⋯⋯總之,完全變了一個人,也沒有一點像父母般地勤奮上進,簡直無可救藥。

他們不知道的是,在這期間,孩子的情緒問題加重,出現明顯的自

Story 5 「壞小孩」之悲

殘傾向，會用刀或者圓規劃手臂，割得很深，看到血流出來才會覺得很放鬆。她不想讓傷口癒合，看到原來的傷口會忍不住重新割，全都割在衣服可以遮到的隱蔽位置，父母一直沒有發現。跟我交談的時候，她給我看身上的疤，手臂上大腿上都有，我問她：「割的時候痛嗎？」她苦笑一下：「當時一點感覺都沒有，好像在割別人一樣。」她甚至說，有時候面對作業有壓力，就會割自己，割完之後就會很有動力繼續做作業，她很難描述自殘帶給她的具體意義，但確實讓她很依賴。

她就這樣一步步地演變成了標準「不良少年」的生活狀態：不上學，天天出去玩，夜不歸宿，與父母水火不容。父母疲於應對她的所有症狀，把她關在家裡不讓她出去，她就發脾氣鬧，或者是跟父母談條件，說我去上學，然後她可能就偷偷跑出去玩了，或者她答應父母去上學，但是父母要答應她什麼時間可以出去玩，父母再次宣告對策失敗。她跟父母說：「有妹妹就沒有我！」於是父母就真的把妹妹送回老家，期望她不再鬧，期望她乖乖上學，可美好的狀況只保持了不到一週，她又對父母各種不滿，整個家庭變成了不折不扣的戰場。她像個燙手山芋，又像個定時炸彈，父母不敢放下，也不敢拿起來。爸爸媽媽一致覺得她早晚會把自己玩進監獄裡，反覆放狠話：「你再這樣，我們就真的不管你了！」她卻依然故我。這場拉鋸戰，打得如火如荼，似乎沒有休戰的意思。

作為心理醫生，我在這時候進入了這個戰場。

她很堅定地說：「我覺得我跟人相處沒有問題，我在外面跟我朋友相處得都挺好的。只是跟爸媽相處的時候，控制不住自己的情緒。」她想了想，繼續說：「爸媽對我的情緒基本上是不理的，例如我不開心，我焦慮地在家裡走來走去，這種時候家人是沒有反應的，不會理我，都在照顧

妹妹。只是要求我：『在家不要玩手機，不要跟外面那些不三不四的朋友聯繫』之類的。」他們什麼時候才有反應呢？當她在家裡發脾氣的時候，全家人的關注點都在她身上，爸爸媽媽會同仇敵愾，聯手阻止她，教育她，而且透過鬧，她能獲得很多想得到的東西。聽到她這樣說，我突然覺得這個打扮成熟入時的高中生，其實還是個並未長大的孩子。

不過這些話，她自然不會跟她的父母講。家庭治療當中，她多數時候在沉默，或者自顧自地玩手機，一副完成任務的旁觀者模樣。她在父母面前關上了溝通的門。

父母百思不得其解，到底是什麼讓自己原本乖巧聽話的女兒，變成一個「小太妹」的？幾經思索下，只能讓外面的壞朋友來背這個鍋：「她都是被外面的朋友帶壞的，乖乖待在家裡，乖乖上學，什麼事都沒有。」於是父母要求她不要出去玩，不要跟那些朋友接觸，甚至每天查她的手機，想盡辦法監視她的手機簡訊，想盡辦法找到她朋友的聯繫方式，讓她的朋友不要去跟她接觸，不要去跟她玩，不要借錢給她。進而乾脆收了她的手機。但所有的方法都收效甚微，她自然有辦法買到新的手機，她的「壞朋友」也似乎更願意站在她這邊。父母異常焦慮，孩子完全不在自己的掌控之中，所有方法都不管用，在子女教育這方面，他們都是失敗者，被深深的挫敗感打倒在地。巧的是，這個孩子的爸爸是軍人出身，當了多年的軍官。在爸爸的生活體系中，規則是非常重要的，服從是高於一切的。到自己的孩子身上，所有的規則都是她最討厭的，甚至所有規則她都是要去打破的，她視規則如糞土。不管是說在學校的規則，還是說我們在社會上要求一個女孩子的規則，她都完全不遵守。她跟爸爸的衝突非常大，甚至雙方曾大打出手，她變得「英勇無畏」，面對爸爸永遠都是昂著頭。

Story 5 「壞小孩」之悲

　　一輩子沒有上過戰場的軍人，遇到了最棘手、最尷尬的敵人。但對爸爸的種種憤怒，除了觀念上的不一致，隱隱透出深層的背後端倪。

　　讓我們再回味她的那句「媽媽生了妹妹這個垃圾，把我也變成了垃圾」，氣憤之外，也透露出悲傷，作為一個孩子，被拋棄的悲傷。她強調是媽媽生了妹妹，彷彿妹妹的出生，跟爸爸一點關係都沒有。這跟她的成長經歷是有關的，作為軍人的爸爸很少在家，她的成長教育基本上都由媽媽和奶奶一手承擔。作為老師的媽媽，想極力補償她缺失的父愛，同時，也將所有的情感投注在女兒身上，因而對其非常寵溺，而媽媽的愛，又較多是用金錢的方式來表達。從小到大，媽媽對她金錢方面的要求基本上有求必應，考試考好了也是用金錢獎勵，想讓她做什麼事情，也是採用金錢誘惑的方式，雖比較直白，但在她心中，媽媽還是對她好的。當然，另一方面，作為老師的媽媽對孩子的期望也很高，經常嘮叨她花錢太多，在家什麼事情都不做；對她學習要求也很嚴格，從小堅持為她輔導功課，掛在嘴邊的話就是「怎麼這麼簡單的題你都不會？」因此，孩子是在一種矛盾焦慮的愛中成長的，她對媽媽的愛帶著不確定，但又難以割捨。結果，妹妹的到來，徹底引發了她心底的不安，她將所有的憤怒轉向妹妹，深信是妹妹把媽媽搶走了，她在家庭中變得孤立無援。禍不單行，她在學校中也適應不良，成績、人際關係都跌到谷底，她面對著前所未有的自我否定狀況。

　　在很長一段時期內，母親是她唯一的依靠，在她的成長過程中，爸爸幾乎處於缺席的狀態。「爸爸」這個人，對於她來說是疏遠而陌生的。因此，如果父母發生爭執，她必然會站在媽媽這邊。

　　大約悲傷的家庭都類似，這對夫妻，用他們自己的話說，就是為了維持表面的家庭完整，一直將就著生活在一起，爭吵更是家常便飯。

因為軍人的身分，丈夫很少在家，就在妹妹出生前不久，終於獲得轉職的機會，可以到當地工作。這本是一家團圓的好事，但他們似乎都沒有做好共同生活的準備。夫妻爭吵不斷，離婚更是常掛在嘴邊的言語，一言不合，就能開吵。某一次，在爭吵到差點動手的時候，媽媽帶著妹妹奪門而出了。注意，是帶著妹妹走的。沒有告訴任何人，所有通訊工具全部關閉，在工作的學校也告了假，就這麼憑空消失了。我們的當事人是放學回家後才知道這件事的，她將全家翻遍了尋找無果，附近尋找無果，只能跑去問爸爸，爸爸冷冷地丟過來幾個字：「你媽媽走了，不要你了，不會回來了。」這對於家長而言，大約是氣話，是一種惡狠狠地攻擊對方的方式。但對於還在上國中的孩子，她卻可能會信以為真。

　　她當真了，而且她無法接受，媽媽是帶著妹妹離開的，為什麼選擇妹妹？也是這時候，她開始覺得家裡無比冰冷，無法帶給自己安全感，於是開始在網路上結交外面的朋友，開始「變壞」。

　　因為她無法面對這樣的現狀，她要用自己的方式抗爭，即使在她心裡對這樣的方式並不認同。

　　一個看似玩世不恭的孩子，現在用「垃圾」來形容自己，她很清楚自己在其他人眼中的形象，她如其他人一樣厭棄自己。沒有未來的孩子，是異類。家人生氣的時候會用很「惡毒」的話來說她，從道德的角度徹底否定她，她對此深惡痛絕。她總是氣憤地羅列家人的種種不可理喻：穿睡衣下樓遛狗，會被說成丟臉；不上學，會被說不務正業，這輩子就完了；跟父母頂嘴，會被說成不孝……在這個傳統的家庭中，她顯得格格不入。但她沒有想過離開家，也不知道離開家自己還有什麼地方可去，她用盡方法吸引家人的關注，即使那些關注很多時候會帶給她更深的傷害和懷疑。她找不到合適的方式去從這種自我嫌棄、厭惡的狀態當中跳

Story 5 「壞小孩」之悲

出來。她反覆控訴家人是在控制她,她很痛苦,但她似乎又很需要這樣的控制,在青春期本應離家的年紀,她恐懼與家人分離。

另一方面,她強烈地需要被人接納,在家裡待不住,只有出去玩,跟朋友一起瘋的時候,才能感覺到些微的快樂。一旦在家裡安靜下來,空虛和憂鬱會將她淹沒,她說不知道自己為什麼活著。這番話,是在我跟進她很久之後她才半試探地說出來的。她離不開男朋友,但並不是有多喜歡對方,她甚至不覺得自己在談戀愛,這方面她有著超乎年齡的清醒:我只是想有人來關心我,享受被別人喜歡的感覺,我不考慮未來,也不敢考慮。

後來因為她的狀況越來越不受控制,爸爸沒辦法,只能低頭,動用各種關係,將媽媽接回了家。母親回來後也沒有給她任何的解釋,她想問,但又不知如何開口。

然而,事情的發展完全偏離了她的預期。媽媽回來之後,好像完全變了一個人。以前媽媽給她錢都從不猶豫,隨手就給幾千,從小她在同學眼中就是有錢人家的孩子,她也因為大方而收穫了班級同學的接納。但是爸爸回來之後,媽媽就站到了爸爸那邊,無論平時父母吵得多麼激烈,在面對自己的時候都是「一致對外」,共同控制她的開銷,教育她目前的狀況有多麼糟糕。她很憤怒媽媽沒有主見,都聽爸爸的。在她心中,媽媽再一次背叛了她。

這就是憤怒背後的緣由。她曾經覺得最可靠、最可依賴的媽媽現在已經沒有辦法依靠。在他們的家庭中,爸爸保持著軍人的特徵,規則至上,說一不二,非常強勢,媽媽都是跟著爸爸去做,聽爸爸的安排。她感覺到媽媽的不情願,每次跟爸爸吵完架,也會跟她訴苦,表達自己內

心的委屈，但面對丈夫，媽媽說不出來。她不止一次地跟媽媽說：「如果你過得不開心就離婚，自己再去找個更好的。」媽媽總是回答說：「生活沒有那麼簡單，你不懂。」勸分不成，孩子就想著替媽媽出頭，去反抗爸爸，背負著媽媽的憤怒和委屈去反抗爸爸。她自告奮勇地幫媽媽做了這件事情，媽媽好像並不領情，依然跟隨著爸爸的意思走，把所有注意力都放在妹妹身上。期待落空，她滿腔憤怒無處發洩。她將矛頭轉向爸爸，跟爸爸幾乎是水火不容，爸爸說一句她可以頂十句，甚至在憤怒的時候說：「在我心裡，我爸早就死了！」她說不清楚自己對爸爸反感的理由，關係逐漸惡化，她對爸爸直呼其名，不再叫爸爸。接著她又將矛頭轉向妹妹：「這個家，有她就沒有我。」她從來不叫妹妹為「妹妹」，而是稱為「那個東西」。

爸媽覺得夫妻關係問題已經持續了十幾年，沒有辦法解決，這麼多年勉強生活在一起，雖談不上多開心，但至少還能過得下去。但孩子的問題刻不容緩，他們把注意力放在小孩身上，孩子所有的問題都會被放大，隨時隨地會被批評。在家人眼中，孩子現在真的無可救藥，他們異常焦慮。這個小孩待在家裡就會不斷地想往外逃，不斷地逃而爸爸媽媽再不斷地把她抓回來，彼此的信任感就在這種來回過招中越來越低，形成惡性循環，甚至演變成死循環，全家人都卡在其中，動彈不得。

在不斷反抗父母的過程中，她徹底變成了一個全身貼滿標籤的「不良少年」，「你們越要我做什麼我就越不做什麼。你越要我待在家裡面，我就越不待在家裡，不讓我出去，我就要想方設法地出去。」她覺得在家裡的時候，所有人的注意力都放在她身上，但是沒有人關心她心情好不好，有沒有什麼困難，而是一上來就一通訓斥，說她這個做得不好那個做得不好，她於是就乾脆什麼都不做，結果家裡人就又會說她像個

Story 5 「壞小孩」之悲

廢物，待在家裡什麼都不做，你到底要怎麼樣？她無言以對。用她的話說：「我爸媽說我，從來都是不留情面的，他們會用最惡毒的話來說我。」她害怕自己會接受這些惡毒的評價，徹底否定自己，於是拚命反抗，最後矯枉過正，變得與父母水火不容，在衝突中消耗大量心力，對於原本應該投入的事情，應該為自己未來增加籌碼的事情，她基本上無暇顧及。

我問她：「為何你表面看起來對什麼都無所謂？」她沉默了很長時間，然後說：「我不希望父母看到我脆弱的一面，我覺得那樣就是我認輸了。」頓了頓，接著說：「我從來沒有在父母面前掉過一滴眼淚。」我回她：「那你很吃虧，為了不認輸，要承擔那麼多的誤解和否定。」她無奈地笑笑：「因為我也找不到更好的辦法。」

後來她說：「如果不出去玩，就覺得在家裡非常空虛，時間很難熬，感覺不到活著的意義。出去玩的時候，那種短暫的開心可以讓我暫時忘記很多東西，什麼也不用去想，就覺得生活還是能勉強過下去的。但只要安靜下來，我整個人都會非常焦慮，不知所措。」她低著頭，眼淚就要滴下來，但終究還是忍回去了。她說：「我其實很想像別人一樣去生活，做一個大家眼中正常的女孩子，也希望遇到一個人能夠真正對我好，也應該去賺錢，這樣才能養活自己，但是我現在什麼都做不了，真的像個廢人一樣。我除了花錢，好像什麼都不會，上學也不能堅持，去工作更不可能。」她不斷地自我否定，父母更是樂此不疲地否定她，讓她連站起來的力氣都沒有，但抗爭還要繼續，即使身心俱疲，卻依然不能退出戰場。

我對她說：「其實你是希望爸爸媽媽可以聽到你的聲音，能夠相信你的能力，尊重你的選擇，但這些似乎都很難。」她無奈地嘆口氣，點點

頭。進入青春期之後，所有孩子都會有想獨立的渴望，期待家人能夠給予他們像成年人一般的尊重，只是她的表達太過狂風暴雨，父母完全被嚇到了，更不敢放手。另一方面，她不明白的是，獨立並不代表「我想怎麼樣就怎麼樣」，張揚自我並不代表眼裡沒有他人。當然，父母的婚姻關係也在其中起到了推波助瀾的作用，夫妻之間無法相互支持，雙方對她的情況都束手無策，無法堅持原則，行為方式也異常矛盾：父母一方面在堵她，希望她不要出去，不要去惹是生非，他們反覆強調，這是他們最基本的要求，其他都可以不管；但是另一方面又會去幫她善後，幫她還錢，幫她轉學，幫她跟學校求情，於是就變成她無論怎麼鬧，都不需要去承擔自己行為的任何後果。他們一方面說她沒有責任感，轉手卻把所有責任都攬在自己的身上。所以，她還是以一個任性的小孩子的姿態，在爭取成年人的權利，這是注定會失敗的。而這些失敗，會加重她對於父母是否關心自己的懷疑，於是變本加厲地吸引家人的關注。在她的生命中，爭吵和憤怒占了大多數，快樂的時候屈指可數，因此她總是會說活得很累，活得很辛苦。

　　她的爸爸媽媽一直覺得她最大的問題是出去玩，不回家，不聽話，被這些表面的問題完全牽制住；而沒有發現更深層的危險是她內心缺乏對於生命的快樂體驗，對生命的留戀也非常弱。她表面看起來滿滿的戰鬥力，寧死不屈的倔強，都是為了掩藏內心的不安和焦慮，她卻因此陷入惡性循環，越抗爭，越不安，越不安，越抗爭，不斷地自我消耗，也消耗家人，最後兩敗俱傷。

　　俗話說「會哭的孩子有糖吃」。會真實地表達情感，才會有人心疼，有人同情，有人知道你內心的悲傷。但是這種這麼叛逆的小孩，其實她狀態變化之前經歷的東西是很多的，不管是人際關係、學習成績還是在

Story 5 「壞小孩」之悲

學校和家庭中的格格不入,加之家庭中爸爸的回歸,妹妹的出生,這些對她來說都是刺激事件,大部分超出她的應對能力。她挫敗、驚慌、不安,但在她倔強的臉上這些通通看不出來,因此誤解與失望也就隨之而來,所有眼淚都只能在內心裡流。大多數孩子都是「表裡不一」的,他們內心的複雜程度絕不亞於成人。小孩子不是白紙,不是什麼都不懂,也不是什麼都擺在臉上,不會掩飾自己的情緒,特別是青春期的孩子,更需要「透過現象看本質」。在臨床中,我們見過太多在所有人眼中活潑開朗、沒心沒肺的孩子,深受憂鬱症的困擾,「微笑憂鬱」這個表述恰如其分地描述了他們的困境。我也見過無數表面乖巧聽話,從不反抗的孩子,內心充滿著掙扎,在「反抗會內疚,不反抗會壓抑得喘不過氣來」的矛盾中掙扎。當然也就不必驚訝,有這麼多看似「不良少年」的叛逆孩子,內心其實有許多無法言說的悲傷。他們的內心都同樣的脆弱、無助,需要有人去幫助他們,去拉他們一把,但他們卻不知道如何伸出手,找不到合適的方法去求助。因為家庭成長環境和遺傳因素等的影響,每個孩子發展出來的應對方式不一樣,很多家庭也從來沒有特定的機會去相互回饋,去檢驗彼此的表達方式是否真正使對方準確地接收到資訊。這個案例中的孩子,整個家庭的互動方式都是相互指責型的,奶奶指責全家人,父母互相指責,全家人聯合起來指責她,上一輩的父母學到的是忍氣吞聲來應對指責,她不,她要反駁回去,她做不到壓抑。但這樣的應對方式在家庭中是不允許的,是違背整個家庭的文化的,當然也是不被理解的,甚至要被打壓的。

家人的應對方式具有維持甚至加重孩子症狀的作用。兒童青少年的症狀表現紛繁複雜,很多症狀看起來很嚇人,有的症狀看起來還很令人費解,家長們在面對這樣的孩子的時候,最容易被症狀牽著走,完全亂

了方寸。例如說小孩發脾氣,可能有一些家長為了孩子不發脾氣,就什麼要求都滿足他;孩子叛逆,經常出去玩夜不歸宿,很多家長的第一反應就是把孩子關在家裡不讓他出去。這種「頭痛醫頭腳痛醫腳」的方式,是治標不治本的,家長亂了方寸,被弄得精疲力竭,問題依然沒有解決。要知道青少年的症狀是非常多、非常複雜的,你堵了這裡,症狀會從另外一個地方換個模樣冒出來:你不讓他出去玩,他可以在網路上去跟別人交流,甚而想盡辦法偷跑出去;你不讓他發脾氣,你不斷去滿足他的要求,可能他的脾氣會發得更大,因為發脾氣有用;你覺得他壓力大,讓他轉學、休學,他可能就形成凡事可以逃避的僥倖心理……這是更像西醫的處理方式,但我一直認同孩子的教育、心理問題的解決原則更像中醫,需要辨證施治,需要找準病因,需要有良好的治療關係。不然,越努力,越解決,越糟糕。

以這個案例來說,如果父母能夠了解到孩子不願歸家的原因,意識到孩子在家庭中承受的壓力,如果孩子能夠表達內心的無助和悲傷,雙方相互理解,絕不至於讓症狀愈演愈烈,不斷損壞雙方的信任關係,形成動彈不得的僵局。

症狀只是表面,摸清深層次的內心衝突,重建家庭信任關係,才是問題能夠真正解決的關鍵。症狀背後是什麼?是不願暴露出來或者沒有辦法表達出來的恐懼、自卑,是對父母之愛的渴望,是對父母親近關係求而不得的憤怒。「壞孩子」的叛逆、不可救藥,看似是孩子的問題,歸根結柢,還是家庭關係的問題。家庭關係修復好了,青少年問題大半都能解決。家長不願從這個角度去看,去處理問題,原因何在?家庭關係修復起來難,是牽一髮而動全身的大手術,必會傷筋動骨,家長不願面對那些陳年舊帳,為了免除麻煩,還是得過且過就好。孩子便在這個過

Story 5 「壞小孩」之悲

程中成了「代罪羔羊」。而「壞孩子」更是天然的目標轉移對象，讓全家人團結一致共同對抗。

終究，這不是在幫孩子，只是家長的自娛自樂，或是作繭自縛。就如我們教孩子時常講的，「面對，才能解決」，悲傷的「壞孩子」恰巧是對家庭最忠誠的守護者，透過他們的「壞」，看見他們強勢外表下的內心，才是真正的解決之道。

Story 6
文化與家庭之戰

Story 6　文化與家庭之戰

在目前這個育兒焦慮的時代，各種理論似乎都將矛頭指向了家長，覺得父母應該為孩子的問題負全責，「父母是原件，孩子是複印件，有問題應當找原件的問題，而不是在複印件身上去糾結。」「原生家庭害人一生。」「家為什麼會傷人？」大家習慣將原生家庭釘在恥辱架上，盡情批判。我們並無意討論目前流行觀念的是非對錯，只是想從另一個視角討論家庭的成長和發展，以及每個人在其中的無奈和掙扎。

家庭由人組成，而是人就會受到文化的影響。當今我們面對的年代，又是改變最劇烈的時代，原本我們以為理所當然、不容置疑的文化觀念，遭受著前所未有的挑戰。父母與孩子之間的「代溝」，進入了前所未有的難以跨越的狀態，大約不再是「溝」，而是「大江大河」，甚至「大海」。身處這樣巨大差異的鴻溝中，當今青少年更徬徨、焦慮。

我們習慣以道德的指標來評價一個人或者一個家庭的行為和互動方式，標定哪些正常哪些不正常。開朗活潑即為正常，憂鬱內向即為不正常；積極向上即為正常，消極逃避即為不正常；不拘小節即為正常，敏感細膩即是不正常……甚至在很多評價體系中，有情緒問題，不按大眾期待的方式去安排自己的生活，就被稱為不正常。很少人詢問這種「不正常」背後的原因，我們期望透過一遍遍去指責、去教育，問題就能迎刃而解，卻忘記，關於心理和家庭的問題，本就不是簡單的對錯是非題，背後深刻的影響因素，超乎我們的想像。

比如，文化的影響。

鼓勵特立獨行，張揚個性，每個人都希望獨一無二，漸漸便忽略無形力量的影響，這就是文化。什麼是家庭？家庭的相處方式應該是怎樣的？每個家庭成員在家庭中的地位如何？如何在家庭中解決問題和矛盾？凡此種種，我們以為是按照個人的意願在處理，其實背後都有鮮明

的文化烙印。

　　文化觀念不同所引發的衝突，在家庭中，隨時可以演變為一場戰爭。

　　這個女孩求助我們的主要原因是常見的拒學問題，目前上高二。這個孩子剛升入國中的時候，開始沒有理由地變得不開心，但是對自己喜歡的事情還保持著興趣，主要表現是比較晚睡，早醒，白天聽課注意力差，類似輕微的憂鬱症狀，但尚在能自我調節的範圍內。她的學習成績一直名列前茅，偶有波動，都能自我激勵，維持在班級前十名。在這個階段，我們看到的是一個自我調節能力尚可的孩子。轉折出現在上國二的時候，隨著科目的增加，學業難度加深，學習壓力也加重，她開始抱怨學校作業太多，對老師有諸多不滿，每天上學前都萬分掙扎，做作業也很難集中注意力，經常寫作業寫到很晚。隨著時間的推移，暴露出的問題逐漸增多，被老師點名回答問題，無法回答，就覺得老師是故意針對自己，當眾讓自己出醜。不斷跟家裡人表達說父母更偏愛弟弟，說不管自己跟弟弟發生什麼衝突，都要求自己要讓著弟弟。後因為在學校跑步拉傷了腿，被同學取笑，便不願再上體育課，心情憂鬱加重。

　　新學期開學，她便堅決地跟家裡人講，認為學校的學習沒意義，完成了國中、高中的教育，上了大學，到時候也還是一個普通的人。「我不要上學了，我要自己在家自學，看我喜歡看的書，去做我自己喜歡做的事情，你們誰也不要逼我去學校讀書了。」有理有據，而且她當真在家裡認真研讀四大名著，經常挑燈夜讀，只要有人勸她上學，立刻擺出各種理論駁斥對方，引經據典，讓對方啞口無言，父母根本不是她的對手，完全說不過她。但她的情緒問題仍然明顯，大部分時間是不開心的，晚睡早起，睡眠時間很少，完全不出門，在家裡時有發脾氣的狀況。言語

Story 6　文化與家庭之戰

激動時甚至有想死的言語。

　　女孩在第一次跟我見面時，非常神祕地一進治療室就壓低聲音問：「我談的這些不會被我爸爸媽媽知道吧？」跟她解釋了我們的諮詢設定之後，她也並沒有反覆確認，便開啟了話匣子一般，滔滔不絕地講起來，我幾乎沒有插話的餘地，只有點頭的份。她覺得除了睡眠問題，她其他方面都挺好的，但也承認自己之前為了不去上學，確實在家裡有過一些過激的表現，比如威脅家人說你們讓我上學我就去跳樓，在學校心情不好時也有過用刀割手的情況。她很坦白，所有這些方式，都只是為了不讓家人勉強自己去上學，她反覆強調：「我沒有病，沒有問題，我自己的事情自己可以應對。」

　　但她並沒有收口的意思，她很認真地表達自己，控訴自己的小學老師。她小學成績很好，但不是那種特別聽話的孩子，大大咧咧，不拘小節，有時會過度活躍，讓老師下不了臺。班導師年紀較大，要求嚴格，且比較傳統，覺得女孩子就應該有女孩子的樣子，應該矜持、守規矩、聽話，因此總是不斷提點她要改正、要注意，甚至有時會當眾批評她。但她完全不認同老師這一套規矩，覺得那是守舊古板，因此依然我行我素。這個老師說自己幾十年的教書生涯中都沒有遇到過這麼不聽勸的學生，徹底被激怒，覺得此學生無可救藥，進而要求全班同學都不要跟她做朋友，當著全班的面將她批得體無完膚，她一個人躲在廁所哭了一整天，沒有同學敢去安慰她。之後的幾年，她便一直獨來獨往，一直沒有朋友，完全靠自己硬撐過來。幸運的是，她的成績一直很好，她的支柱還在，她覺得生活還算過得去。我問她：「你家裡人知道這些嗎？」她沒有半刻停頓，便說：「不知道。我沒有想過告訴他們。」這勾起了我極大的興趣，一個小學生遇到這麼大的事情，持續那麼長時間的被孤立經

歷，居然可以做到讓父母完全不知情，其中必有不尋常的地方。她也不掩飾，雲淡風輕地解釋：「我覺得我不管跟父母說什麼事情，父母都會說是我自己的原因，讓我在自己身上找問題，自己想辦法去面對。」說完之後，她低了頭，臉上有些許失落，但很快就消失了，繼續積極地跟我交談：「上國中之後我就交到了朋友，我覺得國中其實過得比小學要開心。我只是覺得老師講課講得太慢了，知識也很淺，很多東西我都會，上課實在沒意義，純粹浪費時間。所以我不想上學，想去研究人骨頭，去做考古。」她眼中滿含憧憬：「我覺得我看書也可以做到，把時間花在自己喜歡的事情上，而不是浪費時間去學那些沒意義的東西。」很有道理的話，無法反駁。我只是好奇，若是這樣，她應該每天動力十足、心情舒暢才對，而不是現在這樣焦慮煩躁。

這是很多自尊心較強的孩子典型的表達方式，她不會告訴你她在學校遇到了多大的壓力，那對她而言是無法講出口的部分，換個說法，也就是他們無法面對和接受的部分。去學校沒意義，在學校學不到東西，便是她的保護膜，不能在這個時候去強硬地戳穿她的保護膜，只能等待，等到她覺得足夠安全，足夠信任你的時候，再去觸碰她內心的脆弱。

出乎意料的是，在坐在家庭治療室中之後，她毫不猶豫地撕掉了自己的保護膜。在我面前時，她是一個自在、自信、侃侃而談的女孩，但面對父母，她在那一個半小時的治療時間中，全程哭泣，情緒處於崩潰的狀態。當然，這並不是常態，這是她第一次在父母面前哭。她的父母終於聽到了她壓抑了十幾年的委屈。

她開場時做了總結：「爸爸媽媽從小到大都一直在否定我，不管我怎麼做，爸爸媽媽都不滿意，得到的回應永遠是這不好那不好。」接著她

Story 6　文化與家庭之戰

就展開舉例論證：她明明在房間裡面好好地看著書，媽媽會突然進來，訓斥一通：「你看你，把桌子搞得這麼亂，床搞得這麼亂，還不收拾一下！」她就不得不收拾，因為不收拾她媽媽可能會站在原地數落她一個小時。她很無奈，只要一點小事媽媽就會非常激動，就會罵她和弟弟。說著，她哭得更加傷心，控訴家裡所有人都重男輕女，所有人都偏心弟弟，不管自己做得多好，家裡人都看不到，都只關心弟弟。她眼中的弟弟就是一個惡魔，說弟弟就是一個「綠茶婊」，動不動就撒嬌，動不動就哭，動不動就跟父母告狀，自己就會被教訓，也經常被冤枉。她想解釋，但是沒有人聽她說到底事情的經過是怎麼樣的，只是叫自己要讓著弟弟，要聽話。她很多時候只能自己心裡委屈，也沒辦法說，因為說出來沒人聽，漸漸也就不願再說，將所有不滿都壓抑在心裡。她平靜了一點之後說：「媽媽經常讓我來教弟弟做作業或者讓我幫弟弟完成手工什麼的，我很討厭做這些事情，他又不是沒有手，為什麼要我來做！」說著又哭起來。她對弟弟評價非常低，說弟弟什麼都不會做，怎麼教都教不會，老師教他他也不會，她覺得弟弟就是笨。

媽媽對於她的描述非常驚訝，在她看來讓姐姐教弟弟是很自然的事情，女兒成績好，弟弟也喜歡姐姐教，覺得姐姐講得更清楚。媽媽在出嫁前也是家裡的老大，弟弟基本上都是她帶大的，所以她無法理解女兒的委屈，帶弟弟不是天經地義的嗎？加之，以前她讓女兒教，女兒都會教，還很耐心地給弟弟講，媽媽就理所當然地認為她樂意去幫弟弟，一直很欣慰，覺得女兒很懂事。聽到媽媽的表達後，她更加憤怒，不斷重複一句話：「我回去一定要把弟弟的作業本全部撕掉，全部撕掉，撕掉之後再燒掉！讓他被老師罵，我再也不要教他做作業！」反覆說了數次之後她還是覺得不解氣，於是接著說：「我恨不得把他塞回媽媽的肚子

裡去，這樣子就不用煩了，他就是個害人精！」爸爸媽媽看著她一直搖頭，很無奈地面面相覷。這對父母在家裡都是老大，他們都是把弟弟妹妹當成孩子一樣來照顧，媽媽嫁到爸爸家的時候，作為大嫂，還將爸爸的弟弟一手帶大，按照媽媽的話說：「我對我小叔的照顧真的算得上是無微不至，連葡萄都是剝好再給他吃的。」他們也按照這樣的觀點來教自己的孩子：「要讓著弟弟，要照顧弟弟。」這明明是順應大道的教導，合情合理的要求，怎麼到女兒那裡，就變成了天大的委屈呢？

　　父母再三表述，一直覺得女兒非常乖、非常聽話，完全不需要家人擔心，反覆澄清他們對兩個小孩是一視同仁的，並沒有比較偏心弟弟，只是覺得當姐姐的原本就應該多照顧弟弟、多幫助弟弟。簡單總結就是：照顧弟弟是天職，並非家人強加的任務。所以，她聽到最多的話就是：「弟弟還小，很多東西不懂，你要讓著弟弟，要有做姐姐的樣子。」但是還小的弟弟，卻是個聰明的寶寶，很懂得利用家人的心理，會抓住機會就跟父母告狀：「姐姐又欺負我！」接著就是委屈的哭泣，因此，父母從來不會仔細詢問事情的經過是怎樣的，也不會讓姐弟倆自己去解決問題，而是自然地將姐姐數落一頓，再安撫弟弟一番，以此終結衝突。父母承認自己確實是這樣做的，但在他們眼中，這並不是偏心，只是對不同的孩子要求不同，作為姐姐就要承受更多。當然，我們的小來訪者並不這樣想，她仍恨恨地說：「我回去要把他的作業本全部撕掉！」父母對於她的這個說法，沒有回應，想勸不敢勸。

　　再次回來的時候，這個孩子的情緒明顯好轉，爸爸媽媽很滿意，覺得情緒發洩了果然好很多。我當時問她：「你回去有沒有撕你弟弟的本子？」她噘著嘴，不滿意地說：「我想撕，但是爸媽不斷勸我，勸得我很煩，最後還是沒有撕成……」媽媽微笑地看著她，慈愛裡透出「我女兒還

Story 6　文化與家庭之戰

是很懂事」的表情，她轉過頭，不看母親的臉。父母繼續說著她的進步：現在在家裡不會像之前一樣經常發脾氣，也沒有再威脅父母，願意跟爸爸交流，並且還商量好了上學的時間。他們興高采烈地表達著，憧憬著她恢復到之前的狀態，重回學校，繼續如之前一樣做他們的乖女兒。我不置可否，直覺讓我覺得轉變太快，不一定是真實的情況。短暫的一片祥和之後，她談到了更多小學老師的事情，除了老師對她的強烈不滿，讓全班同學疏遠她，她還說到父母在其中的參與，對她造成的間接傷害。有一次因為她成績下降，媽媽就打電話去問老師孩子成績不理想的原因，結果，她老師就把她叫到辦公室罵了一頓，她被罵哭了。她說：「我曾經因為這個事情告訴過父母很多次，我在學校被老師這樣對待，我想讓爸媽幫我主持公道。」爸爸媽媽都嫌麻煩，覺得多一事不如少一事，反覆告訴她：「你做好自己就好了，不要去管老師怎麼對待你，更不要再去得罪老師了，她慢慢看到你表現好，就會改變對你的態度。我們做好自己最重要。」她咬牙切齒地重複父母當時的話，情緒仍然激動，她說：「爸媽總想著怕麻煩、怕惹事，但我在那個時候是最需要支持、最需要幫助的，父母卻沒有支持我。」

　　爸爸媽媽再次表達說他們並不知道事情這麼嚴重，他們以為老師可能只是對孩子嚴厲一點而已，完全沒想到對她的傷害這麼大。他們以為只要孩子收斂一點，改正一下自己，事情很快就會過去。但對於孩子而言，本來就很少跟父母表達內心想法的她，好不容易下定決心，猶猶豫豫地說出來，不但沒有得到支持和安慰，還被父母教育凡事要從自己身上找原因，這讓她無比失望與無助。並非教育孩子反思自己是錯的，只是在孩子一開始跟父母求助的時刻，接收到的是教育的話，她的感受就完全被忽略了，情緒沒有被理解、被接納、被支持，此後，她便逐漸關

上了心門，壓抑情緒，很少對父母吐露真實的想法，長時間孤立無援，內心壓抑。

父母對於孩子被欺負、受委屈的回應大多是：「你做好自己就行了，不用管別人。」「你想一想你自己有沒有做得不好的地方。」甚至有的父母會說：「班上那麼多人，你想想為什麼人家只針對你一個人，是不是你自身有問題？」孩子的情緒在這樣的回應中被完全堵回去，過多的內疚與自責也被積澱下來。

凡事常思己過，是華人幾千年的傳統，是錯嗎？不是錯，但如果處理不當就會造成對情緒的壓抑。

後來的情況證實了我們的擔憂，她回學校之後待了兩天，因為休學一個多月，她所在的又是資優班，回校後大部分課程都跟不上，情緒再次出現波動。後來無法堅持上學，繼續待在家裡，對父母的不滿又相繼爆發，控訴媽媽一定要讓她做這做那，自己看書也說自己，看手機也說自己，反正只要不去上學自己做什麼都是錯的。說著她再次哭起來，我沒有安慰她，只是鼓勵她繼續表達。她繼續控訴媽媽：「從小到大不管我做什麼都不對，特別是沒考好的時候，媽媽的臉色就會特別難看。雖然她表面什麼都沒說，只是黑著臉，不斷嘆氣，也不理我，但那種感覺比打我罵我還難受。」

這是我在臨床中處理拒學的案例以及由學習壓力導致問題的孩子經常碰到的情況。近年來，父母對於打罵對孩子的不良影響已經形成比較廣泛的共識，家長認知到孩子成績不好，打罵可能會對他們造成心理傷害，絕對不能打罵。很多家長於是就忍著，不說了，也不罵了，但是心裡還是憋著一口氣，覺得孩子不爭氣，不努力。怎麼辦？情緒不從嘴巴

Story 6　文化與家庭之戰

表達，卻在眼睛裡流露出來，臉上已經寫明了一切，失望、憤怒、哀傷，這是忍不住的。於是臉色自然難看，擔心自己控制不住情緒，也不敢多跟孩子接觸，對於孩子而言，他們就像面對一個定時炸彈，忐忑不安，只要一考不好，就會感覺如大難臨頭一般，異常煎熬。

如同我們故事中這個小女孩，在這樣的時刻，沒有人可以保護她，她的爸爸基本上從小就不管她，也不管弟弟。他不是沒有空管，爸爸負責照看自家的店鋪，孩子發生的所有事情他都大略知道，但他覺得那是妻子的事情，與自己無關。由此可以看出，這是一個典型的華人家庭，承襲家族事業，成員分工明確，男人負責賺錢養家，空閒時約三五知己放鬆一下，至於帶小孩，那是女人的事，跟他沒有太大的關係。

很多時候，爸爸在店鋪裡也能聽到媽媽在樓上的打罵聲，心裡也覺得這樣的教育方式不好，但是他當時什麼都沒有做，聽得受不了了，就乾脆出去。此前，她答應去上學，父母再三跟她保證說沒關係，不管考多少分我們都能接受，只要你健康、開心，成績不重要，我們不在意。於是我問她：「你相信嗎？」「不相信，他們不可能不在意我的成績。」她說。爸媽很無奈地望著我苦笑，試圖解釋，但孩子似乎沒有想聽的意思，無力地靠在椅背上，自言自語地說：「如果讀書不用考試就好了，就不用在意成績，就能安心地去上學。」

爸爸開始談到自己對於妻子的不滿：「她脾氣很多變，又很焦慮，追求完美，看什麼事情都看到不好的一面，都只能看到缺點，對我也是這樣。」看了看妻子的臉色，他鼓起勇氣繼續說：「我跟她說話也是，我說什麼她都否定我，我就乾脆不跟她交流了。」長久以來，夫妻在空閒時間大都是各自玩手機，沒有過多的交流。爸爸迴避交流，媽媽心裡堵得慌怎麼辦？心裡有焦慮怎麼辦？無處釋放，兒子還太小，面對娘家人又開

不了口，就只能去找我們的小來訪者說。她也覺得媽媽過得很辛苦，覺得媽媽很信任她，所以會安靜地聽她講，會努力去安慰她。當然，大部分時候安慰的效果普通，媽媽還是愁眉不展，但是她依然要堅持去做這件事，對此她有種無法抗拒的使命感。

然而，她說她現在不想再做這件事，覺得之前她一直在做這個工作很辛苦，不想再堅持。我開她玩笑說：「對呀，這本就是你爸爸的工作，又沒有薪水，你還搶來做？」她辯解：「我沒有搶啊，是爸爸不做，你以為我想做啊？」媽媽立刻明白過來，對孩子表達內心的愧疚：「之前沒想到讓孩子來安慰我對她可能是負擔，只是我在家裡沒人可以說話，每次我跟她說她都安靜地聽，慢慢就習慣跟她說了。」我看著小來訪者說：「你媽媽應該好好感謝你才對。」她不好意思地說：「我不想要她的感謝，只要她以後不要再煩我就行。」長久以來，在這個家庭維持穩定的過程中，這個孩子扮演著非常重要的角色。終於有一天她撐不住了，平衡被打破，到了必須面對的時候。這一對夫妻戀愛了七年才結婚，彼此有很深的感情，真正進入婚姻生活後，生兒育女，柴米油鹽，婆媳關係、妯娌關係、親子關係，生活的壓力下，他們卻沒找到合適的應對方式。現在，老公會逃避妻子，指責妻子脾氣不好，總是很焦慮，太追求完美，但是很少給她支持；妻子對於丈夫的信任也日漸減少，慢慢放棄向丈夫尋求支持和安慰。

但日子仍需要繼續過下去，媽媽的情緒需要一個出口，忠誠的孩子就在此時義無反顧地填了上去。

治療結束回家之後，夫妻倆找孩子談了很久，媽媽反思自己，之前自己確實情緒很不穩定，很多情緒都發洩到了小孩的身上。爸爸說：「其實我們是有很深的感情基礎的，是自由戀愛。婚後覺得她對我期待很

Story 6　文化與家庭之戰

高,總是挑剔我這做得不好,那做得不好,慢慢我就不願跟她交流了。我之前很少管小孩的事情,就是覺得一管就會有衝突,我也知道妻子經常打罵小孩,但是沒想到影響那麼大。」媽媽接著說:「其實我從小在家裡就是大姐,有一個弟弟,所以我已經習慣了什麼事情都是由自己來做,自己來安排。但是到了婆家之後,我感覺公公婆婆覺得我做的一切都是理所應當的,這讓我很難接受。」她有很多委屈壓在心裡:「我懷孕的時候,還要自己挺著肚子做家務,累得腰痠背痛,也沒有人體諒我。但是我弟媳懷孕時全家人就把她當寶貝,什麼都不用做。」

媽媽反覆地強調自己帶兩個孩子的時候:「我很焦慮,擔心自己帶不好。我努力做到最好,但全家人還是責怪我……」這是一個傳統的大家庭,爺爺奶奶、小叔、弟媳和孩子,以及他們一家四口,一整個大家族的人住在一起。對於媽媽而言,她是生活在全家人的監督之下,如果她的兩個小孩她教不好,整個家族都會指責她,說她沒有做好,小看她。怎麼展現孩子教得好?最直觀的就是成績。她在內心告訴自己一千遍不要太在意小孩的成績,卻還是有一萬個聲音告訴她,成績很重要,要教育出一個優秀的孩子,成績好的孩子。焦慮得沒辦法自控的時候,她也嘗試去找老公商量,跟老公傾訴,老公顯然覺得這是她自尋煩惱,沒有當成一件重要的事情來對待,更別提同理她的情緒。無奈之下,她只能轉而去跟孩子傾訴。

她滿腹的委屈,滿腹的壓抑,加上充斥全身每個細胞的焦慮,悉數傾倒在孩子身上。孩子自身難保的時候,又如何能去承載媽媽的這些沉重的情緒呢?

原來媽媽對於自己作為姐姐要照顧全家人,也不是完全沒有委屈的,只是她完全壓抑了這部分委屈。她不敢表達,也不能表達。不被公

平對待的委屈和憤怒，不能光明正大地被展現，某些時候甚至被完全遺忘，就像他們教導自己的孩子時所採用的方式：多在自己身上找原因。

我問她：「你老公通常會怎麼回應你呢？」她說：「這才是最打擊我的，我跟他說我的委屈，他總是讓我去體諒老人家，不要總是抱怨。他總是站在他父母那邊去幫他們說話，不會體諒我的感受。」這時候小女孩跳出來，憤憤不平地說：「我爸爸就是爺爺奶奶那邊的，不是我們這個家這邊的。」爸爸趕緊辯解：「我沒有責怪我老婆的意思，我只是表達我真實的想法。我從小到大都是非常孝順的，為老人家去著想，站在他們那邊去幫他們說話，這是我作為一個兒子應該做的事情。我知道從小到大父母都比較疼弟弟，但我覺得這是應該的，弟弟小，應該被多照顧一些，我從來不覺得有什麼問題。」接著，他看著妻子，真誠地說：「我們努力去付出，老人家總有一天是能夠看到的，沒什麼委屈的。」我相信這是爸爸發自內心的表達，其中包含著他的家庭觀念、長幼尊卑觀念、孝順的觀念，他都堅定不移地一一遵守，從不抱怨，也不委屈。當然，他也很難理解妻子和女兒的委屈，盡力做到父母滿意是他的本分，至於其他的，他也無能為力。

他毫不懷疑地踐行著傳統家族觀念，已經感受不到自我被壓抑所帶來的情緒了。從這個層面上講，爸爸應該是全家人中「修練」得最好的人，他已經感覺不到壓抑，「欣然」接受現狀，他堅信「付出」總會被看到，不急不躁，耐心等待。他們的女兒在此方面的「修為」顯然要差些，她接受現代教育，經歷著家庭文化與新觀念的強烈衝突，迷茫而困惑，無法說服自己去忍耐，在這種內耗中精疲力竭。妻子介於兩者之間，她能運用強大的「內力」將委屈長時間壓住，當然，一旦爆發出來，殺傷力也是巨大的，很容易傷及無辜。

Story 6　文化與家庭之戰

　　看清這些狀況，接受這些狀況，去正視與調整，孩子的問題才能真正解決。

　　這個家庭再次回來時，情況已經完全改變了，這一次在討論回去上學的問題時她不像之前那麼忐忑，能坦然表達出「學還是要去上的」。她還說到家人為她買了倉鼠，自己很喜歡，有時候還會開玩笑，跟爸爸媽媽要「寵物飼養費」。她能夠去表達自己的要求了，用她爸爸媽媽的話說就是，「覺得女兒跟我們親近了很多」。父母還開玩笑說：「以前覺得女兒像一個男孩子，現在稍微像女孩子一點，會撒嬌了。」她以前從來不撒嬌，覺得撒嬌是「綠茶婊」做的事情，因此，她也討厭弟弟總是撒嬌。這個女孩子，無論性格還是說話方式，都透著男性的特質，她也很少表達自己脆弱的一面。在女孩子的身分認同上，她存在著一些糾結，她期望自己像男孩子一樣強大，什麼事情都自己處理，不撒嬌，不哭，對於自己的女性特徵，她帶著排斥。我們無從推測這是否跟家庭的重男輕女相關，唯一可以確定的是，當父母對她的情緒和脆弱展現出接納的時候，她能夠更自在地表達自己的感受，能夠去向父母尋求支持和關注。

　　關於夫妻相處的部分，媽媽會說：「其實我從始至終都不是說覺得照顧家庭不應該，一個人照顧兩個孩子，老公不幫忙，我都覺得沒什麼。我所有的抱怨也不是為了這個，我只是希望公婆和老公不要覺得所有的事情是理所應當的，能夠看到我的付出。」我說：「你要的其實很簡單。」媽媽激動地接過話來：「對呀，我要的其實很簡單，只要老公能體會我的辛苦，在言語上有一些安慰，能夠明白我的不容易，就夠了。」老公倒是很認真地說：「之前確實忽略了這個部分的表達的重要性，我父母的家庭都是這樣經營的，習以為常之後，就會覺得理所當然，沒什麼好說的。之前我太太找我說對我父母的意見時，我就把這些當成了抱怨，我覺得

我妻子是在讓我站在我父母的對立面。這是我做不到的,所以我想逃離,迴避。」於是我說:「看來你們要感謝孩子這次出狀況,讓你們有機會把心裡的想法都表達出來。」大家都笑起來,一掃初始到來時壓抑焦慮的氣氛。

　　我不能說這個家庭最後達到了我們理想的家庭模樣,但至少他們心裡不那麼憋屈了。特別是這個媽媽,她覺得至少老公能夠理解她的不容易,看到她的付出,心裡的委屈也會少一些。孩子回去上學後一直都挺順利的,沒有再出現過激的情緒狀況,沒有那麼害怕考試。當然,我也清楚他們的相處模式不會有大的變化,他們很難完全變成年輕人崇尚的新式家庭的模樣,每個人都活出自己的精彩。媽媽還是為家庭操勞,為孩子付出自己的青春和時間,為了做一個好媽媽而奮鬥。爸爸依然努力賺錢,為維持整個家庭的生計而奔波。更或許,他們還是會對弟弟多少有些偏心,但變化總會發生:這個女孩子的感受能夠表達,能夠被家人看到;妻子的辛苦能夠被丈夫理解和支持;丈夫會明白家庭中每個人都是需要他的,期待他能夠回歸,站在他們身邊。對於深受傳統文化觀念影響的他們,這些改變已經足夠消弭大部分內心的衝突,能讓他們較好地生活下去。而這個小女孩呢?大約她期待的家庭會有另一番模樣,那將由她未來去爭取和創造。

　　費孝通先生對於華人的傳統家庭有一個系統的闡述。他認為,華人的社會結構從基層來講,是一個鄉土社會,這樣的社會中的家庭結構,也難以避免地染上鄉土的特點。以土地為媒介組建家庭,擴建鄰里關係、社會關係,那必然就是安土重遷的,因為土地是搬不走的,而人必須與土地相依存,才能正常地生存。在這樣的前提下,不同輩分的家庭成員之間,同一個家族的小家庭之間,甚至長時間在同一地域生活的鄰

Story 6　文化與家庭之戰

里之間，都無法避免地需要交流。由此產生一系列的倫理道德規範，這是大家心照不宣的文化傳統，要求全員遵守這樣的傳統，由此家庭的正常秩序得以維護，家族得以延續。在前面的案例中，我們可以窺見大部分華人家庭的文化觀念：重男輕女、男主外女主內、長幼尊卑觀念、家族榮辱觀念……這些依然完整地保留了下來，而且案例中的父母，對這樣的家族文化是發自內心地認同的，在相當長的時間裡，它也維持著這個家庭的平衡。之所以平衡會被打破，是因為這個家庭中有一個成員對這樣的文化產生了懷疑，發自內心地不認同，卻又被要求按照文化傳統去生活。無法自我消化的巨大內心衝突，讓這個孩子最終爆發。

現今時代，是我們的傳統家庭文化受到激烈挑戰的時代，網路的發達，文化融合的加強，使青少年面臨更多的抉擇。另一方面，自我意識的充分覺醒，西方文化的廣泛傳播，使得新一代的年輕人，對於傳統的家庭文化愈加不認同。當然，因為他們還需要在傳統的家庭中生存，父母不可避免地按照他們傳統的觀念去要求自己的孩子，青少年便面臨著遵從會委屈，不遵從會內疚的衝突，而且這樣的衝突，比以往任何一代更激烈。

心理疾病的本質是無法自我處理的衝突，家庭文化衝突的處理，需不同世代的人共同努力。家庭中的文化衝突會涉及三代人，爺爺奶奶、爸爸媽媽還有孩子。兩代人之間的這種衝突，心理學叫代際衝突（generation conflict）。家庭中的代際衝突常牽涉到三代人，這三代人的衝突當中，誰最先受不了？最先受不了的通常是孩子。所以孩子就會出現心理疾病的症狀，這其實就是在衝突過程當中的一個表現。家庭文化衝突是一個動力系統，每個家庭成員就好比一個發條，大家都在一直撐發條，越撐越緊，承受能力不好的那個發條，就會最先壞掉。而這個最先

壞掉的發條，通常是孩子。孩子這個個體，是整個系統裡面文化衝突的核心。

比如說在這個案例當中，媽媽是不是文化動力的衝突者？也是，可是她還保持著一部分傳統文化裡面的忍受寬容，也就是說她對於辛苦和壓力的忍耐性要更強一些。但孩子不一樣，孩子的心智發育尚未成熟，心理的容量相對較小，尚處於一個沒有足夠的忍耐力的階段。另一方面，他們也不願意忍，我為什麼要忍？孩子接受到更多的是現代西方化的教育，他們更遵從自我意願，因此，他們不想「忍」。於是小孩最後就成了率先「起義」的人，是被動也是主動。所以文化衝突明顯的社會變遷背景下，小孩的心理疾病有相當一部分是在文化衝突當中顯現出來的。孩子的心理疾病是一種表達，一種手段。

文化沒有對錯，沒有好壞，它是一種約定俗成的價值觀。約定俗成是誰約的？是所有的群體約定的，誰突破了這個約定就會面臨巨大的壓力。

當今家庭中，幾代人的觀念正在發生激烈的衝突。在這種衝突中，我們的孩子充當了示範者，當然不是他們願意當示範者，他們首先是受害者，媽媽受不了了，整天唸唸叨叨，天天過得不開心，於是將小孩當作發洩口，將自己的壞情緒全都壓到孩子身上，最後他們就只能病了。

面對衝突，人的本能反應就是盡力為自己找到一個好位置，這是人際互動的本能，要保護自己，站在那個位置可以發號施令，看到所有的人，這樣的掌控感會讓人更安心。但是，當我們的父母都爭搶著找好位置時，甚至有時候爺爺奶奶、外公外婆還要來找一個「還不錯」的位置，作為弱勢群體的孩子就沒有位置了，他們會覺得無所適從。長時間無所適從，孩子就病了。

Story 6　文化與家庭之戰

　　家庭的動力就是如此,好的位置被別人占了,孩子只能委曲求全站在憋屈的角落裡,更有甚者找不到位置,每天都覺得自己是多餘的,是家裡的累贅。這是我經常聽到我的來訪者說的一句話:「我覺得我不在了,父母應該會生活得更好。」孩子沒有位置,或者一直在一個錯誤的位置,一個為父母添麻煩的位置上,這樣的情況,他怎麼能舒服地生活下去呢?我們去看這一類家庭的心理疾病,表面看是一個拒學的問題、人際關係的問題、情緒的問題、溝通的問題,實際上背後是家庭模式的動力在推動,跟每個人在家庭中的位置直接相關。沒有位置的孩子,生存艱難,只能透過「生病」去進行表達。理想的狀態是父母客觀地看待家庭現狀,看到孩子的不易和掙扎,受到教育,做出改變。父母為孩子在家庭中找到一個舒服的位置,將他真正當作家庭的一員去尊重、去合作,而不是當作「一個什麼都不懂的孩子」,孩子的自我得以存在,才能談後面的生存發展,談情緒上的開心快樂。

　　我在臨床工作當中,就碰到過一個讓我百感交集的案例,那是一個得憂鬱症的孩子,她表面看起來情緒、行為各方面似乎很正常,也一直用功讀書,但她會有很多無法預料的衝動自殺的想法出現,會不定時地有自己撐不下去了的感覺,也多次有自殺的行動,幸虧被家人阻止,是很嚴重的憂鬱症狀。頗為戲劇性的是,這個孩子大概一百六十公分,五十公斤,她的身高體重跟她的營養狀況都算是良好的,但是她的爸爸媽媽、奶奶、姑姑堅信她生病完全是因為營養不夠,並為此積極採取各種行動。全家人一致決定改變家裡的飲食結構,每天燉各式各樣的湯,打各式各樣的營養汁,她說:「各式各樣奇奇怪怪的東西打到一起,看起來怪怪的,而且很難喝。」家人要求她必須每天認認真真地喝,當她不想喝,或覺得太難喝,面露難色的時候,她奶奶就會說:「這個湯我熬了三

個小時，我都是為你做的，你不喝那我的心血都白費了。」她就只能閉著眼睛勉強喝下去，或者背著奶奶偷偷倒掉，還要再三偵察，倒在不會被發現的地方。接著，她的姑姑帶她來找我做治療，來的時候就拉著我的手，說：「醫生你一定要勸勸她，讓她多吃一點，她多吃點，病就好了。」我看著她殷切的目光，愣了幾秒，找不到合適的回答。我甚至想不出合適的詞語去解釋情緒問題到底是什麼，去跟她說明營養和它沒有關係，語言在那一刻變得很無力。

稍有常識的人都知道，憂鬱症是一個與營養、抵抗力等完全不相關的疾病。但面對這樣熱情、關切的家長，我實在說不出她的觀念是錯的，與問題根本風馬牛不相及。在一些人的觀念中，生病了就應該加強營養，增強抵抗力，這是家人表達愛的方式。誰對誰錯？都沒有錯，但他們忽略了一個重要的點：相互尊重。對於孩子而言，她需要休息，她需要有自己獨立的空間。她現在是24小時都被人盯著吃飯了沒有、長高沒有，不病才怪。無獨有偶，後來我才知曉，為了她上學，家裡買了學區房，因為面積有限，加上奶奶要幫忙照顧她，她從國中開始，就不再有自己的房間，做什麼事情都只能在客廳，於是她的一舉一動都在家人的監督之下。「又在玩手機！」、「作業寫完了嗎？」、「練琴了嗎？」……她不想回家，卻又無處可去。沒有自己的物理空間，也沒有足夠的心理空間。看似擁有凡事為她著想的家人，充滿關愛的家庭，她卻沒有自己的位置，這就是她痛苦的根源。

如果我們暫時做不到理解，無法完全接受青少年的一些想法，看不慣他們的「次文化」，至少先做到尊重。做到不以父母的價值觀念去壓抑、去強行干預，或者去否定他們的一些想法。剪個特立獨行的髮型是錯的，是怪胎；為人際關係煩惱是庸人自擾，應該全部心思放在學習上；

Story 6　文化與家庭之戰

要跟成績好的孩子交朋友，不然會被帶壞……諸如此類，我們不說都是錯誤的觀點，但至少是不客觀、不全面的看法。接受「沒有一種觀念是完全正確的」，嘗試尊重孩子的想法，這就能夠極大地減少青少年情緒壓抑和內心衝突的產生。當然，後期能夠有更多的交流和溝通，實現彼此以誠相待，相互理解，乃是我們最希望看到的景象，是最理想的狀態。

Story 7
「生塊叉燒都好過生你」

Story 7 「生塊叉燒都好過生你」

我們仍然先講故事。

故事中的孩子九歲，剛上小學四年級，圓圓的臉，活潑好動，樂於與他人交往，特別喜歡當孩子當中的老大。他不願意上學，已經在家一個多月，對學校表現出強烈的反感和厭惡，逢人就控訴老師不好，同學不好。其實他在剛上四年級的時候，就在學校遇到了一些挫折，部分同學會開他玩笑，為他取外號，叫他「胖胖」、「小胖」等；也因為課程作業完成得不好，被老師批評過幾次。他當時就出現心情較差，經常悶悶不樂的情況，但是還是能夠忍下來用功讀書，成績基本上也能保持，他的家人也沒有多想。

小學三四年級是一個轉折，課程難度增加，人際關係更複雜，讀書壓力也增大。這個孩子本身情緒狀態就不穩定，無法全身心投入學習，漸漸地就在成績上有所表現，近段時間的考試成績便沒有那麼理想。恰好，這個孩子的媽媽一直以來對他的學習成績期望都比較高，堅定認為小學是打基礎的階段，需要有一個比較好的學習習慣，才能保證知識的全面掌握。就這樣，在學校和媽媽的雙重壓力下，孩子的情緒問題逐漸加重，大部分時間都不開心，甚至開始有一些自殺的想法。但他仍非常願意傾訴與表達，繪聲繪色地跟我描述：「我腦袋裡面有兩個小人在辯論，一個代表正義，一個代表邪惡。一個讓我自殺，一個讓我享受生活，勸我說如果自殺了，家人會很傷心。」描繪得非常生動。在 9 月分的一個中午，爸爸媽媽發現他一臉鼻涕眼淚地暈倒在了房間，不明原因地突然暈倒。家人也被嚇了一跳，然後就趕緊背他下樓，結果走到一半他就自己醒過來了，沒有採取任何措施，醒過來之後也沒有什麼不舒服的地方。他對為什麼暈倒能夠回答一部分，但是很多東西他也就說：「我記不起來了，我不知道為什麼會暈倒，然後你們背我，我也不知道是怎麼

回事，我就突然醒來了。」

當時爸爸媽媽就帶他到附近的醫院去看，在開車去附近醫院的途中他又暈倒了，在爸爸媽媽背他下車的過程中他又醒了，他醒後問道：「我在哪裡，你們在做什麼？」好像突然走到了另外一個地方，然後過程中發生的所有事情都不記得了。後面就是去醫院檢查，身體一切正常，沒有任何導致暈倒的身體徵狀，家人只能帶他回家。當天晚上在晚飯過後家裡有客人來，這個小朋友見過客人，上樓梯的時候就跟他媽媽說：「我覺得我又要暈倒了。」接著他就真的再次暈倒。家裡人手忙腳亂，又是掐他的人中，又是圍著他大聲呼喊，跟他說話，他都完全沒有反應，但幾分鐘後他又自己醒過來了，對於暈倒過程中的事情他還是表示都不記得，又詢問：「我為什麼會在這裡？」其他完全正常，他似乎也完全不擔心自己突然暈倒的事情，照常開心地玩耍。爸爸媽媽沒辦法，只能送他去附近的醫院住院，想確切地查明病因。當然既然孩子都生病了，那當然會對他更好一些，不再提上學的事情，基本上對他就是百依百順、有求必應，生怕他有一點不開心。

這通常是我們表達愛的方式。任憑平時如何打罵，只要孩子一生病，就異常心疼，像完全換了一副心腸，彌補性地「對孩子好」。太多的孩子跟我說：「爸爸媽媽只有生病的時候才是對我好的，要什麼就為我買什麼，想吃什麼就為我買什麼。」爸爸媽媽覺得照顧得更好，孩子的病肯定好得更快。比如，生病了就要加強營養，要保持心情愉快，看著病懨懨的孩子，心有不忍，於是使出渾身解數去滿足孩子。又比如，父母平時心裡一不爽就打罵一下孩子，看著病中的孩子，開不了口，也下不去手，不自覺地就忍耐自己的脾氣，以最慈愛、最耐心的面目跟孩子相處。最有吸引力的，當屬可以不用上學，生病請假天經地義，父母、老

Story 7 「生塊叉燒都好過生你」

師、同學誰都不會有任何不滿。生病原來有如此多的好處，真是讓人欲罷不能。父母們大約做夢都沒想到，孩子會貪戀這樣的好，沉浸其中，喜歡上生病的感覺。

這個孩子，很快便摸透了其中的門道，認真地「生起病來」。

他當時在當地的醫院住院的時候，因為查不出來生理的原因，醫生就例行朝精神科方向詢問他：「你有沒有聽到聲音？有沒有自己跟自己說話？」後來出院之後他一直都沒有去學校，到中秋節的時候這個小朋友就開始自己跟自己說話，而且說話的內容非常清晰具體，說自己被同學孤立、被同學說壞話，說他壓力很大，想轉學。一段時間後，他開始說「我死了算了！」家人跟他相處的時候，只要稍微不順他的意，或者是指出他哪裡做得不對，他的反應就會非常激烈。從一開始的發脾氣，大吵大鬧，到後來會更難控制地馬上衝到樓頂，大叫「我要跳樓！」、「你們什麼都不要說我，也不要逼我上學，不然我就跳樓！」家人慌了手腳，好幾次都膽顫心驚地將他從樓頂抱下來。

一家人，爸爸媽媽爺爺奶奶，四個大人，每天心驚膽顫，小心翼翼地「伺候」著他，一刻都不敢放鬆，一分鐘都不敢懈怠。爸爸滿面愁容，焦慮不安地說：「我們真的不知道該怎麼辦，我們現在一步都不敢離開他，也不敢有什麼不順著他意的地方，我們已經被弄得精疲力竭了，很久沒有安心地睡過覺了。醫生你一定要幫幫我們，你們想到什麼辦法我們都全力配合。」一個九歲的孩子，將全家四個成年人，完全拿下，這到底是怎樣的一個「能力過人」的孩子？

我要會會他。

沒想到，來到我面前的是一個非常乖巧、配合的小朋友，他並沒有

任何的，至少在我面前沒有任何的叛逆和不可一世，也沒有故意跟我唱反調，他很積極主動地跟我講他的想法，而且有問必答。只是整段談話的一個小時中，他基本上沒有正常地坐著，他一會躺著，一會腳蹺到桌子上，而且不會像別的孩子一樣事先詢問我「我可以這樣嗎？」他很放鬆、自在，就像在自己家一樣，而且他就是家裡的主人，我反而像是到他的家裡做客的人。

他看到沙盤，立刻表現出濃厚的興趣，就自顧自地開始擺沙盤，一邊擺著一邊告訴我他擺的是什麼，我反覆示意他可以安靜地擺，不說話，他控制不住。整個沙盤結構很零散，他擺完之後就滔滔不絕地講主題和含義，說為總統擺了一個豪華的房子，說他的媽媽是在政府工作，他跟媽媽關係比較好，覺得他媽媽比較厲害，不太喜歡他的爸爸。接著又主動跟我談到在學校有人欺負自己、嘲笑自己，老師也會批評自己。我問在家裡面呢？他馬上換了一副表情，將頭昂得高高的，底氣十足地說：「在家裡面都是我說了算，家裡面的所有人都要聽我的。」帶著驕傲，擲地有聲，不容置疑。

擺第二個沙盤的時候，他依然為總統擺一個家，生動地跟我介紹這個家的結構以及超乎想像的豪華，而後他突然跟我說：「其實現在的總統，這個房間的主人就是我自己。」停頓一下，想想好像自己年齡還不夠，就改口說：「總統是我的爸爸，我就是總統的小孩，我想上哪個學校就去哪個學校，我要讓校長把班上欺負我的同學全都開除！」他說得很認真，沉浸在自己美好的幻想中。接著他詳細描述同學會嘲笑自己、欺負自己，說雖然自己上的是貴族學校，所有的學生都很有錢，但他們素養都不高，所以他想換個學校。他在為自己想退路，想辦法，就像他說的，他的內心真的有兩個小人在打架。對於要不要上學，去哪裡上學，

Story 7 「生塊叉燒都好過生你」

他的內心是在戰鬥的，但表面上他是雲淡風輕的，樂於享受自己在家裡的絕對話語權，甚至想像自己在學校也有同樣的無上權力。這個孩子的內心世界，比我們預想中要豐富得多。

這個才幾歲的小孩，已經徹底自我膨脹了，他的言語表達便無所顧忌起來，現實地演繹什麼叫「不知天高地厚」。他沉浸在自己幻想的世界當中，享受「無所不能」、「呼風喚雨」的特權。在他的世界中，他就是霸主，世界都由他掌控。

他自顧自地講完自己全部的想法，像說給我聽，又像是自言自語，毫不隱藏地呈現自己的內心世界。講完之後他如釋重負地躺在我們治療的沙發上，斜著眼睛看著我，眼神複雜，說：「醫生你知道嗎？我們家只有我一個兒子，如果我死了，他們肯定接受不了，所以他們肯定很怕我死。」說完之後他就瀟灑地自己開門出去，留我呆呆地坐在座位上，心情複雜地回味他的話，腦海裡浮現出一個詞──「難怪」。果然是一個聰明的孩子，只是父母面對這樣一個聰明的孩子，應該會特別頭痛吧。接下來他沒有再出現過情緒爆發，也沒有再暈倒，但家人仍然謹小慎微地跟他相處，仍不敢提上學的事情，費盡心力地去猜測這個小靈精的內心想法，生怕一不小心猜錯了，又是一場大戰。

必須安排家人一起來開誠布公地談談。

父母很支持，而且爸爸媽媽和奶奶都來了，爸爸在治療開始前，鄭重地詢問我：「奶奶能不能一起參加治療？」並且強調奶奶對孩子的教育參與很多，爸爸媽媽上班的時候都是奶奶管教孩子。於是，就三個大人和一個孩子再加上我，四個成年人和一個九歲的孩子，一起進入治療。孩子首先找了自己最喜歡的位置，家裡其他人才依次坐定。我沒有開口打破沉默，先觀察了一下家庭成員，其他人也沉默。奶奶首先開了口，

開始有理有據地教育孩子的爸爸媽媽，說媽媽太寵孩子，並且舉例子說小孩有一次跟他們出去，已經為孩子買了飲料，孩子不喝，說要換，媽媽就立刻起身去幫他換，她覺得這是不恰當的，太遷就孩子，會有不良影響。繼而奶奶又說媽媽：「你對孩子要求太嚴格，為他報很多的補習班，週末都排滿了，讓孩子都沒時間休息。」頓了頓，又嚴肅地說：「孩子都跟我訴苦了，說補習班太多了，自己不想去上。」媽媽一直聽著，沒有回應，臉色不太好看。孩子馬上開始添油加醋：「就是啊，報那麼多班，我還要做學校的作業，我怎麼做得完！想要累死我！」我看著這一切，意識到原來這個家庭裡面還有一個「太后」在，孩子還是有靠山的。

　　我嘗試了一下打斷奶奶，鼓勵媽媽和爸爸講話，以失敗告終。

　　奶奶接著說：「現在小孩脾氣這麼大，我也不知道該怎麼辦，前兩天他爸爸媽媽都去上班了，小孩在家裡面突然就開始發脾氣，砸東西，又說要去跳樓。我跟他爺爺不知道該怎麼辦，我們就只能抱住他了，我們不讓他動，但是他對我們又踢又打。我們真的也很無奈。」我馬上肯定奶奶：「你們做得很好，你們沒有打他，沒有罵他，但是也沒有允許他去做一些破壞性的事情，這個很好。」但孩子坐不住了，立刻跳出來說話：「你們為什麼要抱住我，憑什麼抱我，你們有什麼權力抱住我，我有自己的自由！」表情惡狠狠的，又帶著委屈，說完噘著嘴坐在位置上，生悶氣。我沒有回應他，也沒有制止他的反應。後來就一發不可收拾了，每個人說話他都要插話，包括我說話的時候，他都要打斷來表達他自己的意見，自己想說話的時候就說，旁若無人，而且要說得很大聲，確保每個人都聽到。要是發現我們沒有認真聽，他就走到我們面前，拉著我們的手，或者晃晃我們的手臂，確保大家都聽到了他的心聲。我們沒辦法正常交談，他會毫無預兆地突然跳出來，打斷我們的思路，強行將話

Story 7 「生塊叉燒都好過生你」

題轉移到他想說的內容上，等他說完，我們可能已經忘記了剛才談到哪裡，談話被完全打亂了。

好像我們都不存在了，只剩下他像勤勞的小蜜蜂一樣飛來飛去，不斷在耳邊嗡嗡嗡，他好像樂在其中，歡快地翩翩起舞，不知疲憊。

家人在的時候，他的表現和單獨跟我交談的時候判若兩人。

不斷發表他的看法，蹦來蹦去地表達了一圈之後，似乎還是覺得不過癮，他又做了一個很有意思的舉動。他突然自顧自地說：「我現在很厲害，我力量很大，抱我是抱不住的，我之後肯定會想到辦法掙脫的，你們等著看吧。」說完為了證明他說的是真的，他就跑過去，拉過媽媽的手，要跟媽媽比腕力。實事求是地講，這個孩子雖然只有九歲，但長得挺壯的。媽媽用盡力氣，他還是稍稍占了上風。他狡黠一笑，得意地坐回到自己的位置上。我示意他說：「你過去跟你爸爸試試？」他果然興沖沖地跑過去，拉著爸爸的手，結果可想而知，爸爸完勝。他不服輸，說：「我一隻手不行就兩隻手。」一邊說一邊架上另一隻手，最後整個人都快架到爸爸的手上了，爸爸紋絲不動，再次輕鬆獲勝。他看起來很洩氣，垂著頭坐回自己的位置上，難得安靜了一小會。

他的媽媽在整個治療過程中都很少說話，基本上沒有主動說話，我問她，她也只是很簡單地作答，只在奶奶提到她的時候一直盯著奶奶。不過她的觀點很明確：造成孩子目前狀況的主要原因不是學習壓力大，是他的老師太凶了，他才不願意去學校。這個時候我們的小來訪者又跳出來了：「你們以前也只會打罵我！」爸爸立刻辯解：「你從小到大我們都沒打過你幾次，一隻手都能數得過來！」想想又補充說：「其實打得很少，但是威脅說要打是很多，我說要打的時候，基本上他們都會把他拉

走。」我問他們是誰？他說是媽媽和奶奶。

我們能看出來，在家庭的教育方式上，每個人都不一致，每個人都有他自己的想法。這個爸爸覺得應該教育的時候還是要教育，媽媽跟奶奶可能就是不一樣的做法，媽媽覺得生活上需要更多地去將就他，他想要什麼就應該買給他，但是學習上應該嚴格地要求他。爸爸強調學習上其實過得去就行了，沒有那麼嚴格的要求，但是家庭該遵守的規則應該要遵守，例如說對老人家是要尊重的。奶奶站在一個長輩的角度覺得爸爸媽媽做得都不對，覺得他們的方式對小孩都可能會造成不良的影響。

全部家庭成員的教育方式都不一致。

我們的小靈精就理所當然地站出來說：你們說的都不對！那誰說的才對呢？深思熟慮之後他宣布，我自己說的才對！你們都得聽我的！而且他發現，全家人都聽自己的，這種感覺實在太好了，於是他想方設法地威脅家人必須聽自己的話，為此察言觀色、絞盡腦汁，對家人的全部弱點瞭如指掌。就像他在第一次治療的最後狡黠地眨著眼告訴我的那樣：「我們家就我一個兒子，我要是死了，他們肯定活不下去。」而且他發現這樣的方式屢試不爽。經過短短幾週的摸索，他就將父母和爺爺奶奶吃得死死的。四個大人惶惶不可終日，他卻樂在其中，像在玩一個「我是老大」的遊戲，沉迷其中，無法自拔，漸漸地就開始幻想自己是更大範圍的老大，想像自己是總統，搞定學校的同學和老師，趕走所有自己不喜歡的人，總之，最好全世界都是自己說了算。

只可惜，這畢竟是幻想，是小孩子的天真遊戲。

我在家庭治療中做了這樣一個回饋，呈現家庭的互動模式，並強調此種模式可能造成的影響——當然，這番話也是在小來訪者不斷的打斷

Story 7 「生塊叉燒都好過生你」

下勉強說完的，並不確定家庭成員究竟聽進去了多少。同時，對於家人一直擔心的孩子的情緒問題，我也強調情緒的表達和宣洩對於孩子來說也需要有一些規則。孩子需要有一些方式和行為來表達壓力或者想法，但是一個家庭也需要有一些規則，來明確限定哪一些行為是不可以的。比如說像砸東西、打人、罵人這樣的方式，不管是用來表達什麼，都需要回饋給孩子這是不可以的。爸爸媽媽頻頻點頭，但隱含著明顯的擔憂：「我們最怕他⋯⋯」關鍵詞沒有說出來，不敢說。當然，他們最怕的就是這個無所不能的小來訪者威脅他們要去跳樓。我強化這個家庭中大人的能力，因為這個孩子在家裡是時時刻刻有大人看著的，大人不可能連制止一個九歲小孩的不恰當行為的能力都沒有，除了打罵，我相信他們能想到其他辦法搞定他們的孩子。

　　旁觀者會看得很清楚，整個家庭已經被孩子弄得烏煙瘴氣，但幾個大人已經被焦慮和恐懼完全控制了，繳械投降，已經沒有理智來梳理清楚這個小孩的行為到底是為了什麼，到底哪些行為是威脅，哪些是真實的內心表達。他們變得草木皆兵，乾脆什麼都不敢做，對孩子的種種刁難疲於應付。他們並不是沒有辦法，只是陷於無助的境地，動彈不得。

　　需要將他們從泥濘中拉出來，讓他們看到自己作為一個成年人對整個事件的控制能力，讓他們不畏懼，不逃避。

　　孩子還是不願配合：「你們不答應我那我就砸東西，你們再不答應我那我就去跳樓。我不信我找不到機會，晚上我就等你們都睡了，我再找一個機會去⋯⋯」我沒有回應他，也暗示家裡人盡可能忽略他的威脅，當然，基本的防護還是需要做到的，需要做到家人能夠基本安心的程度，但更多的因為焦慮而創造出來的恐懼，就需要去區分，去理性對待。

到現在為止，這個孩子看起來都是個頑劣不堪、自大狂妄的小屁孩形象，看起來一點都不可愛，沒想到後來他的情況會是個一百八十度的大轉彎。

　　終於等到他們再次回來治療的日子。

　　他一進治療室的門，就要坐在我上次坐的位置上，我沒有同意，他就乖乖坐到了自己的位置上，沒有爭論，也沒有生氣，我倒有些不適應了。後來他的表現，讓我懷疑這個乖乖坐在位置上，安靜地聽其他人說話的孩子，跟前幾次見到的孩子，是不是走錯治療室的雙胞胎。他能夠聽其他人說話，不再隨意打斷別人的話，不再不時地站起來，一直坐在自己的位置上，最多調換一下姿勢。到他說話的時候他也說，但並不是扯高嗓子，要求全部人都必須聽自己的，他能平靜地表達自己的想法，看起來稍微有點洩氣，但並不沮喪。

　　依然是奶奶首先做發言。我並沒有像上次一樣，整個治療有三分之一的時間都讓奶奶說，而是大概總結了她的意思之後，就轉頭去詢問孩子的父母。這是一個處理技巧，以此告訴父母，爸爸媽媽才是對小孩進行教育的絕對權威，也是最應該負責任的主體，不能推給上一輩的老人，也不能讓給上一輩的老人。用行動表達後，我繼續用言語強調了一遍。

　　這個時候小朋友就開始沒有預兆地訴說他內心的委屈，他用很低沉的聲音，滿含著低落的情緒，低著頭，散發著可憐巴巴的氣場，一樁樁一件件地訴說他的感受。幾個大人都看得心生憐惜，原來這個孩子看似無所不能的氣場裡，隱藏著這樣的委屈和無奈。

　　他說，前兩天爸爸媽媽一起打了他的屁股，但客觀地強調並不是那

Story 7 「生塊叉燒都好過生你」

種惡狠狠的打，而是事先說好的，他哪些行為不能做，做了的話就怎樣受懲罰，他自己也爽快地答應了。只是他沒想到，會真的被打，而且是爸爸媽媽一起打自己。爸爸解釋：「以前都是威脅比較多，真正的懲罰少，這次是想讓他真正體會一下痛，學會為自己的行為負責。其實打得並不重，只是想給他一個教訓。」

這是我第一次聽到他的爸爸媽媽合作去做一件事。這不是他目前最希望看到的局面，但顯然這是一個非常懂得審時度勢的孩子。威脅、砸東西這樣的方式不管用之後，他不得不用語言來表達內心的感受。

他細細講述在他短短幾年有記憶的生命裡，所遭受的全部委屈：「每次考試考得不好都會挨罵，媽媽每天守著我做作業，只要她講了一遍我做不出來，她就會越講越激動，就開始罵我笨，還說我這麼沒用，『生塊叉燒都好過生你』。」他邊說著，邊撇著嘴，眼淚在眼眶中打轉，一直低著頭，誰也不看。媽媽一直看著他，聽他說，一開始覺得他說的話很搞笑，忍不住笑出聲來，後來表情慢慢變成悲傷，說：「那些話都是生氣的時候隨口說的，沒想到孩子會當真，還會對他造成這麼大的影響。」爸爸接過話頭說：「他媽媽每一天輔導作業都是跟孩子兩個人關在房間裡，我在外面聽著裡面就像在打仗一樣，他媽媽越講越激動，就會控制不住地教訓他。媽媽總是要求孩子每天的作業都要做到全對，其實我覺得只要孩子掌握了就行了。」孩子接過話來，再次重複：「只要我做不對，就嫌棄我，說生塊叉燒都好過生我。叉燒那麼醜，又不好吃，我總比叉燒好看點，我哪裡比不上叉燒……」我問他：「媽媽還說過其他讓你覺得很受傷害的話嗎？」他說：「有啊。」長時間的思考之後，他繼續說道：「比如，生塊叉燒都好過生我。」我們幾個大人面面相覷，看來這句大人眼中的玩笑話、口頭禪，在他的內心已經像魔咒一樣揮之不去了。整個會談中他

大概說了十來遍這句話，他反覆強調：「只要我做得不好，只要我考得不好，我媽媽就會說生塊叉燒都好過生我。」你看，他把媽媽的前後語境都記得很清楚，他清楚地知道媽媽這句嫌棄他的話，是在他做得不好的時候說的，做得不好，媽媽就會嫌棄自己，就會不接納自己。

這個時候，這個孩子的真實內心才表達出來，他內心的自卑，他因為不被母親認可帶來的自我懷疑。他從不輕易言說的委屈，都在此刻安靜地講述出來。這個九歲孩子的內心世界，原來潛藏著超乎成年人想像的故事和感受。

回想起他之前的無法無天的行為，他唯我獨尊的幻想，不過都是他的保護殼，是他在學校和家庭互動中連連受挫後飲鴆止渴般的內心補償。

他說：「我覺得爸爸媽媽好像一直以來都是很嫌棄我的，我覺得我成績比不上別人，他們總是拿我跟其他小孩比較，我覺得我什麼都比不上別人。」他媽媽解釋說：「可能我們都是拿他做得不好的、沒那麼擅長的部分去跟其他孩子比較，覺得這樣可以激勵他。從來不會拿他做得好的，比如說他下棋很厲害我們就不會說，而是會說你看你運動沒有別人好，你看你沒有你表弟好，你表弟拼拼圖在很短的時間內就能拼出來，你要拼很久。我們覺得這樣可以讓他更努力。」「反正我覺得自己什麼都比不上別人，爸爸媽媽爺爺奶奶都說表弟什麼都比我好，我覺得很難受，這樣的生活很難受，有時候就想還不如死了算了。」原來他跳樓的威脅裡，也有他真實感受的表達。我怎麼努力都比不上別人，我怎麼努力我爸爸媽媽都嫌棄我，這種深深的無力感，會讓很多心理能量不強的孩子想到用結束生命來逃避。

Story 7 「生塊叉燒都好過生你」

　　他媽媽強忍著眼淚說：「我們從來沒有想過他會這樣想，我們一直都將最好的東西給孩子。當時他不能去上學，看到一個補習班，他說自己想先去補習班適應一下，到時候再去學校。那個補習班要五萬多塊錢，我們二話沒說就幫他報了。補習班去了三天之後他就不願意去了，我們也沒有說很抱怨這件事。」爸爸接著說：「他媽媽在花錢和買東西這些方面，只要是給孩子，從來不猶豫。他喜歡的模型、手辦之類，上萬塊的都會買給他，我也是，只要是經濟允許，都會滿足他。我們只有這一個孩子，我們都覺得我們是很愛自己的孩子的。」這似乎是很多家庭教育的悲哀，他的爸爸媽媽打扮很樸素，但是孩子上的是貴族學校，他渾身上下穿的都是名牌，但是他卻感受不到父母的愛。

　　媽媽反覆解釋：「我們廣東人都是這樣說，『生塊叉燒都好過生你』，這是一個口頭禪一樣的話，從來沒有想過他會當真。我們小時候都很窮，能吃上叉燒是很不容易的，所以叉燒在我們眼中是很好的東西，並不是嫌棄的意思。」這就涉及一個成年人跟小孩站的角度是不一樣的問題。媽媽覺得這麼簡單的題，我怎麼教都教不會，我當然會生氣，生氣了就會口不擇言，這是很自然的事情。但這個孩子其實是非常聰明的，他並不是都不會，只是他沒有達到媽媽每次做作業都要得一百分，一道題都不能錯的要求。只要他錯了，媽媽就覺得他做得不好，就有大量的機會來生氣，來說她的口頭禪。很多話原本都是中性的，甚至是抱著美好的期待的，但態度不同，給孩子的感受就是不一樣的。對於小孩來講，他聽到媽媽每次都是惡狠狠地在說這個話，而不是開玩笑的語氣，也難怪他會當真。但是爸爸媽媽說完之後就忘記了，不會覺得說這些話有什麼實際的意義，沒想到這些話在孩子那裡是過不去的。爸爸媽媽對於他講到的事情會很疑惑地說：「有嗎？我們這麼凶地批評過你嗎？」孩

子記得很清楚，他說某天我打破了一個杯子，你們又罵了我一個小時之類的。他說得清清楚楚，什麼時間，什麼地點，因為什麼罵我，罵了我多久。他反覆強調，我記得很清楚。

成年人眼中的小事，在孩子眼中可能有天大的影響，再加上學校的壓力，為什麼他那麼在意同學對他的嘲笑，老師對他的批評？其實都跟他本身內在自信心缺乏有很大的關係。

這一次治療之後，整個家庭有了很大的變化。

我們的小來訪者再也沒有用發脾氣、威脅、跳樓等方式去表達自己的要求，他開始能夠用語言表達自己的內心感受。更重要的是，這一次治療之後他就自願回了學校，父母和他自己都並不確定他是否能適應，但是他們一起商量，回去試試。

因為在上次治療的時候，他一直控訴爸爸媽媽打他，我就提示父母可以嘗試打罵之外的方法。這對父母調整意識很強，回去就開了家庭會議，一起討論，並把討論的結果一一記錄下來。他們讓孩子充分發言：你在學校遇到了哪些困難，你希望我們怎麼幫你，需要準備些什麼才能順利上學……將所有可能面臨的困難都羅列出來，再想辦法解決。最後，加上最關鍵的──沒有做到怎麼辦？沒有做到父母也不會打罵他，而是商量不為他買他喜歡的玩具，扣他玩手機、電腦的時間。他想了想，答應了。簽字畫押，一言為定。

沒想到他回到學校之後竟然非常開心，他口中很凶的老師，欺負他的同學，都變了模樣，所有人看到他都熱烈歡迎，問長問短：「你這段時間去哪裡了？我們都很想你。」「沒你在，我們沒那麼好玩。」老師也主動關心他這段時間的學習情況，還主動幫他補課。孩子的世界很單純，

Story 7 「生塊叉燒都好過生你」

他突然發現：所有人都對我很好，原來大家不像我想像中那樣都討厭我。他興高采烈地跟我分享在學校的經歷，滿臉笑容，說現在比之前天天在家裡開心多了。

爸爸媽媽現在會跟他解釋為什麼。為什麼這個事情要這樣做，我們不是說只有這個人好，不是說你一無是處，我們只是想教你，讓你做得更好。他會似懂非懂地點頭接受。有時爸媽還是會習慣性地說他做作業比較拖拉，總是要反覆叫才會做，回家要先看電視……他會自己跳出來說：「你們怎麼又開始說我了，你們怎麼又說我做得不好了？」爸爸媽媽就說：「對不起，我們可能還需要一點時間來做一些調整，現在還是不太習慣。」他能表達自己的想法，爸爸媽媽能夠聽他說，並且會做調整。從以前將委屈都埋在心裡，到現在能夠大膽地表達自己的感受，信任父母會聽自己說話，他在家中找到了合適的位置。

整個家庭的溝通方式發生了變化，氛圍也隨之變得更溫暖、放鬆。媽媽說輔導他做作業，每一次都像打仗一樣。我鼓勵爸爸可以幫一下媽媽的忙。孩子就接過話說：「爸爸沒有知識，教我的題都教錯了。」我問他：「誰告訴你爸爸沒知識？」他答：「本來就是。」我於是問媽媽：「你希不希望你老公來幫你？」她說：「當然希望，但是他不來，那我也沒辦法。」我轉頭問爸爸：「你覺得你老婆希望你去幫忙嗎？」他說：「應該不希望，因為她覺得我的水準不行。」妻子非常驚訝，連忙解釋：「我從來沒有這麼想過，我一直覺得他工作很忙。因為他以前要加班、要上夜班，有的時候可能八九點才回來，我是覺得他太忙了，我怕他太累，所以都是我自己去做，但是可能他們又覺得我對小孩要求太嚴格了。」爸爸聽完，表情複雜：「我每次去幫忙，她都讓我出去，我以為她是嫌我水準不行。」夫妻倆尷尬地相視笑了笑。

可見，這個家庭的溝通方式，不只親子之間，連夫妻之間也是誤會重重，也就難怪孩子會那麼不確定自己在父母心中的位置，會百般試探了。

孩子的不自信可能是來源於父母不經意的，甚至口頭禪般的否定。

一開始接觸這個孩子，他帶著虛無、誇張的自我膨脹：家裡都是我說了算，我爸爸是總統，我想做什麼就做什麼。表面的自負，反映的其實是他內心深重的自卑。因為自信心不夠，他才會需要虛張聲勢地去告訴別人，他很厲害；他才會去跟所有大人比腕力，去展示自己的力量。他很享受這種我比你們都厲害的感覺。

原因何在？爸爸媽媽日常生活中很少肯定他，只是習慣性地說他這個事情怎麼做不好，那個事情怎麼做不好。又經常比較說「你看你堂弟多好」，這都是華人父母最常用的家庭教育方式，加上「生塊叉燒都好過生你」這樣的口頭禪在廣東地區流行，沒有人想到孩子會將這話理解為對自己的否定、嫌棄。我曾經跟孩子們討論過，還有哪些類似的口頭禪是全盤否定孩子的，大家便滔滔不絕地討論起來。

比如，「生個小貓小狗都比你強，養隻狗還會搖搖尾巴，養你有什麼用？」又比如，「我要是像你這麼沒用，早就自己去撞死了，哪還有臉活著？」還有，「廢物，養你都是浪費糧食。」、「我怎麼會生了你這麼個廢物？」、「我打你都懶得動手！」……一句比一句狠。《紅樓夢》裡賈政教育賈寶玉，打壓他的自尊，就有很多經典說法，例如，有一次，賈寶玉去向父親告辭，要上學去，賈政沒好氣，訓誡一番之後，便說他：「還不快滾，仔細站髒了我的地，靠髒了我的門。」細想這話，其中的貶低簡直讓人不寒而慄。身為父親，嫌棄孩子到覺得他在自己的地方待著都會弄髒自己。普通的幾個字，若深究起來，孩子不知會怎樣無地自容。

Story 7 「生塊叉燒都好過生你」

　　當孩子說起這些時，一個很有意思的現象是，很多父母早就忘記了自己曾經說過這樣的話，更不相信孩子會把這樣的話當真。他們很驚訝，「這就是隨口說的，我們那時候的人都這麼說。」「那些都是氣話，怎麼能當真呢？」卻不知，孩子的世界小，接觸的人少，經歷的事情也少，他們把每件事情都看得很重要，父母更是天一樣的存在。每天跟父母互動的點點滴滴他們都記在心裡，父母一旦生氣，對於他們便是天塌下來一樣的大事，而父母否定他們，說他們「不如叉燒」，說他們「連貓狗都不如」，說他們「站髒了門，靠髒了地」，自己心目中最重要的人，如此否定自己，他們又何來自信呢？

　　叉燒、貓狗、廢物，是不應該拿來與孩子相提並論的，無論是玩笑話，還是氣話，一旦說出口，可能需要花百倍的力氣來彌補。要培養自信、陽光的孩子，就需要把孩子當作一個真正的獨立個體來尊重、來陪伴。情緒不好的狀態下，說話前，先三思，哪怕對方只是孩子。孩子也有自己小小的自尊世界，需要家人共同耐心守護。

Story 8
用生命來爭奪控制權

Story 8　用生命來爭奪控制權

　　在青少年遇到的狀況當中，其實情緒問題是占大部分的，其中憂鬱焦慮狀況又是最多的。

　　這是一個厭食症的案例。當然，對於厭食症有很多看待的視角，從社會對女性的期待，從文化的角度、以瘦為美的審美觀的角度，都可以做出相關的解釋。我想嘗試從家庭的角度去詮釋，因為我們接觸的都是青少年，青少年的厭食症跟成年人是有很大區別的，他們會有意無意地沾上青春期的色彩。

　　這個孩子14歲，國二學生。我見到她的時候一百六十公分的女孩子已經瘦到不到三十五公斤，手臂和腿都只能看到骨頭，臉的兩邊都凹陷下去，她用頭髮把臉擋起來，只能看到一點點臉部和眼睛。瘋狂節食仍然在繼續，她每天完全不吃正餐，只吃一些水果和青菜，一小團飯，而且這都需要在父母的督促下才能勉強吃下去。她幾乎不覺得餓，而且大部分時間都活力滿滿，利用所有自己可以利用的時間來讀書，她希望可以透過在家自學參加升學考試，而實際情況是，伴隨著強烈的焦慮，她基本上書看不進去，無法堅持上學，已經在家休學兩個月。她的情況已經需要住院治療了。

　　我第一次跟她接觸的時候，她有一個很有意思的要求，她堅持要把她的課本帶進治療室裡。幾番協商後，我只得同意，她就將書抱在胸前，跟著我進了治療室。只是她並沒有一邊談話一邊看書，她很認真地跟我交談，書一直是放在座位旁邊的，只是她一直看錶，不斷強調說：「我要抓緊時間讀書，我覺得我也沒有什麼大的問題，我可以自己調節，住院太浪費時間了，我還有很多作業要完成。」

　　另外一個很有意思的現象是，住院患者有一定的作息時間，大概晚上9點要關燈睡覺，早上6點鐘起床。她會在晚上大家都關燈睡覺的時

候，自己在大廳拿著書看，看到十二點左右才睡覺。每天早上大概四點多近五點，她就會調鬧鐘強迫自己起來，繼續看書。她反覆跟我談到的也是同樣的訴求：「你看我現在不是都挺好的，該做的事情我也做，你看我每天這樣的作息，只睡四五個小時，我也很有精神，你們怎麼都覺得我有問題？我只想回家讀書，我只是在學校的時候想家，無法在學校待下去而已，這並不是什麼問題。」其實整個談話的過程中，她留給我的說話空間很小，大部分都是她自己不斷在重複同樣的話：「我要利用每一分鐘來讀書，因為大家每天都在上課，我已經落下很多功課了，我不能再這樣子荒廢自己的時間，我現在最主要的事情就是把進度趕上，其他都不重要。」她說得快而急促，也沒有意識到自己的重複，她的焦慮其實已經很明顯，但她自己似乎渾然不覺。

後來，我才慢慢了解到她整個症狀的發展過程。

她升入國中時，學校校規嚴格，要求所有女生頭髮都不能過肩。留了多年長髮的她不願意剪，結果被老師當眾批評，她最後妥協了。因為這個學校可以不住宿，從小從未離開過家的她，覺得住校是一件無法想像的恐怖的事情，她肯定無法適應，所以她哭著剪了頭髮。因為短髮每個月都必須剪，她每次剪都哭，這樣度過了一年。她在校期間心情一直很不好，對學校很不滿意，覺得學校不講道理，很多規矩都很不人性化，包括不能留長髮，以及作息時間、衣著打扮等等方面的限制，都迂腐可笑。同時，同學也很自私，老師也面目可憎，這一整年她基本上都是獨來獨往，每週唯一期盼的就是週末待在家裡，心情會放鬆很多。在她眼中學校就是一個非人待的地方，她待得很壓抑，每天都是煎熬。她多次要求轉學，父母以為她慢慢能適應，就沒有幫她轉。

到了國二，無奈之下，父母幫她轉了學。但新的學校要求住宿，這

Story 8　用生命來爭奪控制權

對她是更大的挑戰，她更加悶悶不樂，也不跟別人交往，繼續獨來獨往。她逐漸出現睡眠問題，晚上睡不著，早上又很早起，消化系統也出現一些問題，吃東西吃得比較少。後來她就覺得自己好像長胖了，不好看，決定減肥，刻意地控制飲食，努力運動，但這時候基本的營養攝取還是沒問題的。國二下學期的時候，情況加重，她的成績不斷下降，依然沒有朋友，焦慮逐漸明顯，無法專注聽課，看書也看不進去，開始吃得更少，每一頓飯都要計算卡路里，每天都要量體重。看著體重計上的數字不斷往下掉，她會莫名地開心。只要稍微增長了一點點，她便一整天都會非常自責，似乎自己犯了很大的錯誤。

接著她開始每天打無數次的電話給她的媽媽，說她在學校很難受、很痛苦，跟她媽媽彙報說自己今天又沒有吃飯，不想吃，吃不下，反覆強調是真的吃不下，沒有胃口，吃什麼都沒有胃口，每天都覺得很飽。接著，她就跟她媽媽哭，說：「在學校太痛苦了，每一天都很煎熬，我都已經撐不下去了，這樣活著還不如死了算了。」母親每次接到電話就跟她一起哭，很心疼孩子，擔心孩子真的出問題，無奈，只得接她回家，但並不像之前回家就解決了所有問題，就一切正常。在家裡吃飯仍然是個大問題，父母這樣形容，她每一天吃飯都像是打仗一樣，你讓她多吃一點，她給你夾出來，你夾給她，她再夾出來，不斷地討價還價，最後吃的還是很少。她很委屈：「你們不要逼我吃飯，吃飯是我的自由。」媽媽還有另一個困擾，每天她都守著媽媽做飯，指揮著她什麼能放，什麼不能放。她會告訴媽媽：「你要是放了蒜我就不吃了！」「這個菜裡放了紅蘿蔔我就不吃了！」媽媽膽顫心驚，如履薄冰。媽媽說：「我都快不會做飯了，每天到做飯時間我就很緊張。」但她似乎很樂在其中，除了偶爾的情緒爆發，大部分時間她看起來還算開心。

家裡每天像戰場，每天都要因為吃飯開一場辯論會，大部分時間都以父母失敗告終。

於是他們開始做家庭治療。我看到的是一對非常無助、非常焦慮的父母，媽媽坐下來就開始講：「她現在這麼瘦怎麼辦？我們想盡了辦法讓她吃她都不吃，我們真的沒有辦法了，完全不知道該怎麼辦。」媽媽說完爸爸就開始放狠話：「有時候就想，她要死就死吧，我們再生一個，反正我跟她媽也還年輕，我們還可以再生一個，我們照樣可以過得很好。」媽媽開始哭泣。但是孩子沒有任何的反應，她在旁邊很冷靜地看著父母說她的事情，好像在說一個與自己完全無關的人。我問了孩子一個問題：「在你的家裡和學校裡有人可以讓你吃飯嗎？」她的表情立刻由冷漠到笑容滿臉，那是一種很得意的笑，帶著驕傲和成就感，像是背著家長做壞事得逞的孩子，很堅定地回答：「沒有。」沒有人可以讓她吃飯，這在她看來是一個值得驕傲的事，這跟父母對於這件事的看法是完全不同的。這是一對被折磨得精神崩潰的父母，以及一個玩得成就感滿滿的孩子。

她擁有一整套理論體系來解釋她的堅持：「吃飯是我自己的事情，我喜歡吃就吃，不喜歡吃就不吃，憑什麼要別人來監督？我不喜歡別人盯著我吃飯。如果別人來勉強你們吃飯，你們會是什麼感受？你們強迫我吃飯，是不尊重我的人權，侵犯我的自由，你們沒有這樣的權力！」說得鏗鏘有力，不容反駁。我知道，跟這個孩子講道理，順著她的思路去跟她辯論，是注定會失敗的。爸爸說：「你看吧，我們都拿她沒辦法，沒有人可以勉強她吃飯，我們又不可能灌她吃飯，是不是？」孩子在吃飯這件事情上，是有絕對的掌控權的。她讓全家人都繳械投降了，她享受著自己獲勝後的快感，卻不知道，這是一場真正的死亡遊戲。

是什麼原因能夠讓一個孩子以命相搏，來獲取短暫的滿足感和掌

Story 8　用生命來爭奪控制權

控感？

爸爸提到了一些線索：「我們小時候對孩子的要求非常嚴格，對她的學習成績要求非常高，基本上屬於考了 98 分都要罵她那種，讓她反思另外兩分是怎麼丟的。當時是覺得她很聰明，很有天賦，希望督促她學習可以讓她有一個更好的未來。她一直以來學東西都比別人快，像畫畫，她完全沒學過，就比專業學過幾年的人畫得還好；學習新知識別人要講幾遍才行，她講一遍就會了。她也一直很爭氣，小學成績都很好，基本上不用我們操心，也很少不聽我們的話。」這個爸爸出生在農村，靠讀書這條路最後去了政府單位工作，然後打拚到了我們所說的社會中層，受人尊敬的這麼一個位置，達到衣食無憂的生活狀況。所以他對於讀書這條路是非常地信奉，他覺得這是一條最正當、最順利的路。

「誰不希望自己的孩子有一個順利的未來呢？」爸爸帶著無奈的聲調問我，這個問題我竟不知道如何作答。所有的家長都希望自己的孩子可以走在一條康莊大道上，無災無難，九九八十一難一難都不要遇到，就能順利成佛。這是我接觸到的很多家長都存在的期盼。希望可以在孩子小時候就做足準備，不讓孩子「輸在起跑線上」，讓孩子好成績傍身，一路沿著各級名校讀上去，中途不要走岔路，不要沉迷遊戲，不要早戀，不要叛逆，一直走上人生巔峰。當我們這樣去跟家長形容的時候，家長也承認這樣的期待不現實，但確實所有人都在推崇這樣的路徑，因此，一旦期待落空，便覺得如天塌下來一般，六神無主，不知所措。當然，這跟現代人的「育兒焦慮」有關，父母對於孩子教育這件事有發自心底的不自信。若為獨生子女時，孩子的教育沒有經驗教訓可以累積，沒有試錯的機會，只能要求自己的孩子一步到位，也要求自己不能行差踏錯，只能選一條眾所周知的穩當之路。親子教育不是考試，很多父母對於孩

子的成長過程、發展階段都完全不了解，怎麼能去處理孩子在不同成長階段中可能出現的問題？手中無劍，心中無招，當然就只能期盼敵人不要來。我並不贊同現下流行的將所有孩子的心理問題都歸結於父母，去不斷批判父母，去讓父母認錯的做法，在我看來，大部分父母只是需要學習，需要引導而已。

我眼前的這對父母也是，我希望跟他們一起，走出泥濘。

「很多時候我覺得自己快撐不住了，想要放棄。」爸爸再一次虛弱地表達，「她媽媽在得知孩子的情緒之後每天都哭，想起來就哭，說到也哭。在孩子吃飯的問題上，我很希望我的妻子可以支持我，跟我站在同一陣線上。有時候我告訴孩子，我給你盛了這麼多，你一定要吃完才能下桌。但是她媽媽會不忍心，會說她真的吃不下，那就算了。看到孩子吃得很痛苦的樣子，她又會在旁邊哭。所以，這段時間，我不僅要擔心孩子，還要擔心我老婆，我身上的擔子真的很重。」原來媽媽跟爸爸在對待孩子吃飯這件事情上做法是不一致的，母親已經基本處於崩潰的邊緣，丈夫只能硬撐，覺得媽媽有時太過心軟，在吃飯這方面沒有跟自己站在同一條陣線上。

這對夫妻，結婚十餘年，他們的相處模式一直是這樣。爸爸承擔著家庭的所有壓力，他努力工作，已經成為所在部門的主管，妻子和女兒從來沒有承擔過家庭的經濟壓力。遇到事情，他都是先為其他人考慮，盡可能不讓家人擔心，所以在這之前他從來沒有跟家人表達過自己的壓力和脆弱。在妻子懷孕七個月的時候，他常規體檢查出疑似鼻咽癌，但是他的第一反應不是去告訴他的妻子和他的媽媽，而是去買了大額的保險，保證如果他真的出了事，他的家人可以得到一筆賠償以維持生活。在他看來，這是他能為妻子做的，能為孩子做的事，至於自己，他沒有

Story 8　用生命來爭奪控制權

放在考慮的首位。這一切，妻子都一無所知。後來他確診沒有問題，他如釋重負，這才告訴了家裡人。他認為妻子懷著孕，告訴她會讓她擔心，影響她的情緒。我問他妻子：「你希望他當時第一時間告訴你嗎？」「我很希望他告訴我，很多事情我都希望他告訴我，跟我商量，我希望我們能夠共同去面對。」這是她的內心期待，但是爸爸似乎沒有聽進去，他反覆強調說，他要擔心妻子，又要擔心女兒，他用他的表達拒絕著妻子的關心。十幾年，這對夫妻一直沿用著這樣的相處模式，但是你不能說他們感情不好，他們都把彼此當成很重要的人。像爸爸只要坐飛機，都要加錢買很大額的意外保險，他仍然堅持認為自己可以出事，但不能讓家人失去依靠，至少要留給他們一份經濟保障。

爸爸對自己的家人可謂用情至深。只是情雖深，卻缺少信任，而每個人能力畢竟有限。

這就能夠解釋為何這個立志要扛起全家人生存重擔的爸爸，會說出那麼多傷人的狠話，只因他瀕臨崩潰。他對女兒說：「你要不就去死，你要死就去死，我們就再生個二胎。」而且這些話出現得非常頻繁，這樣的表達，無論是真心還是氣話，都會損傷一個孩子對於父母的信任，更何況是一個處於極度焦慮，覺得生活一切都在失控當中的孩子。那她會怎麼辦？她會想出自己覺得有用的方法去應對，有意或者巧合，她找到了拒絕吃飯的方式。

夫妻沒辦法達成共識。媽媽非常擔心孩子的情緒問題，她不忍心勉強孩子吃飯，她看不下去：「你看她都吃得這麼難受了，她每天都哭，她說她很痛苦、很難受，我該怎麼辦？我肯定是沒辦法，我不能讓她一邊哭一邊吃飯，我狠不下這個心。」媽媽擔心逼孩子吃飯，孩子情緒問題更嚴重了怎麼辦？我們逼她吃飯，她以後恨我們怎麼辦？她不理我們怎麼

辦？她的腦中一團亂麻，她有很多事情需要考慮。到最後，她什麼都不敢做，只能坐在原地，哭泣。

這個聰明的孩子當然不會放過父母中間這個明顯的空位，父母無法達成一致，無法相互支持，都成為她實現自己目標的絕佳空間。

因此，爸爸媽媽只要討論到她吃飯的問題，她就會反覆跳出來，談得頭頭是道：「我覺得吃飯是我自己的事情，跟你們沒有關係，你們不要來逼我。」父母顯然是說不過她的，她在這件事情上像一個堅強的鬥士，這對焦慮的父母三兩招就敗下陣來了。她像每一個青春期的孩子一樣，努力去爭取自己的權利，去尋求獨立和自由，她每句話都在強調著。

但是她卻不止一次地跟母親說：「我不想長大，小學的時候是最好的，那時候天真、爛漫，什麼都不用煩惱。現在上了國中有很多事情需要去擔心，很多事情需要去面對，現在這個階段，太難熬了，我想退回小時候，小時候才是最美好的。」媽媽笑她：「這怎麼可能呢？人是不可能倒著長的。」

但天真的孩子卻可以用一些方式讓自己停止生長。比如，不吃飯。

厭食症對於青少年而言，是有這樣的功能的。不吃飯，體重急遽下降，看起來瘦瘦小小，會讓孩子有一種自己真的很小的錯覺。嚴重時女孩會停經，第二性徵也會停止發育，表面看起來她就真的沒有發育成熟，卡在了從小女孩到成人之間的轉換中，滿足了她的幻想。另外這個孩子整個交談過程中的語言表達，都帶著撒嬌的口吻，反覆說：「我不要吃飯，我吃不下。」她沒辦法像一個半成年人一樣來闡述目前她面對的困難，去跟你討論解決方法。她的一大堆道理，其實更像是強詞奪理，因為吃飯本身，並不是一個可以講道理的事情。

Story 8　用生命來爭奪控制權

　　我給這個孩子一個確定的解釋：「一個能夠判斷自己吃多少飯，能夠保證營養、保證生命的孩子，是不需要別人來告訴他要吃飯還是不吃飯，要吃多少飯的。但是如果說一個小孩還不具備這樣的能力，那父母不能聽之任之，他們有責任、有義務讓孩子生存下去，因此必須想盡辦法保證孩子營養的攝取。這個跟誰有道理無關，這關係到監護人的責任，是人倫和本能的範疇。」她沒有反駁。接著，我毫不客氣地告訴她：「在我看來，你現在雖然年齡已經長到了十四五歲，但你的應對方式更像是一個三歲的小孩，三歲的小孩需要家人來擔心她的健康，來督促她吃飯，你現在也需要。不然，等到你的身體真的出現問題，你的父母會因為沒有盡到應盡的責任，自責內疚一輩子。」她正了正身子，保持良好的精神狀態後，中氣十足地跟我說：「我覺得我現在身體挺好的，我每天該動還是能動，我晚睡早起，熬夜看書，還是精力充沛，我自己有分寸。」我不置可否地笑笑：果然還是小孩子。

　　這就涉及厭食症孩子的另外一個認知失誤：我的身體如果有問題，我肯定感覺得到。她太信任自己的感覺，以至於對於血液或者是營養狀況方面的檢查指標，她都可以視而不見，她只信任自己的感覺。她不知道，身體狀況首先是在指標上反映出來的，等你感覺到了症狀，你可能就需要進 ICU 急救了。她以為她是在玩一個樂在其中，又無傷大雅的遊戲，卻不知道是在拿生命開玩笑。營養不是短時間內能夠補充的，也不是短時間內會流失掉的，它是一個漸進的過程。這種狀況會讓小朋友產生一種類似於麻痺的、迷惑性的自我感覺良好，過度自信地以為一切盡在自己的掌握之中，卻早已失去客觀理性的判斷能力，若真等到她意識到後果嚴重，只怕已後悔莫及。

　　這個孩子，其實已經處於「退行」的狀態，她的思維和理智已經跟實

際年齡完全不相符，她需要成年人的幫助和支持，而不是完全按照她的意願去行事。將全部的主動權交給她，其實是父母的不負責任。她像一個握著方向盤的小孩，堅持告訴你她沒學過開車又會開車，她一定要自己開車，可想而知，如果父母讓步，後果不堪設想。很多人以為厭食症的孩子是不怕死，其實他們內心是有非常強烈的死亡恐懼的，只是他們不相信這樣的行為有死亡的危險。

有一些事情是不能去跟孩子講道理的。這不是民主，是不負責任。

父母一定要去做這個事情，你不想看著你的孩子慢慢消耗生命，那你就必須去做些事情，去「不擇手段」地讓他吃飯。情緒很重要，讓他開心很重要，但他的生命更重要。

這對父母腦子裡被塞入了太多資訊，又要考慮女兒的情緒問題，又要考慮她上學的問題，又要考慮她吃飯的問題，丈夫還要擔心妻子的情緒問題，他們已經超負荷了，需要為他們減輕。太多的擔憂，引發無盡的焦慮，造成無法釐清的混亂，幫他們看清混亂中的重點，他們自然能夠找到應對方法。生命是最重要的，要自己的孩子活著，這是超越一切的重點，所有的應對方式都應當圍繞這個中心。陪著一個「三歲」的小孩拿生命當賭注來玩遊戲，放縱她樂在其中，最後會讓所有人後悔莫及。

這裡我們想討論一個時下流行的話題：給小孩自由。這個概念對於大部分家長來說是一個全新的事物，以前的親子關係是「父為子綱」，連婚姻都可以全憑「父母之命」，父母對孩子有絕對的權威，突然提倡自由，父母其實是要「摸著石頭過河」的。因此在我們的臨床當中，常看到父母遊走於絕對的權威和絕對的自由之間，孩子也因此無所適從。就如提倡不要給孩子讀書壓力，不要過度在意成績，到了很多家長口中就變成「你隨便考多少分都行，我們都不在意」。於是孩子一頭霧水，拚命揣測父母到

Story 8　用生命來爭奪控制權

　　底要求的分數是多少。父母卻不曾想到，過於自由，對於孩子可能代表沒有邊界，由此帶來無標準的恐慌和不知所措。給孩子自由，是相對的自由，有邊界的自由，是陪伴孩子去學會自己做決定的過程。必要時，對於孩子無法承擔後果的事情，父母需要去承擔這個責任，例如這個案例中的父母。想辦法先讓孩子吃飯，讓她保命，其他事情，通通先放在一邊。

　　當然，孩子肯定不服氣，想要繼續辯論，圍繞「到底應不應該管我吃飯」的話題爭論不休。爸爸媽媽給她的回饋終於統一為：「其他的事情可以商量，吃飯是一個不需要商量的問題，我們也不要在吃飯這個問題上來跟你討論，你現在沒有判斷力。」我很意外，媽媽後面能夠很有力量地對孩子說：「你不想死你就得吃飯。」在這次治療之後，孩子在醫院的飲食就有了較大的改善，能基本保證營養攝取，雖然她仍然回饋吃得很痛苦，但是能夠吃，也沒有吃了之後吐出來或者其他不舒服的反應。

　　父母懸在半空中的心終於放下來一些，能夠平靜地去探索孩子行為背後的原因。

　　孩子說：「我對爸爸媽媽都不相信，也不認同他們的想法。」她在面對問題時，會選擇用自己的方式去處理，對於父母的建議很少參考。在她眼中，媽媽遇到事情動不動就哭，爸爸很焦慮，會說自己是被媽媽慣壞的。她覺得他們都很煩，父母都靠不住。她堅定地認為自己是遇事最淡定的人，只要深思熟慮，就能想到應對方式，而且她堅信自己的選擇是最佳的，即使在我們看來，她已經快要被自己的焦慮壓到崩潰了。她堅持認為她的應對方式很好，不需要父母幫忙，父母只會妨礙她。

　　青春期的孩子往往會過高地猜想自己的能力，特別是當他們孤立無援的時候。

後來我們了解到更多的資訊，對孩子的應對方式有了更多的理解。這個孩子從小到大其實基本上就是跟媽媽更親近的，所以，也就不難理解她在學校堅持不下去的時候，都是找媽媽哭訴，從來沒有找過爸爸。這是個非常焦慮的媽媽，我每次見她，她基本上都是眉頭緊鎖，不斷重複自己擔憂的事情，難得有笑的時候。從小到大，對於孩子生活中的所有細節她都非常在意，要求孩子必須按照她的標準去做，一有不順意便會數落孩子。比如書桌不整潔，寫字的坐姿不對，眼睛離書本太近，頭太低……不一而足。她的工作清閒，因此她有足夠的時間陪著孩子，孩子的一舉一動都在其「火眼金睛」的關注下。而爸爸對小孩的成績也非常在意，會因為成績不好打罵孩子，他覺得這樣的方式能夠督促她進步。這個家庭中還有奶奶同住，她生怕孫女吃不好，小時候想盡辦法哄她吃飯，甚至追著孩子去餵飯也是常有的事。總結起來，就是典型的全家人都圍著一個孩子轉的範例。

追著餵飯亦可謂是華人特色，西方國家會對華人如此餵養孩子深感震驚：「難道你們的孩子自己不知道餓了要吃飯嗎？」確實不知道，我在臨床中甚至見過十幾歲的孩子不想吃飯，父母也會餵飯的情況。小嬰兒已經知道喝多少奶會飽，吃多了會吐出來，餓了會大聲哭泣，但我們的家長卻無法信任十來歲的孩子，吃飯還需要連哄帶騙，全家出動，因此，也就有了「有一種冷叫你媽覺得你冷，有一種餓叫你媽覺得你餓」。不可否認，這也是一種愛的表達方式，只是這可能會影響孩子對自身感受判斷的信任感，另外，在進入青春期後，這也可能導致孩子將吃飯作為衝突的新戰場。

爸爸後來說：「小時候孩子提出想學鋼琴，她很感興趣，一開始熱情也很高。但是學到中途她就開始覺得沒意義，反反覆覆都是學枯燥的基

Story 8　用生命來爭奪控制權

礎，自己不知道什麼時候才能彈曲子。於是她就去跟媽媽哭訴，說練琴太辛苦，自己堅持不下去，說得情真意切。媽媽就不忍心了，勸了一下就同意孩子放棄了。我一直很後悔這件事情沒有勸我老婆，後來孩子做很多事情都是三分鐘熱度，一遇到困難就放棄，我覺得我們也有責任。」媽媽嘆氣說：「當時只是看著她痛苦的樣子不忍心，你說哪個做母親的不心疼孩子呢？我也沒想到會有這樣的影響。」我於是接道：「就像你現在看到她吃飯辛苦，不忍心一樣。」媽媽沉默良久，不停嘆氣。

面對困難，想要逃避，這是人的本能反應，但人的成長過程就是在生存與本能間取得平衡的過程，死亡是終極逃避。戰勝本能，才能更有勇氣去面對。父母在這個過程中需要扮演鼓勵、陪伴的角色，讓孩子體驗戰勝困難的樂趣，而不是滑向本能逃避的深淵。顯然，這對父母沒有扮演好這樣的角色，母親的過度擔心，父親的過度嚴厲，都加重著孩子對困難的恐懼，只能讓她止步不前，進而節節後退。

孩子對此再清楚不過。

她總是將自由和權利掛在嘴邊，堅持不懈地為自己辯護，我便問她：「你去學校，爸爸媽媽都完全管不到你了，不是更自由嗎？」她意味深長地笑笑說：「我只想要小的自由，我不想有大的自由。」接著，帶著辯證的思維解釋道：「因為大的自由有風險。」我們幾個大人面面相覷，沒想到這個孩子會思考得如此透澈。在小的事情上獲得掌控權，在家中獲得絕對的話語權，對於這個孩子來講非常的重要。回到學校，離開家或者去做自己想做的事情，她非常清楚自己沒有準備好，也沒有信心能夠做到。如果能在小事上獲得同樣的成就感和掌控感，何樂而不為呢？從風險投資的角度，她選擇了風險最小的專案，而非高風險高回報的專案，不失為明智之舉。只是，她不知道，不是所有風險都是肉眼能看到的。

沒有人可以讓她吃飯，在她眼中就等於所有人都不能勉強她做她不想做的事情，這對於青少年來講何嘗不是自由。當然，這種自由就像肥皂泡，一戳就破，那是一種自我麻痺的幻想自由，我們不忍心戳破，但必須去戳破，在恰當的時候讓她可以面對現實。她清楚自己的處境，但她不願意面對。她全部的生活都陷入了失控狀態。她沒辦法正常上學，在家裡書也看不進去，每天都拿著書，今天是那一頁，明天還是那一頁，所有的內容都進不到腦子裡去。她交不到朋友，她不知道該怎麼交朋友，她從一個天之驕子變成了自己看不上的平凡人，她無法接受這樣的現狀，只好努力逃避。

　　相反，在吃飯這件事情上，她能夠找到完整的掌控感。當她面對成績和人際關係雙重壓力的時候，她沒有選擇去向父母求助，多年相處的經驗讓她覺得父母都不可信任。爸爸嚴厲，情緒暴躁；與媽媽關係雖緊密，但記憶中媽媽卻總是哭泣，還需要自己支持和安慰。既然他們都靠不住，就只能自己解決，以自己有限的人生閱歷，選擇一個自己覺得安心的方法。拒絕吃飯，陰錯陽差成為了這個方法，而家人的反應，在吃飯這件事情上的不斷妥協，讓她徹底掌控了整個局面，這就是我們所說的家庭互動可以「維持症狀」。

　　故事中這個媽媽向我哭訴說：「我的小孩，每天我做飯的時候，她都一直死死地盯著我，嘴裡指揮著『不能放辣椒，不能放蒜，放太多鹽了，炒的時間太長了，重新炒！』」媽媽做菜的手已經有些發抖了，心裡憋著一股火，覺得自己都快崩潰了。但她什麼都不敢說，只能一一照辦，因為只要她不照做，女兒一句「那我不吃了！」她就愧疚得不行，實在是不忍心。媽媽說：「現在每到做飯時間，我都像要上刑場一樣。」孩子的感覺是完全不同的，她說：「我從來沒有享受過這種感覺，從來都是

Story 8　用生命來爭奪控制權

她要求我不能做這,不能做那,沒想到有一天她也得聽我的。」語氣中滿含著得意。即使她因此已經瘦到極限體重,已經進過 ICU,她還是堅持不懈。不得不感慨,家庭互動方式真是「風水輪流轉」,孩子很快就會學到家長的應對方式,並且在「以彼之道,還之彼身」原則的指導下,變本加厲地施用到家長身上,發揮更強大的殺傷力。當然,這場戰鬥中,沒有真正的贏家。

母女之間糾纏衝突的關係是如何形成的?夫妻關係不得不提出來探討。

這是一對自由戀愛的夫妻,媽媽是班花,爸爸花了很大的力氣才把媽媽追到手,雙方感情基礎深厚。雙方結婚,妻子懷孕,一個新生命誕生在家庭中。爸爸習慣什麼都自己承擔不告訴家人,媽媽想參與也參與不了,在丈夫那裡得不到信任,如今卻有一個新生命,全心全意地信任她、依賴她,轉移便在無意識當中發生,母親將全部的精力和注意力投注到孩子身上,丈夫在家庭中無法實現自身價值,就寄情於工作。十幾年時間中,夫妻單獨出去的次數屈指可數。而每當夫妻倆單獨出去時,媽媽便三句話都離不開孩子,「不知道小孩有沒有吃飯,今天到底作業做了沒,是不是又一直玩手機……」翻來覆去地說,老公接不了話,覺得自己在旁邊好像是擺設,百無聊賴。接著,早早回家,之後便盡可能避免這樣「尷尬」相處的狀況出現。當然,一家人十幾年相安無事,爸爸工作出色,職位節節攀升,媽媽為女兒忙碌著,看起來倒也充實。

如果孩子不出問題,大約這樣的模式會一直維持下去。

這對第一次當父母的夫妻,大約沒有經歷過孩子成長變化的過程,沒有準備好去接受他們的孩子有一天會長大,會有自己的想法,會叛逆,會覺得他們的照顧是過度干涉,是控制。反抗隨之而來,而且**轟轟**

烈烈。關房門，回家不說話，喜歡一個人做自己的事情。最忍受不了這些改變的，是媽媽。

媽媽不無失落地說：「我每天回到家是找不到人說話的，我跟老公不知道該聊什麼。但是一家人都不說話，又很奇怪，也顯得我自己很孤獨的樣子，我不喜歡這樣的感覺。我也不能一直抱著手機，我沒有什麼特別的興趣愛好。我怎麼辦？我只能去找我的孩子，以前在家我都是跟她說話的，我督促她學習。」她也注意到了孩子的變化，跟孩子說話時她總是嫌媽媽煩，或者乾脆不理。怎麼才能引起女兒的回應？「我只能去說她這個做得不好，那個做得不好，這個東西怎麼擺在這裡，今天作業怎麼做成這樣，你看你這個髮型，你看你的衣服……」媽媽就像挑剔鬼上身一般，看女兒渾身都不順眼，哪裡都要批評一番。女兒當然不服氣，跳起來反駁，雙方的互動成功達成，即使吵得烏煙瘴氣，精疲力竭，也比媽媽一個人孤零零要好。

在學校待不下去，她在家裡又待得很壓抑，她的這種焦慮感和壓抑感特別強烈，她找不到其他的出口可以去宣洩，所以就無意識找到了拒絕吃飯這個方式，然後就欲罷不能了。到後面不吃飯對於她來講未必有什麼實際意義，她就是享受你們都不能讓我吃飯的過程。在掌握了這種「自由」之後，這個小孩又把她的媽媽當成一個「避難所」，讓她可以逃避外界的壓力，想辦法待在家裡，不去上學。但是待在家裡又很難受、很壓抑，她總要找一點出口來發洩，所以她更加不想吃飯，事情就這樣變成了一個循環。

一旦看清楚了整個過程，問題的解決也就順利起來。爸爸媽媽拒絕在這個事情上跟她商量，認可這是父母必須履行的監護責任。每天要求她必須吃固定量的食物，但保證她的一部分自由：你什麼時候吃，你在

Story 8　用生命來爭奪控制權

哪裡吃,我們不管你。她慢慢可以做到,能吃到一個保證營養的飯量。父母放棄了在吃飯這件事情上的過度關注,她的抗爭成了獨角戲。她覺得沒意義了,漸漸也就放棄掙扎了,經常無意識地自己食用起牛奶、水果,餓了也會自己做東西吃。她還是比較在意她的體重,喜歡自己瘦瘦的樣子,但不再病態地追求體重數字要一直往下掉。在休學期間,她會自己騎腳踏車出去玩,她很享受這種時光,想去哪裡就去哪裡。她懂得保護自己:「我只去自己熟悉的、安全的地方。」媽媽一開始不放心,一天能連續打十幾個電話,更有甚者,一旦她不接,就連續打幾十個,一條簡訊過去,不回,便又是一番電話轟炸。孩子有時候煩了,故意不接,媽媽可能會一下午在家裡如坐針氈。這個適應過程,確實不容易。

　　這對十幾年的老夫老妻,再次嘗試學習去過二人世界。一開始很彆扭,妻子還是老不放心孩子,雙方不知道出去該幹嘛,能怎麼玩,完全不像一起生活了十幾年的男女,倒像一對新婚夫妻,重新學著相處。好在他們還算堅持,甚至定下來每週末要單獨出去一天的計畫,認真去執行。

　　後來,孩子重新回校上學,為了幫助她適應學校生活,孩子暫時不住校,由爸爸每天開車接送。爸爸很生動地講述她去上學的情況:「我每天都要起很早送她去學校,然後我就在車裡看著她走進校門。她瘦瘦的身影,背著書包,一步一回頭慢慢挪進校門,臉上滿是不情願。就像小孩子上幼稚園一樣。」我們笑起來,她自己也不好意思地笑。一開始,她還是會每天發簡訊,告訴媽媽她多麼痛苦,學校的時間多麼難熬。媽媽努力克制自己的情緒,表達理解和支持,但盡量不表現得過度擔心。爸爸需要每天五點起床,開一個小時的車,送她上學,但毫無怨言。夫妻盡量傳達給她一個印象:我們知道你現在要面對的困難很大,但是我們

跟你一起去面對，我們一起去想辦法，我們可以一起度過這個階段。好在，她每天都堅持去，並且在休學大半年的情況下，跟上了班級的學習進度，成績名列前茅，跟同學相處融洽，老師很欣賞這個學生。

家庭就如個人一般，是有生命週期的。孩子一天天長大，也會一步步朝離家的方向遠走。很多家長以為這個離別是一夜之間發生的，孩子要到 18 歲，或者要到工作了，到結婚了，才會離開家，其實不然。每個孩子的心理發展都是有規律的，會有兩個獨立期，一個在 3 到 6 歲，一個在 10 到 12 歲。這是孩子自我發展的兩個關鍵期，他們會想方設法去尋找自我，確立自我生存的空間，甚至不惜代價。

父母能夠做的，便是為孩子的獨立創造更好的家庭環境，並且安排好自己的生活，逐步接受孩子離家的事實。如此，很多家庭戰爭便能夠避免，孩子也不需要以生命為代價，來爭取自由和權利。

Story 8　用生命來爭奪控制權

Story 9
上學爲何這麼難?

Story 9　上學為何這麼難？

目前，全社會對於心理健康，特別是孩子的心理健康知識的普及程度是遠遠不夠的。當孩子還可以正常上學、正常生活的時候，大部分家長不會特別去關注他的情緒，孩子更是很少跟父母交流自己的心情以及在學校人際交往等方面的情況。大家相安無事，日子也就這麼順其自然地度過了。

我臨床中接觸到的很多孩子，基本上都是情緒問題、人際交往問題已經影響到學習，甚至已經上不了學了，家人才會意識到他需要專業的幫助，如若不然，多是覺得孩子能夠自我調節，一番勸解便以為萬事大吉。「我們不知道他會這麼嚴重，如果早知道，肯定不會拖到現在。」「打也打了，罵也罵了，但他就是不願意去上學，我真的沒辦法了。」一對對不知所措的焦慮父母，不斷重複著類似的話。接著就是靈魂拷問：「醫生，你說他到底什麼時候才能回去上學？」

我無法回答。拒學不是因，是果。

無法上學是所有問題的集中展現，當然，要能夠順利恢復上學，也必須先解決背後的情緒、人際關係、學習壓力等問題，這也是最難向家屬解釋清楚的一個問題。「不願意上學不是因為懶嗎？」「不是因為抗壓能力不強嗎？」「醫生，你勸勸他，跟他強調一下不上學的嚴重後果。他就是不懂事，不然不會這麼讓人不省心。」「他現在就是在逃避，要讓他知道逃避沒有用！」我很多時候不知道應該從哪裡開始解釋，才能讓家屬理解看似簡單的拒學背後，心理因素的複雜作用。

我很奇怪，我們的很多家長總是習慣假定，特別是在孩子拒學之後，更是堅信自己的孩子是懶的、不上進的、逃避的，是一刻不督促就會自甘墮落的，談起自己的孩子總是搖頭，彷彿在談某個惡棍，一臉嫌

棄。當然，將這些標籤貼給孩子之後，家長們不覺得應該加以引導，孩子是可以改變的，而是幻想孩子知道了自己的不足之後自覺改正。家長覺得反覆提點他們的缺點，他們就能夠自然改正，卻更多地換來孩子的自暴自棄，由此惡性循環。但當我接觸這些孩子的時候，卻發現他們同樣渴望父母的認可，努力讓自己有過人之處，盼望自己成績優異，也為此在做不懈的努力，完全不像他們父母眼中那麼無可救藥。生命向上，人性向善，我相信每個人內心都有向上的動力，只是某些其他因素，阻礙了潛力的發揮。

我只是很想讓這些家長相信，他們的孩子，發自內心希望自己能夠堅持上學，希望自己能夠成為父母眼中的驕傲，希望可以找到自己生命的價值。只是有各式各樣的原因阻礙他們去實現這一目標，他們才會暫時地迴避、退縮。殊途同歸，恢復上學是最終目標，但在此之前還有許多難關要過。

我依然想用案例分析的方式，來表達我想表達的內容。

第一個案例是個女孩子，16歲，讀高二，近段時間成績下降明顯。這個孩子從小成績優異，升學考試卻失手，沒有考到理想的高中，勉強來到現在的高中後，一直心有不甘，覺得同學的水準跟自己都不是一個等級，立志要在班上穩居第一。但事與願違，上高中之後她的成績一直很不穩定。班級的活動她經常不參加，大部分時候都心情不佳，但正常的學習基本上還是可以保證的，家人也並未覺得有何不妥，即使她經常看起來悶悶不樂的，也覺得她自己能調節過來。

後來跟同學交際的問題越來越明顯，她完全不參加班級的活動，幾乎沒有朋友，整天無精打采，做什麼事情都沒有動力，經常自己在宿舍

Story 9　上學為何這麼難？

哭，經常失眠，她甚至自己去找過心理醫生，但家人對這些一無所知。

高二開學的時候，上述狀況加重，她上課的時候經常發呆，聽課聽不進去，試了各種方法都無法集中注意力，成績不斷下降，每到考試，就緊張到整個人發抖。她的自我評價跌到谷底，覺得自己什麼都比不上別人，在同學面前抬不起頭，在班級中待不下去，覺得大家看自己的眼神都怪怪的……幾經掙扎之下，大概在休學前一個星期，她一次性喝了一百毫升的洗潔精。一百毫升，看得出來，她下了很大的決心。洗潔精的味道，想像中應該很難下嚥。此事驚動了學校，通知家長，送去醫院洗胃，此時家人才知道她的問題真的很嚴重了。

這是一個單親家庭的孩子，在她很小的時候，父母就分開了。爸爸一直酗酒，喝醉之後就會打媽媽，也會打她。爸爸沒有管過她，她基本上與母親相依為命，在爸爸媽媽離婚的時候她仍對爸爸懷著恨意。她覺得自己的身體裡流著爸爸的血，有爸爸的基因，是一件很噁心的事情。

我接觸這個孩子，發現她在喝洗潔精這個爆發點之前，已經累積了很多的情緒。她很特別，高中生很少有喜歡擺沙盤的，她第一次見我時，就很自然地自己擺了一個沙盤。她擺了一個城堡，城牆外有士兵把守，外面有普通的居民把城堡全部圍起來。她說她期望自己像一個公主一樣住在城堡裡，她的城堡有重兵把守，外面還有平民守護，她覺得這樣她住著才安心，而且偌大的城堡就她一個人住，她不需要任何人陪伴。這透露出她內心的不安全感，也帶著自我封閉。

她從小到大成績都很好，升學考試的時候，原本可以考上當地排名第一的高中，沒想到考試發揮失常，考試那幾天完全沒有睡著，硬撐著考完了三天的考試。她一直對現在的學校非常不滿意，覺得這裡的老師不好，跟同學沒有共同語言。她以前所在班級的同學都是那種積極向

上，成績非常好的，這個學校什麼都比不上，同學只知道追星、談戀愛，跟自己完全不是同一類人。大部分時間她都一個人坐在自己的位置上，埋頭學習，她心裡是存著清高的。與此形成鮮明對比的是，她突然發現自己學習跟不上了，現實狀況是她還比不上她看不上的這一群同學，她內心的崩潰和煎熬是未經歷過的人難以想像的。她說她喝洗潔精的原因，除了覺得很絕望之外，主要是不想上學，覺得在學校裡非常壓抑，學習上也提不起精神來，每一天都是煎熬，她撐不下去了。她之前覺得所有的個人價值都可以透過讀書來實現，現在她唯一的價值支柱都沒有了，但是她不敢跟她的媽媽說，她只能靠自己去應對。

她當時跟我形容：「我當時心一橫，拿起洗潔精，就這麼一大口喝下去，當時也不覺得難以下嚥。送到醫院去洗胃，我到現在都記得很清楚，因為洗潔精不像是其他的東西，洗潔精只能灌那個催吐的水，一直灌，我就一直往外吐泡泡。到後面我完全沒有力氣了，醫生還是讓我一直吐。」她頓了頓，說：「我都不知道當時怎麼能喝下去的，現在我看到洗潔精都噁心。」我看著她面帶笑容地講述這一切，卻聽出些悲涼來。從她的描述中我能感覺到她的絕望，要麼乖乖待在學校，要麼就是去做一些可以結束自己生命，或者至少威脅到自己身邊的人的事情來，才能擺脫困境。

她說：「一直以來我的自我價值感都非常低，覺得沒有人會真正喜歡我，即使我真的離開了，除了媽媽也沒有其他人會在意的，但是媽媽也經常罵我，覺得我什麼都做不好。」她沒辦法對媽媽開口說：我好像跟不上學習，我覺得自己可能暫時無法堅持上學，我覺得自己狀態出了問題，需要調整一下。於是，她選擇了喝洗潔精這個高風險的方式，家裡人也確實是此時才意識到她需要干預。

Story 9　上學為何這麼難？

　　在醫院待了一段時間之後，出現了一個很有意思的現象：她不想出院。醫院在她眼中成了世外桃源一樣的地方，她交到了新朋友，彼此接納，沒有競爭，沒有利益衝突。這樣的同病相憐，是外面的環境中沒有的。加之，學業壓力、人際關係問題，都在當下暫時消失，醫院簡直是理想的避難所。她不願意出院，擔心回到學校之後仍無法適應學校的環境，狀況又會反覆發生。

　　她需要更深入地處理內心衝突。

　　她主動談到了她的家庭，說：「我喝洗潔精生病住院之後，媽媽的態度是180度大轉彎，現在什麼都會問我的意見，很關心我的想法，什麼事情都會跟我商量。以前完全不是這樣，她會因為很多小事我做不好，就否定我，甚至在公共場合都會罵我。」接著，她開始滔滔不絕地跟我講她小時候的事情，講得非常快，好像擔心時間不夠用似的。從專業的角度講，這樣的小朋友焦慮都是相對較重的，說話快，傾訴欲強，強烈需要他人的認同和肯定，但是她的表情始終冷靜，看不出悲傷。她談到爸爸怎樣打媽媽，說在她很小的時候，爸爸就將她和媽媽趕出了家門，這麼多年也很少給撫養費，都是自己和媽媽相依為命，但她仍然鎮定，她只是狠狠地說：「我一輩子都不會原諒他。」加之爸爸已經再婚，又生了一個兒子，在她眼中，爸爸再婚這個事情就代表爸爸跟她和媽媽的家庭完全沒有關係了，自己不會再對爸爸抱有任何的期待。

　　這就涉及她媽媽在離婚這件事情上的處理方式。在孩子的印象中，媽媽基本上沒有跟她談過自己婚姻的問題。媽媽從來不提這件事，她也不敢問，雙方就這麼心照不宣地相處著。媽媽之前堅信，不談，就會減少對孩子的影響，她覺得如果跟孩子去談爸爸喝醉打她或者不負責任，會對孩子造成更大的心理陰影。直到孩子表達對於前夫的強烈恨意，她

才發現是自己想得太理所當然了。孩子對家庭的觀察和了解，反而你不說她想得就更多，將她的爸爸想得十惡不赦，內心充滿無法消化的憤怒。孩子後來跟我說：「我需要時時刻刻對媽媽表達忠誠。」在她眼中，爸爸已經再婚了，而且還有一個陌生的弟弟，她很怕她的媽媽會再婚，然後就跟爸爸一樣不管她了。但所有這些想法都是在她的內心發酵，甚至腐爛，自我傷害。如何才能讓自己稍微安心一點？只能時時刻刻地表達忠誠，讓媽媽看到自己的真心，不放棄自己。一個小朋友怎麼表達忠誠？只能我都聽你的話，你要我認真學習我就認真學習，你要我講禮貌我就講禮貌，我不做任何你不允許的事情，不然你就會失望。這是她能做的全部。於是，可能媽媽隨口說的一些話，她會看作聖旨一般。媽媽罵了一下她，甚至只是習慣性地指出她做得不好的地方，她會一整週想這件事，反思自己哪裡做得不好，要怎麼改正，生活得小心翼翼。

　　她媽媽對此一無所知。媽媽後來說：「我是工科生，一直非常理性，小孩六七歲的時候，我就跟老公分開，這麼多年不管是經濟還是孩子教育都是由我一個人承擔，但我從來不會在孩子面前表達自己的情緒，也不跟孩子談論自己對於過往婚姻的感受，以及接下來的生活打算。」她談到過往婚姻，說自己不知道為什麼找了一個酗酒的老公，她自己是名牌大學畢業，外表、氣質各方面都不錯，真是遇人不淑，但她談的時候非常鎮定，沒有憤怒，也沒有悲傷惋惜。媽媽的情緒不表達，不發洩，甚至不流露，親歷事情經過的孩子便開始代替媽媽承載所有的情緒。她自告奮勇地代替媽媽去恨爸爸，幫媽媽打抱不平，加上原本對爸爸拋棄自己的憤怒，仇恨在她心中生根發芽。媽媽不表態，在她看來可能成為一種默許，她一邊小心翼翼地猜測，一邊小心翼翼地驗證，在自己的內心完成了整個加工過程。這樣的處理方式，加重了媽媽是她唯一依靠的心

Story 9　上學為何這麼難？

理機制，她不斷用自己的方式向媽媽表達忠誠，卻愈將自己推向無助和不安的邊緣。

當然，媽媽只在一件事情上明確地表達過態度：讀書。只有書讀好，媽媽才會開心，面無表情的臉上才會有笑容。讀書，成為她最確定、最有效的尋求認可的方式。從小到大她都非常自覺地讀書，而且高中之前，她的成績也確實一直非常好，她甚至堅信只有成績好才能交到朋友。因此，在小學和國中時，她是看不起那些成績不好的同學的，也從不跟他們交朋友。在那時的她看來，成績好的人才有資格跟她交朋友。成績成了救命稻草，成了她最堅強的寄託，那時的她從未想過，讀書有一天也會背叛自己。這是一個毀滅性的打擊。升學考試因過於緊張發揮失常，她沒有考上理想的高中。第一天踏進高中校門時，她是對全校其他同學都充滿鄙視的，覺得跟他們做同學是拉低自己的身價，不料，上高中之後她的成績大不如前，加上學校的安排非常緊湊，她漸漸覺得跟不上，巨大的焦慮和不安讓她加倍地逼迫自己，但力不從心，學習效率非常低。唯一能求助的就是媽媽，但她不敢跟媽媽說，媽媽皺一下眉對她來說便是一場災難，更何況她以為，自己如此不爭氣，招來的肯定是一頓罵。那對她來說，比死還難受。因此，她喝洗潔精的時候，一點都不害怕。萬幸的是，媽媽看到了她的表達，並嘗試做出調整。

媽媽在十多年的時間裡一個人帶著孩子，她有很大的經濟壓力，她希望給孩子盡可能好的生活。因為被丈夫趕出家門，她們沒有自己的房子，因此她非常努力，有時候同時做兩份工作，希望可以早點有她們自己的房子。至於她為什麼總是批評孩子這沒做好那沒做好，她認為那不是批評，是在教她的孩子要做到的事情。她每天回來都很累，沒有多餘的時間跟小孩談心聊天，但又覺得自己有教養義務，便只能用最簡單粗

暴的方式，不斷指出孩子的錯誤，希望孩子不斷改進。後面她們也真的靠著媽媽的努力，有了自己的房子，準備迎接新生活。但媽媽從未想過，孩子會出現情緒方面的問題，甚至有自殺的念頭，她不斷反思，滿心愧疚。

爸爸在這時候也才再次出現，會經常過來看女兒。這對夫妻有一個共同特點，以前雙方都認為婚姻中有一些沒有解開的結，於是都選擇迴避。爸爸就盡可能避免見孩子，加上孩子對其態度較冷淡，通常就是有時候打一下電話，稍微問一下她的情況或者給一些錢，以此來維持父女關係。現在，爸爸答應女兒，每週六、週日兩天早上，都準時來接她一起吃早餐，跟她一起去一家老字號的腸粉店。媽媽也終於明確地表達，支持她跟爸爸接觸，不希望自己的婚姻影響到孩子；並反覆跟孩子表達，爸爸和奶奶一直對你都還算好，只是因為婚姻當中的誤會，後面幾乎沒有了來往。

她於是很開心地跟我描述，跟爸爸吃早餐的場景，每一個細節都細細講述。每個週末的早上，爸爸就提前打電話叫她起床，接著，開車到她們家的樓下等她，接上她後，就開好長一段路，去到一家很好吃的腸粉店，兩個人一起吃早餐。她的臉上帶著幸福和滿足，說在她的記憶中，從來沒有這樣的經歷。這讓我聯想到她之前所說的，爸爸再婚之後，雖然偶爾也會來接她去他的新家裡住一兩天，但從來沒有單獨帶她出去過，用她的話說就是：「讓我跟他們一家人一起去逛超市，就我一個人走在後面，看著他們一家人有說有笑地走在前面。我還不如不去。」她的被拋棄感是很明顯的，被爸爸拋棄的委屈使她衍生出另外一種憤怒。對爸爸的期待得不到回應，在爸爸的新家庭中不被重視、不被看見，表面的憤怒背後，有深深的委屈和不安。像這樣父女一起吃早餐的場景，

Story 9　上學為何這麼難？

大約是她從小憧憬了許久的，對她是莫大的安慰。

媽媽也在嘗試做出調整。理智和隔離，一直是媽媽的防禦方式，即使對自己的女兒，也難敞開心扉。她習慣講很多道理，告訴女兒這個事情應該怎麼做，那個事情應該怎麼安排，你看你這個都做不好，你應該這樣去做之類的，與孩子的交流始終圍繞著如何做好事情，幾乎沒有情感交流。她不表達她的感受和情緒，當然也很少能夠聽到孩子內心的想法。她習慣高效率地解決問題，以此來保證家庭的正常運作，但在孩子眼中，就是媽媽總是告訴她你這裡做得不對，那裡做得不好。過度理智的家庭氛圍，難免透著冰冷，孩子所有的情緒也只能藏在心裡。

媽媽在孩子生病後不斷做著調整，去學一些親子相處課程，看相關的書，我建議她們每週可以找一個固定的時間，安靜地坐下來談談心。她們真的做了，在一個固定的時間，把這一週裡對對方有哪一些不太滿意的部分說出來，再商量你該怎麼做，我該怎麼調整，逐步達成共識。孩子從最開始的勉強參與，到每週都期待這個交流時間的到來，她慢慢能夠開放地表達，媽媽哪些要求她答應得很勉強，做起來很難受。當然，母親也會表達孩子做得不恰當、希望她改善的地方，但會澄清只是想要改善她的習慣，而不是對她有意見。母女關係有了明顯的變化，她的憂鬱狀況在逐步緩解。

這期間有一個非常大的轉折事件。事情發生的時候她已經重新回去上學了，處在一個適應調節期，但還不是特別有把握，不時會因為不知道該怎麼跟別人相處而出現一些情緒波動。媽媽在這期間，突發了一場大病。某一天孩子醒來的時候，發現媽媽神志不清，一直說胡話，也不認識人。當時她完全嚇蒙了，稍微冷靜一點後，她硬著頭皮聯繫了醫生，接著向舅舅打電話，把媽媽送到了醫院。媽媽開始住院，診斷為腦炎，整個人都很

迷糊，有時認識她，有時不認識，她很害怕、很擔憂，但別無他法，只能硬著頭皮堅持。她白天上課，晚上去探病。媽媽逐漸清醒，但連話都說不清楚，需要長時間復健，前後住了一個多月的院，除了偶爾親戚去探病，幾乎都是她在照顧。她後來說：「從來沒有看到過媽媽這麼無助。這麼多年我一直覺得，媽媽畢業學校好，又什麼都會做，所有麻煩都能搞定，是無所不能的，是非常強大的，因此我對於媽媽是個可有可無的存在，甚至有時是一個拖累。」這種強大是媽媽一直想對女兒營造的印象，她希望女兒會因此有安全感，認為雖然沒有爸爸，媽媽也可以滿足她所有的需求，自己什麼都不缺。她卻從未考慮過女兒正處在青春期，也需要看到自己對媽媽的價值。關係中的付出，都是相互的。

　　第一次面對那麼無助的媽媽，她協調自己的時間去照顧她，去幫助媽媽一點點康復，她在這個過程中慢慢看到了自己的能力。媽媽好轉之後，不斷表達對她的感激：「我當時發病的時候，如果不是你在我的身邊，我都不知道我還能不能活下來。」這是她第一次去依賴她的女兒，發自內心地覺得女兒在身邊她很安心，女兒看到自己的能力，也安下心來。一段關係的維持，需要彼此依靠、彼此支持，雙方對對方都是有價值的。從小嬰兒到成長為青少年，孩子也需要在這樣的關係中得到價值認定。

　　這之後，她的狀況有了非常明顯的好轉。她因為休學落下了很多功課，每一次考試還是很緊張，擔心自己考不好，但她能夠自己調節。如果真的分數出來不理想，也會有幾天的不開心，但是不會像之前一般，徹底懷疑自己，甚至認為活著沒有意義，而是一直在堅持她高中的學習。很明顯，她的自我狀態更加穩定，自我認同度也有明顯提升，對於未來也有了更多的期待和憧憬。

Story 9　上學為何這麼難？

　　這個孩子是很典型的，因為長期的情緒壓抑、學習壓力加上家庭關係問題而導致的拒學。

　　孩子上不了學，家長問的第一個問題通常是：「他什麼時候才能回去上學？你能不能快點讓他回學校去？」「課程安排這麼緊湊，他落下一天課到時候就跟不上，看著他待在家裡，我每天都很焦慮，都要崩潰了。」這是一個很有意思的現象。這與心理健康觀念的推廣有莫大關係。接觸拒學的孩子時，我經常發現，在無法上學之前幾個月，甚至半年、一年裡，很多孩子都主動跟家長說覺得自己情緒狀態不對，壓力很大等，家長的處理方式通常有兩種：安慰開導一番，或者震懾教育一番。「整天胡思亂想什麼？自己認真學習。」於是，孩子只能強撐著繼續上學。一旦孩子打死也不去上學了，父母便沒了主意，滿心要把孩子弄回學校去。滿腹焦慮中，父母生出新的幻想：孩子只要回學校了，就萬事大吉。這是一個孩子總結給我聽的，他的原話是：「我爸媽整天就要我回去上學，說只要我去上學，我要什麼都滿足我。他們整天幻想著，只要我回學校了，一切就都好了。」

　　拒學的問題，看起來是拒學卻又不只是拒學，拒學只是一個表現，不是真正的原因。回到這個案例當中，在這個女孩的生活當中，媽媽是她唯一的依靠。對她而言如此重要的一個人，對她的認可卻非常少。除了學習，媽媽似乎對她全身上下都不滿意，從頭到腳都挑剔，唯有讀書，是被媽媽一直認可的。她像要淹水的人抓住了一塊浮木，緊緊抱住讀書這個唯一的寄託。心情沉浮是因為讀書，在媽媽面前的信心來自讀書，在朋友之中的價值感來自讀書，一旦這塊浮木抓不住了，她拚命掙扎之下，心理防線也就崩潰了。

　　隨著社會競爭壓力越來越大，家長們的焦慮也在不斷更新，說不

在意成績，更像是自欺欺人。家長們說起擔憂來，像洪水開了閘一般收不住：「我也很想不在意成績，我希望我的小孩健康快樂地成長就好，開心就好。但是他將來考不上好的國中怎麼辦？考不上好高中怎麼辦？考不上國立大學怎麼辦？現在的競爭壓力這麼大，他被淘汰了怎麼辦？……」這些「怎麼辦」裏挾著家長，也裏挾著孩子們，拚命奔跑，一刻不敢停歇。多少的自我控制、表面掩蓋，最後都變成掩耳盜鈴，家長連自己也說服不了。不止一個孩子跟我說：「我爸媽總是說他們不在意成績，只要盡力就行。我才不信，我稍微成績下降一點，他們那臉色……」

很多父母常會隨口說：「你現在不好好念書，將來就只能去掃馬路，就只能去撿垃圾。」轉頭想想，又補充說：「像你這樣，連撿垃圾都沒人要你。」彷彿要將孩子的未來描繪得極盡黯淡，把恐嚇進行到底。沒有家長會認為孩子會把這話當真，他們心裡清楚孩子學習成績不好，不會找不到工作，只是找不到好工作而已，為了激勵孩子，只能把後果說得嚴重一點。結果，到了孩子那裡，無一例外都變成：我考不上好的大學我就沒有出路了，無路可走。因此，他們開始絕望、放棄、逃避。拒學就是最直接的逃避方式，無法在學業上取得成功，便乾脆放棄。

一個家長對我說：「在目前的競爭壓力下，要求家長完全不在意學習，基本上是不可能的。家長為什麼有這個壓力？首先孩子考完試學校肯定發通知，所有成績都要排名，假如你孩子的成績很差，老師肯定個別點出來，提醒家長，甚至在家長群組中點名批評。作為家長就有無形的壓力，我們其實也希望孩子可以輕鬆一些，但現實不允許。」為了證明她的努力，她舉了個例子：「有一次我開家長會，孩子成績下降幅度很大，我被當成典型批評，我當時恨不得有個地縫鑽進去。回來的路上，

Story 9　上學為何這麼難？

我一直告訴自己，千萬不要發火，不要發火，我真的很努力壓著自己的情緒。但是沒用，一踏進社區門，我的憤怒就壓不住了，一進家門，就劈頭蓋臉地罵了我女兒一頓。事後我也很後悔，但當時就是忍不住。」我對她說：「你一路上所做的就是壓抑自己的情緒，你並不是真正能接受孩子考差這件事，你很憤怒，因為你覺得孩子讓你丟了臉。」她沒有回答，有時候我們也很難分清楚，是因為孩子的成績生氣，還是因為孩子不優秀讓家長丟臉而生氣。面對外在壓力、比較的時候，能夠站得住，能夠相信自己，相信自己的孩子，才是家長能夠冷靜地面對孩子成績的必要條件。

　　另外，我一直呼籲至少讓小孩體會一下他在學習成績以外的價值，擁有讀書以外實現自己價值的途徑。這並不是說要讓孩子報很多課外輔導班、興趣班，不斷跟其他孩子比較誰的特長多，讓孩子擁有上名校的加分項。價值的展現和實現，是可以透過很小的點來達到的。

　　有一個媽媽跟我分享過她的故事，讓我很受觸動。她談到，她小時候學習成績很普通，家裡經濟條件也很普通，每到農忙季節，稍大一點的孩子都要回去幫家裡做農事。在廣闊的農田裡，她終於找到了自己能力的施展之地：割稻穀。至今，她都記得爺爺帶著慈祥的笑，誇獎她稻穀割得又快又好，頂得上一個大人，說家裡人手不夠，還好有她分擔。她挺著胸脯聽著，那一刻的驕傲和自豪，成為她日後做很多事情鼓勵自己的信心來源。如今社會分工越來越細，全職媽媽配上保母，或者是爺爺奶奶配上外公外婆，連大人都要搶事做，何況小孩子。孩子個個都是十指不沾陽春水，家務、煮飯、洗衣都有專人伺候，孩子只要專心學習就好。這是很多家長在童年時嚮往的生活，他們覺得當初如果自己可以專注學習，考更好的學校，說不定現在就能生活得更好，而這一理想，

只能在孩子身上實現。於是,當不遂願時,他們便理所當然地抱怨起來:「你看你現在每天什麼都不用做,只需要讀書,這樣你還學不好。我以前要是有你這樣的條件……」然而這樣的抱怨不能激勵好孩子,只會傷害他們。考試成績並不是一個跟投入的時間成正比的事情,智力、學習方法、心態甚至運氣,都至關重要。客觀而言,相當大比例的孩子,因為各方面原因的限制,並不擅長學習。

對於小孩來講,父母就像是天地一樣的存在。能在家中貢獻一份力量,能在父母面前展現一點自身的價值,是他們信心的主要來源。就像案例中的女孩能在媽媽生病的時候照顧媽媽;像那個家長告訴我的,能夠幫家裡割稻穀;像日常生活中,孩子可以幫家人做一頓飯……對於孩子,這都是彌足珍貴的經歷。我並非鼓吹讀書無用論,讓家長放棄對孩子學習成績的督促,成績關係未來的前途,這也是不爭的事實。

改變不了現實,至少可以改變我們自己,讓孩子不畏懼上學,不因為成績不好而逃避、絕望。

Story 9　上學為何這麼難？

Story 10
「笨小孩」之盼

Story 10　「笨小孩」之盼

　　假使問一對新婚夫婦,「你們想要一個什麼樣的孩子?」答案通常會是聰明、漂亮、聽話、乖巧、活潑之類。即使原本不那麼聰明的父母,大約也不會希望自己的孩子不聰明,更不用說高知識父母。孩子不聰明,大約是一件很沒面子的事情,至少不是一件值得慶賀的事情。

　　曾有一個不知是否真實的故事說,有人問拿破崙希望有一個什麼樣的孩子,拿破崙回答希望自己的孩子是傻子,因為傻子什麼都不懂,也就不會有煩惱,就能天天開心了。這個故事真實與否無法考證,但根據我的臨床經驗,拿破崙有這樣的想法大約是因為他沒有真正接觸過智力不那麼好的孩子。他們的煩惱和情緒,並不比聰明的孩子少,他們也有許多期待和盼望。

　　這個孩子我至今都印象深刻。她是一個上六年級的女孩,胖胖的,白白的,話不多,有點靦腆,經常不好意思地笑。我一度覺得跟她做治療很困難,不知道該怎麼推進,她的表達能力不太好,經常需要我詢問多次,才能弄清楚她要說的意思,我也不確定自己到底能幫到她多少。但她很喜歡過來,每次都早早等著,見到我便很開心地跑過來。於是,我開始認真地了解她。

　　她並不是一直都這麼胖,在六年級這一年裡,她開始吃東西吃得很多,經常說沒有吃飽,要吃零食,要加餐。家人以為她只是處在發育階段,所以胃口好,就由著她。這一年中,她人也變得比較懶,不太喜歡外出,經常無精打采。吃得多,動得少,這期間體重就飛速上漲,一年內足足長了十幾公斤,也因此成了她的困擾。

　　在學校,同學們會嘲笑她的體型,說她「胖妹」、「怎麼長這麼胖」、「你怎麼吃這麼多飯,像飯桶」。有些調皮的孩子甚至以取笑她為樂,每天替她取不同的綽號,今天叫她「胖妹」,明天叫她「肥豬」,後天叫她

「笨豬」……她想反駁，想罵對方，但想不到合適的詞語，反而被對方嘲笑「笨，罵人都不會」，只能自己生悶氣。慢慢地她開始出現一系列情緒問題，經常自己哭，在家容易發脾氣，有的時候甚至不敢出門。她的家人才意識到問題有點嚴重，需要專業人士的介入了。

　　於是，我們去追溯她的情緒發展過程。她的媽媽發現，她食慾增加，體重增加，其實跟上了六年級需要面對小學升國中的壓力有關。只是，她從來沒有直接說過，想到要考國中壓力大，她只是說餓，想吃東西，有時候看起來明明已經吃撐了，她還是繼續吃，彷彿只要在眼前的食物，就要通通消滅，這樣才安心。她的成績並不好，長得也不算漂亮，在學校裡不是那種受歡迎的孩子，甚至有的同學現在還叫不出她的名字。她食慾增加，更像是透過這樣的方式去發洩情緒，她說不清這種感覺，只是說：「每天都想吃很多東西，吃完之後就舒服一點、開心一點。」她來找到我的時候，情況已經挺嚴重了，在家只要不滿足她的要求，她就發脾氣，就摔東西、大喊大叫，甚至有的時候會打爸爸媽媽。父母一絲一毫都不能教育她，不然她會立刻失控，摔東西打人，像是一瞬間變成了另外一個人一樣。然而，等她發洩完，冷靜下來之後，又會非常自責，不過她不會去找父母道歉，也不會認錯。她會打自己的頭，很用力地打，邊打邊說：「我這麼蠢，我怎麼這麼蠢！」有時還會咬自己的手背，甚至咬出血來，父母怎麼勸、怎麼哄都沒用，她要持續好幾分鐘才能平靜下來，看起來非常嚇人。

　　她的成績一直不好。小學一、二年級時還可以考七八十分，當然這個分數在班上的排名已經很靠後了，但至少從分數上看還是過得去的，她自己也能接受。隨著年級升高，課程也越來越難，很多課她開始跟不上、聽不明白，每天的作業都要做到很晚。一些需要同學配合的任務她

Story 10 「笨小孩」之盼

也完成不了，同學漸漸就不願意跟她同組，她慢慢就出現不願意上學的情況。她的理由很充分：「我什麼都不會，上學很丟臉。」後來，她發脾氣的情況更加泛化了，曾經有一次她在街上接到減肥的傳單，向她推銷減肥藥，她立刻大發脾氣，又哭又鬧，說是全世界都嫌她胖，要她減肥。在學校裡遇到不順心的事，她也發脾氣，口裡還說著要跳樓、要自殺之類的，嚇得同學和老師都不知所措。她僅能斷斷續續地去學校，每天去學校都要討價還價，最多一週去個三四天，也有一週都不去的時候。上課聽不明白，她就睡覺、畫畫或者玩手機，完全當老師是透明人。要知道，以前的她雖然成績不好，但卻一直是乖學生，從不搗亂，也不違反紀律，更不會上課睡覺。老師管了幾次，批評完她就大發脾氣之後，便索性不再管，由她去。

這是一個典型的情緒行動化的過程。何為行動化？

這個孩子的情緒有焦慮、自責、愧疚，她的自卑讓她的自尊心顯得非常強，信心很脆弱，讓她的情緒變得一觸即發。但是，她沒辦法用語言來表達自己的內心感受，她也無法處理。所有的情緒都在內心發酵成為憤怒，透過發脾氣、打父母，加上在學校自暴自棄，睡覺、玩手機等行為，來逃避內心的感受。發洩完之後，她又非常愧疚，她也表達不出來，於是就打自己，咬自己。情緒看似不斷在發洩，但仍然沒有一個合適的出口。這是智力稍低於正常水準的孩子的典型表現，語言表達也是智力的重要展現，他們無法將自己的情緒語言化，以外化的形式表達出來。很多孩子有說不出來的話，可能會選擇發簡訊，或者是寫信的方式來跟父母溝通，或者不希望父母知道，可能會用寫日記的方式自我消化。不過，這些方式對於智力欠佳的孩子來說都不太適用，他們很難完成這個語言組織的過程。與這樣的孩子交流，我們需要很認真地去聽他

們說的話，很仔細地去提問，他們才能稍稍表達出一部分內心感受。面對父母，這個孩子原本就有些緊張，生怕自己說錯話，媽媽會生氣，所以更難以表達真實的內心想法。

這就非常容易造成誤會。

家裡人頭痛得要命，滿腹抱怨：這小孩為什麼這麼不懂事，這麼不上進？我們花了很多的心思，花了很多的時間去陪她寫作業，為她報補習班，她居然還是這麼不爭氣！她滿臉愁容：「為什麼我這麼倒楣？別人家的小孩都那麼勤奮，成績又那麼好，又受人喜歡，為什麼我的小孩是這樣子的？」是啊，這個孩子此時就像扶不起的阿斗那麼令人失望，讓人喜歡不起來。

父母口中，她就是懶，就是不思進取，自我放棄，那她自己怎麼說呢？

她第一次見我時，就說對自己的成績非常不滿意，她希望國文和數學都更好一點。「怎樣叫更好一點呢？」我問。「至少要考到90多分。」「那是個很高的分數。」「因為我們班很多人都是90多分。」「哦，你想跟他們一樣。」「嗯。」但其實，她目前的成績只有差不多及格的水準，很多課程跟不上，要考到90分幾乎是不可能的。且不論這個目標是否實際，至少這反映了她內心的真實想法。很多時候，我們都想當然地認為學習成績不好的孩子，一定會不想學，會自我放棄，但她不是。

媽媽一直抱怨，每天陪她做作業，差不多每道題都要為她講解，有的時候一道題要講十幾遍，她才會做，有時甚至一道題講二三十遍，她依然不會。媽媽很受打擊，她覺得孩子一直不能體諒她的辛苦，根本沒有認真聽。孩子自己跟我說：「我覺得我做作業太慢。」「怎麼太慢了呢？」「我做作業要很久，媽媽要陪著我。」「媽媽陪著你不好嗎？」「好，

Story 10 「笨小孩」之盼

但是她很辛苦。」說到這句話的時候，我看到她眼中的愧疚，但她無法把這種感覺用語言表達出來。普通的孩子是作業自己完成，或者是碰到不會的題問家長，她可能大部分題都需要媽媽為她講解，不然她幾乎都做不出來。她的媽媽是一個大專院校的老師，也似乎充當著她的老師。媽媽以為孩子心安理得地享受著她的付出，不懂感恩，不會體諒，然而不是，孩子心如明鏡，只是感受總也無法說出口。

孩子說：「爸爸媽媽會經常吵架，很多時候會提到要離婚。」停了一下，又說：「爸爸媽媽吵架都是因為我的成績，因為我書讀不好。」事實上她的父母發生爭吵，確實是因為她的課業表現，但並不是因為她成績不好，而是針對她的教育方式雙方有完全不同的看法，甚至可以說是水火不容，因為父母對於她課業的期望是完全不同的。

媽媽作為老師，自然希望孩子的成績可以更好一點，她做了各種的嘗試和努力，滿心盼望著孩子的成績能夠提高，能夠趕上其他同學。爸爸則比較隨性，他很早就發現自己的孩子大概最不擅長的就是讀書，他認為孩子做到她能做到的水準就夠了，不需要去報那麼多補習班，又花錢，她自己學得也很辛苦，效果也不大。可以想見，父母這樣完全不同的視角，必定衝突不斷。在媽媽眼中，爸爸就是不負責任，不思進取，不在意女兒的前途，甚而吵起來的時候她就會指責老公「想讓女兒跟你一樣沒用」。爸爸大部分時間都保持沉默，任憑妻子指責，實在忍不下去就反駁妻子，「你總這麼強勢，要把女兒逼死才安心！」接著奪門而出。女兒面對父母這樣的攻擊指責，大部分時候是不知所措的。她覺得是自己造成了父母的矛盾，如果沒有自己，爸媽可能就可以和睦相處了，她的心裡很愧疚。

但她又很矛盾，有一次她心事重重地說：「如果沒有我，爸爸媽媽

應該早就分開了。」她說爸爸每次回來都是為了看她，沒有她，爸爸媽媽兩個人也不會單獨出去，她是父母之間的黏合劑。後來，我才知道這個「黏合劑」不知道的事實：她的爸爸媽媽其實在一年前就已經離婚了。不過，她的父母覺得婚姻破裂了，家庭破碎了，肯定對孩子有不好的影響，他們不知道應該怎麼去跟小孩說，擔心對孩子造成心理陰影。於是，這對父母在孩子完全不知情的情況下，商量出一個瞞天過海的策略，在孩子面前假裝家庭和睦，夫妻關係尚存。於是，爸爸還是不定期地回家，但跟媽媽分開住，每一次除了談小孩的教育問題，兩人也不會有其他更多的交流。不過，雙方並沒有因為離婚而冰釋前嫌，觀念依舊不一致，互相的攻擊也沒有減少。當然，爸爸回來，就會帶她出去玩，或者是加上媽媽一家人一起出去玩，盡量為小孩營造一個爸爸媽媽還在一起，家庭完整的印象。從這個角度講，她的感覺是完全正確的，如果沒有她，爸爸大約不會再回家，父母也會分開。

　　但是，一年前這個時間點，讓我想到了這個孩子暴飲暴食的時間點，兩者是剛好吻合的。這個孩子真的對父母的關係一無所知嗎？已經分開的夫妻真的能做到像一家人一樣真情流露地相處嗎？這個「笨小孩」的覺察能力，不比任何聰明的小孩差，這應該是她的父母都忽略的一點。她所承受的壓力並未說出口，不為人知。

　　父母的表演怎麼可能做得天衣無縫呢？以前爸爸是每週回家，後來可能一個月，甚至幾個月都不回家，她打電話過去，爸爸就想辦法編各種理由搪塞：出差、工作忙、等她放假再回去⋯⋯常常編得前言不搭後語，自相矛盾，她再不聰明，也能聽出一二。現在不同了，自從在家發脾氣，鬧情緒，甚至不願上學之後，媽媽一個人搞不定她，不得不將爸爸叫回來幫忙，爸爸又開始每週都回來，有時隔一天就會來看她，帶她

Story 10 「笨小孩」之盼

去玩。媽媽對她也不敢像以前那麼嚴格了，盡可能耐心，盡量不對她發脾氣，她的生活好像一下子陽光起來了。父母大約不知道，這些方式無意識中助長了她的症狀。當然，她並不是心安理得地享受，她也糾結、困擾、愧疚，不過，她也找不到更好的方式來讓自己安心，讓家庭更和諧。

她說：「我爸爸在家的時間其實是很少的，我有話都會跟媽媽說。」不過，媽媽的情緒在她看來是捉摸不定的。有時候，不知道是自己做錯了什麼，媽媽臉色突然不好看，她就很害怕，會不知所措，坐立不安。她很想跟媽媽親近，每一次做完治療，出去都要抱媽媽，有時候親媽媽的臉，跟媽媽說悄悄話，媽媽偶爾表現不自在，她就像犯錯的孩子，站在原地。待她比較信任我之後，她便會說：「老師，你能不能把我告訴你的事情跟我媽媽說一下？」這個要求讓我很意外，一個青春期的孩子，通常對於自己的隱私都非常看重，會再三確認，整個會談的經過都是保密的，特別是不會隨便告訴父母。她不一樣，她希望家人知道她的想法，希望他們更了解自己。部分原因可能是她的心智發育跟其他孩子相比顯得落後一些，但也從側面反映出她希望跟媽媽親近，甚至親密無間，沒有祕密。

她談到在學校遭受的一些委屈，除了我們前面提到的同學經常嘲笑她胖之外，還有一件事情是她的心結。她說：「有一次我在學校的福利社買東西，我明明給了錢，但是店裡的老闆沒看到，說我沒給錢。」想了一下，她繼續說：「有幾個同學跟我一起，但是都沒有幫我作證。」我問：「那後面怎麼解決的呢？」她噘著嘴，有點委屈和氣憤，說：「還能怎麼辦，只能多給了一次錢。」她又憤憤地說：「我以後再也不去那個老闆那裡買東西了。」她就真的再也不去那家店了。她在治療過程中先後四五次談

到這件事情，每次都要將整個過程完整地講一遍，每次講起來都同樣氣憤。我問她：「你跟媽媽講過這件事嗎？」她搖頭，我問：「什麼原因呢？」她說：「怕媽媽知道之後說我笨，沒用。」

　　她眼中媽媽講題時的情況和媽媽的看法完全不一樣。媽媽講一道題講十幾遍，但是她確實是不明白，聽不懂，媽媽就會生氣。她說：「我真的不明白，不是我不想聽，不是我不認真聽，我真的很認真聽，但我還是不懂。」她媽媽怕她跟不上，每天都會額外為她安排一些作業，有時候要做到晚上十一二點，但她都會堅持完成再睡覺，媽媽就陪著她，兩個人都沒覺睡。她很自責、很愧疚，自己弄得媽媽睡不了覺，惹媽媽生氣。她小心翼翼，但還是找不到合適的方式讓媽媽不生氣，這大約是一件比讀書更困難的事。

　　網路上流傳過一個段子，叫「不做作業母慈子孝，一做作業雞飛狗跳」。一道題講十幾遍仍然一頭霧水，講解到懷疑人生，懷疑自己的基因，這樣的經歷很多家長都有。曾經有一個家長跟我說：「我有一次輔導孩子做作業，一遍又一遍地跟他講，講到後面我自己已經崩潰了，大聲吼他，罵他笨。我自覺講解方式很淺顯易懂，很具體，我採取類比的方法，最後我記得我問他『如果是一加一等於幾』，我兒子都反應不過來了，只是膽顫心驚地望著我。後來我自己反思，我覺得這其實是因為他處在一種很強大的壓力之下，他很恐懼，又熬了那麼久了，他已經完全聽不進去了，他已經繃得很緊，沒辦法思考了。」不過，這是家長後來反思出來的，在當時，她氣得要命，覺得孩子根本就沒有帶腦子，根本就沒有聽她說。她滿腔怒火，步步緊逼。孩子像雨中的小鳥，戰戰兢兢，哪還有精力去思考？這是一個互相挫敗的過程，除了破壞彼此間的關係，起不到任何作用。

Story 10　「笨小孩」之盼

　　回到之前的案例，孩子不止一次跟我說，她在自己存錢買自己想買的限量版手辦，手辦很貴，她會慢慢存錢。我問：「你哪來的錢呢？」她立刻挺直胸脯，換上少有的自豪表情：「我從四年級開始就可以做家務賺零用錢，有時候考試有進步，媽媽也會給我錢。」在此，我們不評價做家務獎勵錢是否是恰當的鼓勵方式，只是看著一個孩子能靠自己的努力，證明自己的價值後，溢於言表的自豪感。

　　她不太喜歡上學，但喜歡英語課，為什麼？因為只有英語老師對她比較好，會關心她，她成績進步了會鼓勵她。她的英語成績比較好，其他科只能勉強及格，但這一科能夠考80多分，是她巨大的安慰來源。

　　媽媽了解了孩子更多的內心想法之後，對孩子的看法終於有了一些改觀，她談到了她的無奈和不甘。她說：「我前夫是公務員，我是大學老師，我們雙方都是高知識分子。我跟她爸爸的智力都沒有問題，甚至在我們周圍的朋友中，都算得上是優等生，我想破頭都想不通，我的孩子怎麼會不聰明，怎麼會成績這麼差。我生她的時候年齡不大，備孕的時候各方面都是按優生優育的標準來的，最佳的生育年齡，最優秀的懷孕期間的護理。懷胎十月，我小心翼翼，不敢有半點閃失，不敢亂吃任何東西，保持身體健康，沒有生過病。孩子出生時健康強壯，非常可愛。這十幾年的時間，我將所有的收入都用在孩子身上，為她報補習班，我和他爸輪流為她輔導功課，但是她的成績卻越來越差。我心裡真的過不去，我說服不了自己，我覺得上天太不公平。」我說：「你真的很努力。」她帶著哭腔說：「我不服氣，為什麼我的小孩比不上別人家的小孩？我也沒有比別人差，我的小孩會讓我羞於去介紹給別人。我很努力地說服自己，但這個就像我心裡的一根刺。」我找不到其他的話去安慰她，只能說：「是，這對於誰來說都是很難接受的事情。」媽媽強忍住眼淚，不住

地嘆氣。

　　十幾年的時間，看著孩子一天天長大，她一直抱著期待，孩子會成長改變，她拒絕去接受先天條件的決定性作用。她說：「我一直以為自己早就接受了，孩子的成績真的比不上別人，我以為我接受了。」我問：「以為接受？」她彷彿下了很大的決心，才說出後面的話：「是的，我一直是假裝接受，我只是不表現出來。我不說我很在意我孩子的成績，別人談論他們自己小孩成績的時候我就走開，我不好意思說我小孩的成績，我就走開，這是我能做到的極限了。」

　　接受一件無法接受的事情，確非易事，不過承認自己不接受，也是面對的開始。

　　在夾縫中求生存，是對這個孩子狀態的真實評價。在以學習成績為單一評價體系的前提下，她要去找尋屬於她自己的位置，多麼的掙扎，多麼不易。

　　隨著治療的進展，媽媽的態度有了很大的調整和改變。孩子的狀況也在逐漸好轉，她能夠堅持上學，發脾氣的狀況基本上也消失了，表達自己內心感受的能力有明顯進步。媽媽以前很反對孩子畫畫，覺得浪費時間，荒廢學業。現在她發現孩子畫畫很有天賦，雖然這種天賦還達不到成為畫家的程度，但至少能讓孩子有一個能與同齡人一樣獲得認可的機會。媽媽便把更多的精力，放在培養她畫畫上，陪她參加繪畫培訓班。這個孩子很有趣，自此之後，她每一次過來都會帶她畫好的畫給我看，跟我介紹她最近學了什麼，一雙大眼睛盯著我，問：「老師，你覺得我畫得好不好？」我會認真地看她的畫，給予她最真誠的認可。媽媽臉上的愁容少了，看她的眼神多了認可和欣賞。

Story 10 「笨小孩」之盼

　　她一直在進步，不再害怕上學，考試前會稍微有一點緊張，但都能認真完成試卷。同學嘲笑她胖，她就用媽媽教的方法，嘲笑回去。她會帶自己的畫去跟同學分享，帶一些零食去跟同學一起吃，同學跟她的關係也逐漸親近了些，至少在班級中能有人看到她，讓她有了一定的存在感，她很欣喜有這樣的變化。她喜歡跟我講，班上誰誰雖然成績好，但也會撒謊，也會跟同學有爭執，說的時候眼睛裡都是得意。我微笑著聽她說，知道這是她的小心思，但她需要這樣的小心思。

　　笨小孩，在生活當中最常經歷的是忽略、指責、委屈，他們的自我認同感很弱，堅信自己怎麼也比不上別人，是一無是處的。當然，也很少有人會真正去傾聽他們內心的想法。快節奏的社會現實中，總是易於錦上添花，難於雪中送炭。他們有可能被安排在教室後排，也可能是一個偏僻角落的位置，只要不打擾老師上課，睡覺都行。考試的時候，老師想盡辦法讓這樣的孩子的成績不計入班級平均分數，讓他們不會拖班級後腿。他們朋友很少，家長會教育自己的孩子「不要跟成績不好的同學玩，會被帶壞的」。老師和同學，甚至叫不出這樣的孩子的名字。我曾問過這樣的孩子，他們說：「班上一半的同學，都從來沒跟我說過話。」他們不屬於特別調皮、讓老師頭痛、能當著全班同學面前開玩笑的孩子，默默無聞是他們的代名詞，被忽略大約是宿命。

　　然而，他們也有需求，他們也渴望被人看見，期待被認可。

　　家長看得到他們真實的樣子嗎？還是更多地希望他們變成自己期望中的樣子？能接受自己的孩子可能先天能力比其他孩子弱嗎？還是想用盡全力將他們拔成跟別人家優秀的孩子一樣高、一樣長？無法接受現實，我們夫妻不比別人笨，我花盡全部心思養育自己的孩子，為什麼他就是比別人差？否認與怨天尤人，是父母面對這樣的孩子的必經階段，

只是有些父母能夠在短時間內調整自己，而有些，就如我們故事中的母親，十幾年過去了，仍然在否認中，希望與現實對抗，扭轉乾坤。也有家長擔憂，我接受了我的孩子比不上其他人，不就等於放任他不管，他不就一輩子都比不上別人了嗎？接受就等於放棄，這是家長們心中最無法放下的焦慮。殊不知，接受才是改變的開始，孩子感受到了來自父母的接納，才有動力改變。一味地否定，不接納，才會真正造成孩子的自我否定，由此，破罐破摔，最終自我放棄。

蘇聯著名心理學家維高斯基提出，每個孩子都有屬於自己的近側發展區，即學生的發展有兩種水準：一種是學生的現有水準，指獨立活動時所能達到的解決問題的水準；另一種是學生可能的發展水準，也就是透過教學所能獲得的水準。兩者之間的差異就是近側發展區。換句話說，每個孩子能夠到達的發展最大化的水準是完全不同的，就如每個老師教出來的學生的成績總是參差不齊一樣。這種先天差異，並非完全靠教育就能夠彌補的。孩子的發展規律，並非人力能夠完全扭轉。

我曾問過一些家長：「如果你的孩子比不上別人，是不是代表你也比不上別的爸爸媽媽？孩子失敗證明你自己失敗？」起初大家都否認，說沒有這麼想，只是擔心孩子未來的前途，希望他們能夠做得更好。等討論開了，放下防禦，大家便七嘴八舌說起來：「總希望孩子能比自己強，嘴上說不跟別人比，但內心還是在較量。」「自己不比別人差，憑什麼自己的孩子卻比不上別人？」「孩子就是家長的面子，孩子不好，我們也丟臉。」在我們的傳統觀念裡，孩子和父母是一體的，一榮俱榮、一損俱損，難分難捨，卻不知，許多名人，後代也很普通，並無大成就。父母要接納孩子，首先需要接納自己，發自內心地肯定自身價值，而不是將價值建立在孩子的身上。這對自己和孩子，都是解脫。

Story 10　「笨小孩」之盼

　　在以成績評價孩子全部價值的觀念指導下，家長更易以單一標準去看待自己的小孩。要看到笨小孩身上的優點，更是不易。像故事中的孩子除了畫畫好，與人相處也很為別人著想。她知道媽媽有心臟病，她便盡可能把事情做好，盡量不讓媽媽生氣；英語老師對她比較好，她也感恩，努力學習英語。她堅信學知識是有用的，喜歡去學校，只要有人有困難，她都積極地幫忙。有個三年級的小男孩曾經跟我說：「我一年級的時候成績很好，每一科都能考到差不多一百分，而且我又會踢足球，是學校足球隊的。」說著，他仰起頭，神氣地說：「我以前是很優秀的。」聽一個十來歲的孩子說這樣的話，我忍不住笑起來，問他：「那現在呢？」他馬上低下了頭，心情低落，說：「現在大家都嫌棄我了，我成績從二年級開始就不好了。課程越來越難，我跟不上。爸爸天天罵我，老師也批評我。」我說：「你不是還踢足球嗎？而且聽你說你跟班上同學的關係都很好。」他抬頭看了我一眼，悻悻地說：「這些又沒用。」按照他說的，他就從以前老師、同學、家長眼中「別人家的孩子」，漸漸變成了所有人都嫌棄，天天受批評的壞孩子，滿腹委屈。

　　「笨小孩」的被拋棄感會更強。「我這麼不爭氣、這麼不好，我的爸媽會真真正正、完完全全地接納我嗎？」「會不會覺得我不爭氣、不優秀，哪一天就不要我了呢？」「會不會再生一個更優秀的弟弟、妹妹呢？」滿心的問號，心裡沒底，他們當然不可能直接問，大多不斷用各種方式試探，又或者乾脆自暴自棄，破罐破摔。父母當然不可能真的拋棄自己的孩子，只是時時被嫌棄的孩子，總難以相信有人會真正喜歡自己。

Story 11
情緒總是失控，為哪般？

Story 11　情緒總是失控，為哪般？

　　對於青春期的孩子和他們的家長而言，情緒、負面情緒、失控的情緒，是逐層遞進的可怕之物。家長無法理解孩子的喜怒無常，「怎麼昨天還好好的，今天又不高興了？」「莫名其妙就發脾氣，又沒有誰得罪他。」孩子反感家長對其內心感受的不理解，「總是讓我想開點，別自尋煩惱，我要是做得到還會這麼難受嗎？」「還說現在不愁吃穿，還有書讀，他們那個年代要是有這些，做夢都笑醒了，哪還會不開心？總之我們有代溝。」

　　情緒像個神祕的幽靈，讓孩子失去理智，讓家長摸不著頭緒，是真的無跡可循嗎？那些情緒的突然爆發真的是一瞬間的發洩嗎？這些問題可以在這個故事中找到一些答案。

　　這個小孩是因為一個很特別的原因過來的，他是主動求助，而且目的很明確：「我想弄清楚，為何我總是會莫名其妙地發脾氣，我自己並不想發脾氣，我不知道我為什麼會有那麼多憤怒，我的憤怒到底是來自哪裡呢？」他已經高三，正準備參加升學考試。他給家人和同學的印象一直是內向而溫和，樂於助人，懂事聽話，是典型的乖孩子。他剛上高三不久，就跟媽媽說過自己心情不好，提到自己跟一個女孩子表白，這個女孩的態度很曖昧，沒有拒絕，也沒有答應，但是在這之後就不理他了，開始疏遠他。他不斷糾結這件事情，心裡很煩躁。這是他第一次向父母求助，此時尚能堅持去上課，學習成績也很好，簡單安慰之後，家裡人覺得應該問題不大，便沒有放在心上，他也照舊上學聽課，事情看似順利過去了。

　　一段時間之後，他又找爸爸聊天，說他心裡很難受，反覆說自己心裡很難受，但他無法用語言來形容這種難受，說著說著就開始掉眼淚，很傷心。他爸爸面對他的這種情況，反覆詢問也弄不清楚怎麼回事，不

知道他到底為什麼傷心，加之他是高三住校生，在家時間不多，他爸爸也只能做一些表面的安慰工作，送他回學校後就沒有再管。第二週再回來的時候，他看起來就比較正常了，做事情也很積極，家人鬆了口氣，生活照舊繼續。後來就到了高三成年禮，他的家人一起參加他的成年禮，他當時表現得非常興奮，不斷找同學拍照，笑得很開心。他有一個姐姐跟他同校同級，他的成年禮，也是姐姐的成年禮，父母就需要抽空去看他的姐姐。這個孩子突然表現得非常激動，追出來就對爸爸說：「你們不理我了。」接著就哭著跑回了自己的教室。爸爸不管怎麼跟他解釋他都不理睬，一直生悶氣。之後他因為找不到自己的書包就非常暴躁，把自己的領帶扯下來，甚至跑到樓下學校的公告欄把學校的公告都撕下來，把旁邊所有的裝飾氣球都給拉下來，放在地上踩。發完脾氣之後就開始哭，後來家裡人又把他帶回家，勸解了一番，他才平靜下來，好像又跟平常差不多了，家裡人就覺得這只是一時的發洩，可能發洩完就沒事了，再次沒當回事，只是覺得他好像話說得比以前少一點，笑容也比以前少一點，但其他都還算正常。這距他第一次出現情緒問題已經有大概三個月時間了，反覆出現的情緒狀況，讓他自己很困惑，他仍堅持正常學習、複習，但學習效率明顯下降。

　　後來有一個比較大的刺激事件，就是他的學習成績直線下降。學習成績一直都非常優秀的他，從年級前幾名下降到了大概年級30多名，家裡人也會稍微開導他一下，他大部分時間表現都很正常，有時候還會跟父母有說有笑的，大家都不提學習成績下降的事情，只是鼓勵他調整狀態，繼續努力。幾天後，他在上課時間，突然跑到之前表白的女生的班級門口，大聲尖叫，之後就暈倒在地。

　　父母這才想起來，他曾經向家裡寫了一封信，他覺得壓力很大，爸

Story 11　情緒總是失控，為哪般？

爸媽媽總是說讓他考頂尖大學，因為他從小到大成績都非常好，基本上高中之前都是全班第一名。他們家有四個孩子，父母對他的期望最高，因為他的成績最好，就說要他考頂尖大學，他也從來不反駁，很聽話地非常努力學習。他跟父母講，他覺得很悲傷，有很多悲傷，有時候又覺得有很多的恨，他也不知道該怎麼去處理這些情緒。他在信裡寫他覺得媽媽很可恨，他說他已經很久沒有感覺到愛了，不管是在家裡還是在學校，都沒有人關心他，也沒有人在乎他，不論他做什麼都是錯的。家人很震驚，但不知道怎麼跟孩子去談這些事情，也就不了了之。他找到我，反覆強調因為他現在高三，最需要的事情就是盡快地出院，他很擔心自己今年的升學考試。但另一方面，談到過往的經歷，他傾訴欲非常強，隨便提一個問題，他都著急地講述，焦慮地表達內心感受，表達他的困惑，他非常急切地想盡快好起來，他不打算給自己更多的恢復時間。

他說到他們家裡有四姐弟，他是最小的，他有一個哥哥兩個姐姐，兩個姐姐在中間，哥哥是最大的。爸爸媽媽一直都比較寵他，對他的哥哥姐姐要求比較嚴格，兩個姐姐敢怒不敢言，而哥哥心裡忿忿不平，不敢去對抗父母，去反駁他們的做法，就聯合他的兩個姐姐，讓他們都不要跟他接觸。兩個姐姐都不跟他玩，哥哥在家裡背著父母時非常蠻橫霸道，有時甚至會動手打他，他很怕哥哥。他在高中時遇到這個喜歡的女孩子，他對這個女孩子抱有很多期望，他對對方有很強的依賴感，很想找對方聊天，去傾訴，覺得跟對方在一起很舒服。這對他來說是很珍貴的體驗，因為他在家裡一直處於非常孤立的境況，但是後來大家分班了，他覺得雙方的關係就有一些疏遠，他心裡很不安。他在成年禮上情緒爆發，其實是跟這個事情有關係的，在成人禮之前這個女生承諾要跟

他一起拍照，結果爽約了。加之，他成績下降，心裡很難受，所以他很想去找這個女孩子，稍微地做一些傾訴。他去找了這個女生，但女生跟他說：「你不要太靠近我，你要隔遠一點跟我說話。」他瞬間僵在原地，什麼都說不出來，待了一會，自己悻悻地走開了。

他跟我說：「我不怪這個女孩子，畢竟大家高三都忙，沒有義務聽我說那些煩心事，再說大家分了班，關係也沒有以前那麼親近。」他困惑的是，他經常會做夢，有時甚至會夢到想掐死對方，經常被這樣的噩夢嚇醒。包括小時候被哥哥孤立的事情，他到現在見到哥哥還是會有些害怕，但他說他心裡是不怪他哥哥的，他覺得是因為爸爸媽媽偏袒他，哥哥心裡不舒服，才孤立他那麼久，他覺得自己可以理解。他超乎想像地善解人意。

一個小時的治療時間，他幾乎沒有休息過，不停地講，生怕時間不夠，戀戀不捨地結束了治療。

一週之後，第二次心理治療，他就來了一個180度的大轉彎，表現得非常開心，臉上帶著笑容，說自己感覺好了很多，他說他之前的困惑已經完全解決了，所有問題都想通了，整個人都輕鬆了。接下來的打算也很清楚，對於自己在高三這個節骨眼出現情緒問題，也想得很開：如果學習跟不上，那就休學，如果能考上大學那就去上。他覺得學習壓力自己應該可以應對，不管能不能考得好，考試結果如何，他都不在意，覺得自己現在豁達了很多。包括那個女孩子的事情，他覺得已經無所謂了，天涯何處無芳草。他講得頭頭是道，出現了非常戲劇化的轉變，頓悟了一般。他覺得自己都好了，因此想暫停心理治療。我們只能尊重他的選擇。

他沒有再來找我，同時，考上了很好的大學，離家去外地，但就在

Story 11　情緒總是失控，為哪般？

某次課程的過程中出現了一些狀況。他跟他們老師發生了非常大的衝突，因為老師批評了他，比如說他不聽指導之類，他整個情緒突然崩潰了，直接在課堂上大哭。後來學校沒有辦法就帶他回宿舍讓他休息一下，在這個過程當中，班導師再次勸導了他一下，他覺得班導師也對他有意見，哭得更厲害，無法抑制地哭，整整哭了一個多小時，有些歇斯底里。學校因此建議他休學。他反覆跟我澄清：「我真的不想哭成那樣子，我拚命讓自己停下來，告訴自己不行，不能這樣子，但是我停不下來。我不知道自己怎麼了，我有時覺得自己挺恐怖的。」這一次他終於願意有系統地來探討自己的狀況，嘗試更深入地了解自己。

他再次談到了他的哥哥對他的影響，不再一筆帶過，會談到更多細節。但他仍強調自己不怪哥哥，覺得是父母的不公平導致哥哥孤立他，甚至會打他，哥哥也很可憐，自己可以理解他。他對哥哥仍有恐懼，在家裡都必須小心翼翼的，什麼東西都不敢隨便亂碰，生怕哥哥會打他、罵他，他就這樣艱難地生活下來。姐姐們跟他其實也不親近，在這個多子女家庭中，他經常會覺得孤獨。父母工作忙，總是為錢奔波，也經常為錢吵架，他至今仍不知道父母以何為經濟來源，家裡的氣氛神祕而緊張。家人之間甚少交流。

他是典型的「別人家的孩子」，小學、國中成績一直都穩居第一，遠超第二名幾十分，走到哪裡都是眾人注目的焦點，他是成績紅利的享受者。這種狀況到上高中時發生轉變。上高中之後很難提高成績，別人學得很輕鬆，他學得很吃力，但他沒有放棄，更加努力，最終擠進班級前十名。但這已是他最好的狀態，他不再是全班的焦點，很多時候覺得很難融入班級中。用他的話來表達是這樣的：「以前只要成績好，班上有很多同學願意主動來找我，我走到哪裡都是別人關注的焦點。我高中之前

的時光都過得很開心，每天也過得很快。」但高中就不一樣了，即使努力提高了成績，預期中的轉變也沒有出現。高中的同學更在意誰家裡有錢，誰長得帥，沒有人注意到他，一切都變得不一樣了。他覺得自己在班級裡就像是透明的一樣。從焦點到透明，他內心的委屈可想而知。表白被拒這一導火線，讓落差和被人否定、被人忽略的壓抑達到頂點。

在他最終爆發的前一兩天，父母發生了激烈的爭吵，媽媽懷疑爸爸有外遇，最後爸爸媽媽關在房間裡，他跟姐姐都聽到爸爸打了媽媽，這是他第一次面對爸爸對媽媽動手。他當時非常震驚，之後爸爸摔門離開。跟往常一樣，他和他姐姐留下來安慰媽媽，媽媽不斷控訴，並且讓他們評評理，到底是誰的錯。他自己本來就內憂外患，因此並不想管父母的事情，更不想去評什麼理。他激動地對我說：「你要我怎麼評理，我能說誰對誰錯嗎？有時候我想把他們都罵一頓。」但他並沒有這樣做，他很冷靜地去聽媽媽講，去幫媽媽分析這個事情上的對錯，幫著媽媽一起罵爸爸，而後安慰媽媽：「你不要管他，爸的性格就這樣，我們也看他不爽。」他顯然是安慰人的高手，顯然也不是第一次做這份工作，媽媽也在他和姐姐的安慰下逐漸平復下來。他認為這是他應該做的，父母有衝突，他就應該去勸解，畢竟大家是一家人，自己不可能看著他們吵到離婚。因此，他就扛起了這個擔子，儘管原本肩上的擔子已經讓他不堪重負，但他渾然不覺。

他提到至今記憶猶新的一件小事。他五六歲的時候，去親戚的店裡玩，看到店裡的一個玩具很想要，但沒有開口要，也沒有去找他爸爸媽媽要錢買，只是呆呆地盯著櫃檯看了很久。親戚看他確實很喜歡，加上玩具也不貴，就把玩具拿出來，送給了他。他當時別提有多高興了，連蹦帶跳地跑回家，一路哼著歌。結果爸媽把他責罵了一頓，批評他不應

Story 11　情緒總是失控，為哪般？

該要這個玩具，反覆說他太任性，太不懂事，並且最終讓他把玩具還了回去。他至今記得自己把玩具遞給親戚時的尷尬和自責，覺得自己犯了天大的錯誤。這之後，他就沒有再跟父母提過任何的要求，因為自己所有的要求都會被否定，這是他的固有印象。他從小到大穿的都是哥哥姐姐的舊衣服、舊鞋子，他欣然接受，從不提要買新衣服，在同齡人眼中有些另類。他之前有一次打暑假工，把賺的錢全部上交給母親，沒有為自己留一分錢。青春期孩子常見的特點，他似乎都沒有，他像一個大人，一個佛系青年。但他並非沒有欲望，沒有期待的。他其實一直以來都很想養狗，手機裡儲存了很多寵物狗的圖片，但他媽媽不喜歡狗，他便將這種欲望壓在心裡，從未跟父母吐露過。他對自身需求的壓抑，對家人的察言觀色，已經成為一種習慣。

　　他喜歡打抱不平，特別樂於勸架，班上有同學被欺負，他覺得不能坐視不管，一定會想辦法去勸解，試圖讓霸道的一方改過自新。但大多數時候對方是不領情的，覺得他多管閒事，太把自己當回事，他很受打擊。我的第一反應是，這就跟他去協調父母的關係一樣，充滿了無力和委屈。治療後期，他終於能夠比較坦然地談到，對於當時拒絕自己的女孩子，他是有很多不滿的。女生對他的態度一直很曖昧，也不拒絕，也不接受，理所當然地接受自己對她的好，也不表達心裡的想法，弄得自己進退不是。他說：「我覺得自己像寵物一樣，被耍得團團轉，她對我招之即來，我心裡面一直窩著一股火。」但他又不斷去說服自己，這是別人的自由，人家沒有義務給你一個交代，都是你自願的。頭腦中像有兩個人在打架，他在兩種狀態中不斷搖擺，虛耗心力。他能表達說：「我回想起來，覺得我內心的委屈一直都存在，很多時候覺得自己的付出沒有得到回報，自己對於家庭關係也無能為力，爸爸就是那麼大男人主義，自

己也改變不了。」他有點洩氣:「我努力去做很多工作,但好像沒有任何意義,也沒有人看到我的付出。」

　　他做的所有的這一切,在家庭當中協調父母的關係,毫無用處;在學校裡也很努力地去幫助同學,很努力地學習,保持好的成績,都沒有人在意。同學經常討論的話題都是誰長得帥,誰家裡有錢,沒有人關注他;家人也只會說他哪裡做得不好,從來不會誇獎他。他說:「我可能有點懂了,為什麼我的情緒完全不可控地爆發出來,我內心確實有很多壓抑的情緒,有時忍不住哭,有時又會大怒,可能是壓抑太久的原因。」在我看來,他一直在做一個乖小孩,乖小孩其實就是壓抑本能而形成的畸形成長體,沒有欲望,沒有情緒,只做對的事。他一直在做一個大家心目當中寬容、付出不計回報、懂事的孩子,不能表達情緒,不能表達不滿,久而久之,他甚至以為自己真的能如聖人般去原諒,接納。他覺得這樣才是對的,從未懷疑,雖然痛苦,也努力讓自己去做對的事情。情緒被理智和道德壓制住,一旦有機會爆發,便一發不可收拾,讓自己束手無策。

　　很多時候我們不明原因的情緒,無論憤怒還是悲傷,抑或只是莫名的壓抑,長時間的毫無動力,大多都是一種長期壓抑,甚至是一種習慣性壓抑的結果。以這個案例來說,他的每一次爆發,看似激烈,但恢復都出奇地快,第二天就像什麼事情都沒有發生過一樣,就如雷陣雨過後,立刻陽光燦爛。但情緒不是天氣,情緒的累積有一個過程,情緒的處理、消散,也有一個過程,需要一定的時間,我們應該允許這樣的時間存在。

　　很多家長看到孩子不開心就很難受,第一反應就是想去做點什麼,去幫他解決問題。例如說孩子在學校不開心,那是不是在家休息幾天就

Story 11　情緒總是失控，為哪般？

能開心起來；孩子學鋼琴學得很痛苦，那就不學了；孩子跟同學發生爭執不開心，家長就去幫他做同學的工作，讓同學向他道歉……更多的家長是用另一種處理方式：講道理。「不要想那麼多」、「堅強一點」、「不要在意別人的看法」、「不要總是板著臉，別人看了會不舒服的」，我問很多家長，他們都說，其實對孩子期望不高，只要自己的孩子健康快樂就好。我就問他們說：「你的小孩不開心，那你能接受嗎？」他說：「能接受，我當然知道，他肯定有不開心的時候。」我便接著問他：「你能接受孩子不開心多久？」有人說一天，有人說三天，我說：「如果是一個星期或者是再久一點，比如持續一個月他的狀況都不那麼好呢？能接受嗎？」大家都說：「接受不了，我肯定會想著我要去做點什麼，讓他趕緊開心起來。」這就是一種期待。因為我接觸到很多小孩，他們的爸爸媽媽在他們不開心的時候就會說：「你擺臉色給誰看？我們又沒有得罪你，你幹嘛擺著一張不開心的臉？喪氣！」於是，不開心變成了一種錯，既然是錯，就應該改，就應該努力讓自己快點開心起來。很多時候，這就變成了另一種壓力，逼孩子自己趕緊好起來的壓力，也會讓孩子因為自己狀態不好影響到家人而產生深深的愧疚。

　　我們對負面情緒的接納度和承受度都是很弱的。我們有很多語言來表達對負面情緒的鄙視，「男兒有淚不輕彈」、「矯情」、「哭有什麼用？哭能解決問題嗎？」所有言語中，都透露著對哭的輕視和不解，哭不被允許，只有笑才能討人喜歡。祝福話語中，能更集中地展現我們的期待，「天天開心」、「心想事成」、「一切順利」……甚至有時候我們會模糊祝福與期待間的差別，期待孩子成長過程中永遠不會遇到煩心事，不會遇到挫折，萬一遇到也能沉著冷靜地應對，不會哭，不能慌。這與我們重面子，重自己在別人眼中的形象有關，憤怒、悲傷都會造成一定程度的面

部扭曲，也就有了「擺臉色」一說。

於是，家長教育孩子時會說：要經常笑，你老是板著臉，別人會不喜歡你。在我們的認知中，別人只會因為你心情不好而討厭你，疏遠你，而不是關心你，安慰你。因此，當負面情緒出現時，我們的第一反應是壓抑回去，接著就不斷做自己的思想建設，調整出一張笑臉來。我在臨床中碰到很多來訪者說：「我每天都要戴著一個微笑的面具，因為我家裡人不喜歡看到我不開心。我也擔心同學因為看到我不開心而不願跟我玩。」這些十來歲的孩子，已經學會必須戴著面具生活，必須學會偽裝情緒。於是在臨床中，我見到無數「微笑型憂鬱」患者，身邊所有人都不相信他們會得憂鬱症，因為這些孩子似乎跟所有人關係都很好，活潑開朗，是大家的開心果，總是在笑……這樣的人怎麼可能憂鬱呢？於是同學會跟他們說：「如果你有憂鬱症，那我們全班都有憂鬱症了。」家人會反覆表達難以置信：「她那麼開朗，怎麼會憂鬱呢？」有個孩子因此無比悲哀地跟我說：「我自己得了憂鬱症，已經很痛苦了，但我還要跟周圍的人證明，我是真的生病了，不是裝的，這真的是諷刺。」沒有人能永遠開心，能永遠積極樂觀。在該哀傷時哀傷，該痛哭時痛哭，才是對人性的尊重。

對於情緒的處理，第一步，也是最重要的一步是接納。

我們要允許自己也要允許自己的孩子有一個處理情緒的時間。特別是青春期的孩子，因為身體處於發育期，賀爾蒙不穩定，更是處於多愁善感、狂風暴雨的階段，情緒激烈而多變。這時候要求孩子像成人一般情緒穩定，又或者像小孩一樣無憂無慮，皆不現實。喜、怒、哀、懼四種基本情緒衍生出數十種更複雜、更細微的情緒，每種情緒都有意義，都能幫助人類表達情感，某些所謂的負面情緒，例如焦慮、恐懼，是人

Story 11　情緒總是失控，為哪般？

類進化過程中有保護意義的情緒，並非洪水猛獸。

另外一點，我們也需要明確情緒沒有好壞之分，也沒有對錯之別，但情緒的表達方式卻有是否合理的標準，要以不傷害其他人為底線。比如說生氣的時候，砸東西、打人，這便是不允許的，這不是宣洩情緒，是對他人造成嚴重影響的行為。但是如果剛剛被人踩了一腳，對方又不道歉，這時候很生氣，面帶怒容，這是很正常的。失戀了，很傷心，想找朋友傾訴和陪伴，這也是正常的，這時他或許並不需要朋友告訴他：「你要想開一點，你要趕緊開心起來，趕緊振作起來。」但這恰恰是我們最常採用的方式，我們安慰人都會帶著明確的目的──希望對方盡快開心起來。

心理學上會鼓勵情緒體驗者跟自己的情緒待一會，去體察自己的情緒，分析原因，也會鼓勵宣洩。作為支持的一方，陪伴和理解反而是最好的，就如感冒，吃藥並不會讓感冒馬上好起來，但確實可以減輕症狀，讓身體舒服一些。換句話講，如果你一安慰，對方馬上就好起來，那可能他的情緒只是暫時被壓抑了下去，對方可能知道，也可能自己也誤以為完全調整了過來。如果在短時間內，不斷地經歷挫折跟打擊，壓抑能力超負荷運轉，就容易出現漏洞，情緒就會藉機突然集中爆發。這樣便可能出現完全失控的狀態。因此，情緒沒有好壞，但情緒的表達方式有對錯。家長真正應該做的，是幫助孩子找到合適的方式表達自身情緒。

生氣，不僅僅是因為憤怒。

我們普遍認為憤怒是因為生氣，或者生氣是因為憤怒，總之以為這兩者才是最直接連繫的。在這個案例中，我們看到孩子最後表達出來的

是憤怒，深究起來，卻發現背後有許多的委屈，以及情緒不得表達的壓抑，最後爆發出來全是憤怒。惱羞便成怒，滿肚子委屈，張口說出來都是罵對方的話，不善表達內心感受的孩子，更難以說出情緒背後的細微差別。憤怒是最容易被辨識出來，也是最容易表達的情緒，比如說不理對方，比如說把人罵一頓，摔一陣東西，看似發洩得淋漓盡致，卻並不能把情緒真正地表達清楚，對方也只是被嚇到而已，不是真正能夠理解。憤怒最易表達，也最易產生誤會，破壞關係。

在孩子成長的過程中，我們會花很多的時間去幫助孩子表達內心的情緒，透過問問題，透過告訴他們其他人面對類似問題時的反應，讓他們一點點地辨識內心感受，並用合適的語言表達出來。孩子們總有一個誤會，以為別人知道我生氣了，就一定知道我為什麼生氣，進而也知道我是覺得受委屈，覺得不被尊重，覺得不被重視，會想當然地覺得他人是自己肚子裡的蛔蟲。這與我們較少表達內心感受的習性息息相關，大家靠「猜」維持關係，不習慣講出內心的細微情感。幫孩子們重新建立表達內心的能力，對於幫助他們學會處理自身情緒，至關重要。

「內在小孩」需時時關注。

「內在小孩」其實是隱喻的說法，可以算是情緒的具象化表達。因為小孩的情緒表達是最直接、最簡單的，高興就笑，不高興就哭，餓了也哭，生氣了就噘嘴不理人⋯⋯總之，我們既寬容這樣的表達，又能非常準確地知道其中的含義。隨著年齡的增長，社會規則和價值觀對我們的影響也越來越大，「內在小孩」就被深深地壓抑到潛意識中，以防它在不恰當的時候出來搗亂。久而久之，我們就忘記了這個「小孩」的存在，以為大人是沒有情緒的，只需要日復一日完成該做的工作任務。為順應社會現實的要求，我們不得不去跟很多不喜歡的人打交道，說很多違心的

Story 11　情緒總是失控，為哪般？

話，做違心的事，展露很多表面的笑容，這其實是戴著一個「好孩子」的面具在生活，只問對錯，不講求個人意願，「內在小孩」在這樣的時候是被完全忽略的。

不過，這個「內在小孩」可不是那麼好忽悠的。你可能很少去關注它的需求，大部分時間是讓它在暗無天日的角落裡生活，總是要求它「安靜」、「別亂講話」、「聽話」，有不爽的時候也總是讓它忍著，相當於讓它一直委屈地生活著。俗話說「物不平則鳴」，長時間打壓、控制，這個「小孩」總有一天會起來「造反」，而這樣的「造反」，很多時候會讓人措手不及，應對不得。

有時間，需要時時關注「內心小孩」，詢問它的需求，帶它到陽光下晒晒太陽，它不開心的時候，適時安撫，這樣，它會生活得暢快很多。不然，總是壓抑它，把它往下按、往下壓，它總有一天會跳出來搗亂的。就如案例中的孩子，他說去打暑假工，賺了錢就全部交給父母，自己一點也不花，因為沒有花錢的地方。不喜歡買衣服，喜歡穿舊衣服，也不在意外表，隨便穿就行。一個青春期的孩子，全無「虛榮」並不一定是好事。於是，我便跟他說：「如果賺了錢，你可以交給你的父母，但是你也要稍微留一點給自己，比如說留五百塊錢給自己也好，買自己想買的東西。犒勞一下自己。」他當時有些感動地望著我，大約很少有人鼓勵他偶爾也要為自己花一點錢吧。這便是他可以用來照顧自己的「內心小孩」的方式之一。

作為父母，你會處理自己的情緒嗎？

看似簡單的問題，卻難倒很多家長。我在臨床中發現，很多父母連情緒有哪些種類都不清楚，父母面對孩子不如自己預期的表現，面對自

己與伴侶的爭吵，面對自己內心的委屈時，我問他們是什麼感受，他們卻只能說出生氣二字，更深層的焦慮、擔心、委屈、傷心，通通不見蹤影，這也直接導致家長們在面對孩子的情緒時不知所措，只想快速將孩子從情緒中拉出來。更有甚者，很多爸爸，時刻保持著高度理智和冷靜，看不出喜怒哀樂，他們用極高的技巧將情緒全部壓抑，用「講道理」來應對一切問題。爸爸媽媽認為就是要壓抑自己的情緒，都覺得這是理所應當的，和為貴，想開點，退一步，是應對情緒的所有方式。家庭教育在無意識當中傳遞給小孩這樣的觀念，漸漸地，孩子也會習慣去壓抑自己的情緒，只展現好的一面給別人看。另一方面，因為對內心感受的關注，他們又會有委屈和衝突，想表達又勉強自己不能表達。兩者抗衡，是一種更深層次的心理消耗。

　　父母都喜歡孩子天天開心，巴不得不哭不鬧才是最好，加上現代社會工作、生活壓力大，孩子一不高興，臉色一愁苦，到家原本想放鬆的父母，看著就心裡堵得慌，那句「我都這麼辛苦了，你擺臉色給誰看」很容易便脫口而出。這是一句非常有殺傷力的話，是無形的劍直刺孩子內心，讓孩子產生內疚感，傳遞「負面情緒是不好的，會招人討厭」的觀念。要開開心心才有人喜歡，沒辦法時時開心，那就裝得時時開心好了。壓抑便這樣自然而然形成。有個家長曾跟我說：「我的孩子在每次我跟他發生衝突之後，就會來哄我，逗我笑。我以前不明白，還覺得他太沒自尊了，剛吵完就忘了，現在想來，他是在壓著自己的情緒，來處理我的情緒。」家長不會處理自己的情緒，孩子在家庭中是弱者，又是父母最忠誠的守護者，因此很容易成為天然的發洩對象。另外，父母沒有成熟的應對自身情緒的能力，就需要孩子在情緒處理這方面來扮演「大人」，哄父母開心，但對於十幾歲的孩子來說，這是超出能力的沉重任務。

Story 11　情緒總是失控，為哪般？

　　這也是我一直想傳遞的概念：愛孩子先愛自己，要處理孩子的事情，先處理自己事情。錯了先後次序，便是本末倒置，無法真正解決問題。

Story 12
你要上廁所嗎？

Story 12　你要上廁所嗎？

「你要上廁所嗎？」有人詢問你這個問題的時候你會尷尬嗎？還是會很自然地回答「好啊，我們一起去吧」，或者會生氣地說「我要上廁所我自己知道」。

上廁所究竟是一個隱私的事情，還是像「你吃飯了嗎」這樣的問候語呢？

手拉手上廁所究竟是最令人嚮往的親密關係，還是為了維持好的人際關係而做的妥協呢？

上廁所，是一個非常有意思的折射點，也讓我在臨床中見證了不同的家長對於孩子日常生活的關注，而「上廁所」，恰巧是這種關注最集中、最關鍵的展現。

這個女孩子曾在剛上國一時因為適應困難，休學一年，降級復讀後到了新的班級，在班上交到了新朋友，還算順利完成國中學業。然而，她升學考試發揮失常，沒能考上理想的高中，勉強上了幾個月，依然覺得在班上格格不入，也沒有朋友，整天鬱鬱寡歡，勉強用功讀書。高中學業更加緊張，課程難度增加，原本國中成績名列前茅的她，在高中班級裡完全沒有了存在感。就讀期間，奶奶生病去世，家人怕耽誤她上課沒有告訴她，等她知道時已是一週之後，而奶奶從小帶著她，兩人關係非常好，她與父母大吵一架，將自己關在房間裡，持續一週，每天哭泣。後來勉強回學校上學，一兩週後無法堅持，家人沒辦法，將其轉去高職。在高職讀了一年，狀況基本上算順利，在高職二年級的上學期卻再次遇到了困難。

這一次，她覺得自己真的有必要做一些調整，於是主動前來尋求幫助。

她留著很長的頭髮，披散著，遮著一半的臉，談話過程感到不好意思的時候，就低頭，於是我就只能看到她的頭髮。這個女孩子其實很漂亮，但似乎總在躲閃著什麼。

她自願回來，而且有明確的目標，認為自己無法處理好人際關係，而且很不自信，遇到事情很容易逃避，她希望改善這樣的情況。確定了目標之後，我們開始進行工作。

她反覆強調自己人際關係不好，但從小到大，她都是有朋友的，每一次也是她主動跟對方絕交，每到一個新的環境，她都會結束跟之前的朋友的聯繫，並反覆表達對之前朋友的不滿。但當她與人相處時，卻是另一番景象。在與人相處的過程中，她存在明顯的討好模式。曾經因為一個閨密不斷撮合自己跟另一個男同學，這個女孩便在無奈之下答應與對方交往，她的說法是，對方一直在她耳邊不停地說，自己實在受不了，只能答應。而詭異的是，她這時明明有自己喜歡的男孩子，而且就在同班，她也清楚如果答應了閨密，自己的愛情就會岌岌可危，卻仍然選擇了答應。

後來自己暗戀的男孩聯繫她，說之前本來也對她有好感，但因為她跟其他人在一起，便放棄了。她覺得很遺憾，哭了一個星期，後來還是因為其他事情跟閨密絕交了，並從此不再來往。

她之所以下定決心要做一些調整，也跟人際關係的衝突有關。在高職時她入學沒多久便很幸運地交到了幾個好朋友，幾個女孩子同進同出，關係很好。但一段時間後，幾人之間的關係開始發生微妙的變化，她覺得自己被邊緣化了。她從不跟朋友傾訴自己的煩惱，從不表達自己想吃什麼，想去哪裡玩，更多都是讓對方做決定。朋友只要有煩惱，跟

Story 12　你要上廁所嗎？

　　她傾訴，她就會像心理醫生一樣認真聽對方講，並且跟對方分析，或者帶對方出去散心，想盡辦法讓對方開心起來。於是，朋友好像只會在需要她的時候來找她，平時幾個人走在一起，她找不到話題，又怕自己說錯話，只能看著另外幾個人聊得很開心，去上廁所也不叫她，好像把她忘記了一般。她有時對跟朋友出去不感興趣，便刻意推託，長時間自己待在家裡，覺得這樣的關係維持得很辛苦，但是在班上又沒有其他的朋友，又不想孤獨一人，非常糾結。

　　她說，最舒服的是一個人待在家裡，躺在床上什麼都不做，有貓陪著自己就夠了。她一直很喜歡貓，每次過來，看到網路上可愛的貓貓照片或者影片，都會分享給我看，還描述朋友家的貓多麼可愛。她小的時候，家裡養過貓，她很喜歡，天天追著玩，後來因為家裡的貓抓了她，家裡如臨大敵，帶她打針，並且在沒有告訴過她任何資訊的情況下，把貓送回了爺爺奶奶所在的老家。她說：「我有一天放學回家，到處找貓找不到，都急哭了，爸媽才告訴我。」但無論她怎麼哭求，父母都堅持不讓步，她說，到現在媽媽還堅信只要被貓抓一下，就會感染狂犬病，無論她擺多少科學依據都不管用，媽媽更相信網路文章上所謂的「科學」。她很無奈。她只能經常找理由回老家看看貓，然而送回老家的貓不久後不知道什麼原因走丟了，她很自責，覺得牠肯定是被毒害了，覺得是自己害了牠。後來，她想盡辦法說服家人再次讓她養貓，結果又被貓抓傷了，她小心翼翼地遮著傷口，不告訴父母，她說：「說了我的貓肯定又要被送走。」總之，在這件事情上她是沒有話語權的。

　　她很希望交朋友，但她的情感在長時間裡主要寄託在網路上，她會堅持玩一個並不好玩的小遊戲，僅僅是因為可以跟隊友聊天，並且她會在隊友消失的一段時間裡情緒波動明顯，幾週苦等對方的回覆。她在網

路上跟人聊天時會秒變「聊天高手」，各種話題信手拈來，運用各種emoji向對方撒嬌，聊天氛圍輕鬆活潑，她可以一整晚什麼都不做，就只跟對方聊天。她說：「在現實中，我就很詞窮，不斷想『為什麼沒有表情符號』，沒有用表情符號我不知道該怎麼說話。」我問她：「你在線上跟人說話就不怕說錯話嗎？」她搖搖頭：「說錯也沒關係啊，反正他們也不認識我，我也不會覺得丟臉。」形成鮮明對比的是，她在現實中人際交往如此消極，基本上不出門，有時候朋友約她出去她也不願出去，覺得無聊。無聊是她說得最多的一個詞語。因為高職的課程相對輕鬆，沒壓力，也沒有作業，她描述自己的生活就是上學、放學、吃飯、玩遊戲、睡覺，一天天重複，沒有任何意義。有時候她會心血來潮想出去，但跟朋友走著走著，就覺得好累，沒意義，便中途回來。她在人際關係中，找不到自己合適的位置。她父母的生活方式也是如此，幾乎沒有娛樂，沒有聚會，生活得平靜沒有波折，但他們似乎很適應這樣的生活，也希望自己過這樣的生活。她適應不了，但似乎也改變不了。

　　她有一句話讓我印象很深刻：「我有時候覺得無聊得想掐死自己。」沒有人陪伴的時候，她完全找不到自己的價值，但與人相處又覺得壓抑，要偽裝自己，這是個沒有鮮明自我的孩子。

　　她後來說：「我應該還是太不自信了，我都不相信有人真的願意跟我交朋友，我會勉強自己去做很多事情，但在我內心是不願意去做的。」她帶著期望的眼神看著我：「我真的很希望自己能夠更自信一些，我都快要工作了，我很擔心自己沒辦法完成好工作。」

　　「我為什麼會這麼不自信呢？」她問，「我覺得自己什麼優點都沒有，長得也不好看，成績也不好，人際交往也不好……」她一口氣羅列出自己無數的缺點，將自己全盤否定了。我看著她精緻的臉，一百七十

Story 12　你要上廁所嗎？

公分的身高，可愛的笑容，這明顯是一個很討人喜歡的女孩。但她習慣將頭髮留得很長，將大半邊臉擋住，整個談話過程中，也不時用手撥一撥頭髮，讓它們擋住更多的臉，彷彿太過暴露自己的臉，別人會有意見似的。

我於是決定詳細地了解她的家庭互動模式。

她是家裡的獨生女，父母幾乎將全部的心血都傾注在她身上。家人沒有什麼娛樂，大部分時間都是圍繞著她轉。

媽媽每天完成自己的事情後，最重要的工作便是照顧她的日常生活。這其中就包括反覆詢問她「要不要喝水，要不要吃水果」，來訪者如果回答「不要」，對方便會幾分鐘之後又問她「要不要喝水，要不要吃水果」。反覆多次後，來訪者便會不耐煩，會稍微反駁一下：「我都說不要了！」母親便會表現得很委屈：「我也是關心你。」我問她：「你媽媽委屈了，那讓你爸爸來安慰一下她嘛。」「不行的，我媽會把我爸也罵一頓，我爸也會變得很委屈。」由此，就演變成了「由喝水引發的家庭委屈」，而始作俑者變成了這個女孩。此後，大部分時間媽媽詢問她要不要吃，她拒絕一兩次之後，見媽媽還是一直問，她通常就會答應，勉強去吃水果，或者喝水。事情慢慢有了戲劇性的變化，現在的情況是，她好好地坐著玩遊戲或者畫畫，並不覺得口渴或者想吃東西，媽媽在這時候走進她房間，詢問：「要喝水嗎？」她馬上會覺得真的口渴起來，媽媽只要拿著水果進來，她便覺得想吃，吃得津津有味，且無比滿足。她本來不想洗碗，但在父母的要求下勉強去洗，洗著洗著便哼起了歌，還一邊吹起了泡泡，十分歡快，並且想著：「下次我還要洗碗。」我驚訝於她這樣的變化，但內心有很複雜的感覺，難以表達。

而這個女孩的爸爸，最關注的是孩子要不要上廁所。每次過來做治

療，爸爸都會讓孩子先去上廁所，而女孩也都會很順從地去。有一次我就忍不住問：「你是真的想上廁所嗎？」她說：「不想。」但之前試過爸爸叫的時候不去，過一會就會覺得真的想上廁所，會後悔沒有聽爸爸的。平時有吃午飯前上廁所的習慣，有一次沒有去，爸爸就問她：「你今天怎麼不去廁所？」幾乎同時，她立刻覺得肚子痛了起來，起身去了廁所。這讓我想起來龍應台曾經分享過的她與兒子相處時的一個小細節：一次聚會中，龍應台去洗手間時，順口問小兒子華飛「要不要上廁所」，兒子很不爽，答：「媽，我要不要上廁所，自己不知道嗎？需要媽來問？」龍應台被問得一愣，華飛乘勝追擊：「第一，這種問題，不是對三歲小孩才會問的問題嗎？第二，上廁所，你不覺得是件非常非常個人的事嗎？請問，你會不會問你的朋友『要不要上廁所？』」這是很多人都耳熟能詳的片段，引發很多關於青春期、關於獨立的討論。

　　很明顯，我眼前的這個女孩，她是完全不同的回應。她乖乖喝水，乖乖吃水果，乖乖上廁所，她甚至發展出樂在其中的能力。她原本不想洗碗，或者想吃完飯坐一會再去洗碗，但是媽媽反覆催她，一定要她馬上去洗，她只能勉強去做，結果，她洗著洗著竟然哼起歌來，一邊用洗潔精吹起了泡泡，一邊心裡想著：「洗碗真好玩，我下次也要洗碗。」她還講到其他的例子，跟同學一起出去，兩個人一起吃雞翅，自己明明覺得很好吃，對方吃了一口，隨意一說：「味道還行，就是太膩了。」她沒回話，再次拿起雞翅吃起來的時候，立刻就覺得太膩了，勉強吃了兩口，就再也吃不下去了。

　　她反覆詢問我：「我怎樣才能更自信一點呢？我覺得自己太不自信了。」我看著比我高出一頭，已經上高中的她，說：「你連自己的身體感覺都無法相信，怎麼能夠自信呢？」她無奈地笑笑，陷入沉思。

Story 12　你要上廁所嗎？

　　在她父母的眼中，她是一個沒有思想、沒有自我的小孩子，只要她表達一點的反感和不聽從，受傷的父母的臉便如同刻在了她的腦海裡，不斷折磨她，讓她無法承受。因此，她選擇順從，習慣成自然，壓抑反感的部分便慢慢消失了，變成了她內心「真實」的意向。她發展出「假自我」，乖巧、懂事、天真無邪，永遠長不大。於是，她的感覺、情緒、選擇，通通變換了標準，用別人的眼睛代替自己的眼睛，用別人的味覺代替自己的味覺，用別人的好壞來代替自己的好壞。我沒有說出來的部分是：你似乎把你自己都弄丟了，又何來自信呢？

　　這讓我想到另外一個很特別的孩子，才上六年級，因為一次被同學欺負打頭後，做作業時突然頭痛，無法繼續做作業，轉移注意力放鬆一段時間後能自己緩解。只是沒辦法再做作業，看到作業就頭痛，痛得嚴重時甚至在床上打滾，抱頭大叫，異常痛苦。家人帶其反覆求醫，頭顱MRI、腦電圖、頸椎X光各種檢查做遍了，均沒有發現任何異常。後來他的頭痛頻率逐漸增加，頭痛性質不固定，有時為搏動性頭痛，有時為緊張性頭痛，時輕時重，持續時間不定，最長3到4小時，最短可能1分鐘左右就能自然緩解。而且這是一個很有個性的頭痛，會選擇合適的時間地點，每逢上課時、在家做作業時、需要做不願意做的事情時等，便會出現，在被批評教育時頭痛會更劇烈。他逐漸不能堅持上學，反覆打電話給父母，要求接他回家，出校門後頭痛便會奇蹟般地消失，彷彿那道校門是神奇的魔法門，擁有奇蹟的治癒能力。而且藥物對這個頭痛也無可奈何，服用「止痛藥」不能緩解，但回家後能自行緩解。大約有一年的時間，他輾轉於各個醫院，時斷時續地上學，體重增長近十公斤。以往喜歡的事情如打乒乓球也不願意做，缺乏活力，每天大部分時間都在睡覺，但仍一副睡眼惺忪的樣子，滿臉愁容。眼前的孩子，完全沒有

十來歲男孩的動力和精神狀態，倒像個暮氣沉沉的中年人。

他的改變意願很強，目標明確，希望改善頭痛和拒學。他滔滔不絕地講述，向我表達著他內心的焦慮。他說第一次頭痛是因為班上有個女生打自己的頭，他不敢告訴老師和家長，因為對方很凶，怕對方會更針對自己，只能自己憋著，但心裡很憋屈。後來便莫名其妙地出現強烈的頭痛，有時痛到在地上打滾。他說：「我們家有很多人，爺爺奶奶爸爸媽媽。爸爸媽媽從小對我的成績要求非常嚴格，而且脾氣非常暴躁，動不動就發脾氣，會打罵我。我跟父母相處都要小心翼翼的。」接著又繪聲繪影地描述家人都有潔癖，家裡每天都要拖地，自己東西沒放好也會被大人說。家裡像是每個角落都有監控，因為自己的一舉一動都被關注著，全家人的注意力都在自己身上。他不無抱怨地說：「我爺爺奶奶都是退休老師，媽媽是家庭主婦，他們都有大把的空閒時間，每天的主要工作就是圍著我轉。每個人都不停地告訴我應該這樣做，應該那樣做，但是他們的說法有時候是衝突的。總之每個人都希望我按他們的意願去做事情。」我問他：「你不想做的事情怎麼辦呢？」他無奈地看著我：「不想做也得做呀，不然他們又要說我不聽話。」說完，想起了什麼似的，他帶點欣慰的語調說：「但是我生了頭痛的病之後，他們對我的態度好了很多，爸爸沒有再打我，家人對我發脾氣的情況也少了很多。」轉頭，他又語氣帶著憤怒說：「以前，我覺得我就是他們的出氣筒，我在家呼吸都不敢太大聲。」

接著，他就開始帶著調侃的語氣談到全家人對自己的關注。爸爸媽媽爺爺奶奶，輪番上陣，無時無刻不盯著自己看，他在家裡的房間不能關門，不時就有大人進出。喝水、上廁所，現在家人都還要管，從小他們就教育自己不要在學校上廁所，要在家裡大便，因為學校的廁所不乾

Story 12　你要上廁所嗎？

淨。聽到這裡，我忍不住張大嘴巴，這是我聽過的最特別的指令，我好奇地問：「這你也可以做到嗎？」他答：「習慣了就可以。」現在，他已經是十二歲的大男孩，長得高大強壯，家人還會每天詢問他大便的情況，並提醒他要按時大便。他說：「我覺得超級尷尬，但也會回答，我很難說服他們不要再問，只能乖乖聽從。」更特別的是，不只是一個人問，全家人可能會輪番詢問，樂此不疲。他在家裡像是一個裸體的人，毫無隱私可言。

「我一直很想養一個寵物陪我，貓或狗，或者倉鼠、烏龜都行，只要能陪著我，聽我說話就行，但家人都不同意。他們總有一堆理由：動物髒，有傳染病，會弄傷我……說著說著就變成了教育我，覺得我每天不認真學習，想東想西的，很煩。」停了一下，似乎想起了什麼，他補充說，「我現在頭痛的病嚴重了，他們的口氣才稍微緩和一點，但還是沒明確答應我。」

他對目前的生活狀況還是滿意的，覺得還過得去，是家人把上學這件事情看得太重了，但自己覺得上學沒那麼重要，偶爾不上關係也不大。每次做作業就如臨大敵，反感煩躁，接著就開始頭痛，他詳細地描述了那個過程：「那些作業本上的字突然都變得很模糊、很大，往我腦子裡鑽，頭就脹痛起來。」他反覆強調是自己沒辦法控制的，不是自己裝病，父母總說自己裝病，不理解自己。他像面對一個艱鉅的任務一般充滿著無奈：「做作業壓力真的很大，我爸媽還是要求我做，讓我克服，我真的不是裝病。」我相信他不是裝病，但他的頭痛確實是一個有「個性」，甚至可以說有「人性」的頭痛，表達著他的抗拒、壓抑、委屈，承擔著保護他的責任。

上學對他來說確實是一件痛苦的事情，他一進到學校就覺得緊張、

壓抑，很不自在，覺得老師時刻都盯著自己，教室裡人太多，憋得慌。學校裡的所有規則他都很反感，覺得是一種束縛，但只要他在學校，他一定會是最遵守規則的那一個。那是因為他害怕懲罰。害怕作業做不完被懲罰，上課不認真被懲罰，不遵守紀律被懲罰……特別是老師提問，一叫到他的名字，他簡直如收到催命符一般，直冒冷汗，說話也結結巴巴。所以，他頭痛之後，家人就跟老師溝通，不再點他回答問題。因此，頭痛於他而言，確實是保護傘。他自己做出了分析：可能是在家裡被關注太多，規矩太多，學校有一點規矩就特別難受，其實老師並不是很凶，只是講課有點死板。不過，這是他理智上的認知，在他內心，還是把學校和家庭連結起來了。

跟這樣的孩子工作，我會在過程中盡可能多地製造機會讓他們去表達，去發表自己的想法，會有較多的詢問：「你怎麼看呢？」、「父母是這樣想，那你的想法呢？」一開始，他們都較迷茫，說：「我也不太知道自己的想法。」我就換個問法：「你有沒有比較羨慕其他人的狀態？希望自己變成他的樣子？」、「在面對這樣的事情的時候，你的感受是怎樣的呢？」總之，這個過程並不容易，這是幫助孩子逐步尋找自我，逐步去確認自己內心想法的過程，信心、主見，都需要經歷這樣的過程才能逐步建立。

曾經跟一群青春期孩子的家長們有一個很有意思的討論，關於「聽話」和「有主見」，我問他們：「你們希望未來孩子是什麼事情都聽別人的，還是有自己的想法和主見呢？」顯然，這是一道送分題，家長們都選擇了有主見的孩子。我又換了一個問法：「那現在呢？你們是希望孩子聽話，還是用各種方式跟你表達他們自己的想法呢？」很多家長有點尷尬地笑了，小聲說：「還是聽話好。」家長們在這裡有一個普遍的幻想：

Story 12　你要上廁所嗎？

等孩子長大了，成年了，自然就會變得有自信，變得有主見起來。而現在，還是聽我的最好。

接著，我們又討論起「信任」和「擔心」的問題，就如上面兩個案例所呈現的，這兩對青春期孩子的父母，連孩子「渴了自己知道喝水，急了自己知道上廁所」都無法信任，堅信孩子需要自己時時督促，若擴及其他方面，比如說孩子選擇什麼樣的朋友，讀什麼樣的學校，將來走什麼樣的人生道路，又如何能做到信任呢？所以，家長們一致回答：「哪有做父母的不擔心自己孩子的？」是的，每個父母都擔憂，甚至充滿著對孩子坎坷未來的恐懼，每走一步，都擔心他跌倒，恨不能時時扶著他，或者乾脆代替他走才能安下心來。然而，家庭教育跟學校教育類似，需要更多理性的參與，需要家長在行動之前問一句「這樣做是不是有利於他的成長？」而非單純為了緩解家長的焦慮，不問孩子上不上廁所就不安心，不問孩子喝不喝水就不安心，甚而，孩子說不想上廁所的時候也要質疑一下。如此這般不信任，孩子又如何能相信自己呢？

孩子的自信，源於父母對其能力的信任。隨著孩子的成長，將決定「何時上廁所」的權利交還給孩子，才是真正的獨立教育。

Story 13
普通家庭的「富二代」

Story 13　普通家庭的「富二代」

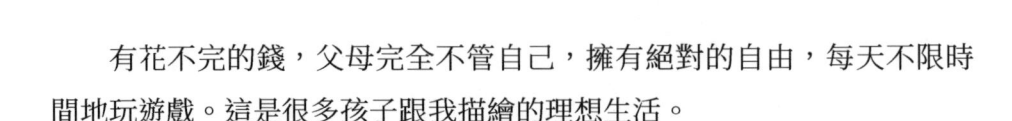

　　有花不完的錢，父母完全不管自己，擁有絕對的自由，每天不限時間地玩遊戲。這是很多孩子跟我描繪的理想生活。

　　最難的一點當然是：擁有花不完的錢。沒有幾個父母是億萬富翁，卻不知為何，孩子們心中都不斷做著富二代的美夢。或者更準確地說，在長期的生活中，父母確實讓他們的孩子過上了「富二代」的生活。

　　這個孩子是一個讓我總是對他愛恨交織的對象，我為他很多理所當然的觀點恨得牙癢癢，又為他完全不符合年齡的舉止言行忍俊不禁，他過著巨嬰一般「富二代」的生活，並且樂此不疲。

　　他家人找到我，一方面是因為他有明顯的社交恐懼，害怕出門，一到人多的地方就緊張；另一方面是因為他脾氣暴躁，動不動就在家裡發脾氣、砸東西，嚴重時甚至砍斷天然氣管線，威脅要跟家人同歸於盡。他極度自卑，又極度自信，與父母難分難捨，又對一對任勞任怨的老父母極度不滿，動不動就惡言相向。他長得很胖，走路都有些吃力，不滿意體型，但又無法下定決心減肥，必須餐餐不離肉，不然又要大吵大鬧。他幾乎沒有朋友，但很渴望友誼，他生活得事事如意，卻又似乎沒有一件事是完全順心的。他矛盾、憤怒、悲傷，他逃避、恐慌、不知所措。

　　好在，他告訴我：「我希望自己可以變得更好，所以來找你。」

　　他零零散散地跟我講述很多他的故事，我饒有興味地聽，不批判，不評價。

　　他說，有一次坐公車，一個老人家，看到他長得太胖，一直玩手機，還不讓座給老人，便教育者上身，當著全車人的面訓斥他。大意便是不知道他是怎樣的好吃懶做才會長這麼胖，長這麼胖還不減肥，還不

懂禮貌，家人沒有教育好他，自己要代替家人教育教育他，現在的小孩子真是沒救了。他當時非常氣憤，但是一句話都沒說，硬撐著坐到站，逃下車。自此之後他就害怕人多的場合，不敢再坐任何公共交通工具，公車、捷運，只要一坐上去便會緊張得渾身冒冷汗。他的爸爸就每天開車一個多小時，接他上學放學，有時晚接他了，他還會發脾氣，將爸爸臭罵一頓。我笑他：「那你就相當於有一個專職司機了，還不用付薪水的。」他不好意思地笑笑說：「是他們自己要接我的。」

現在他會想挑戰一下自己，向父母提出坐公共交通工具去鍛鍊。說公車上如果有跟自己一樣胖的人，自己坐在旁邊就會很放鬆，如果是那種西裝革履，像成功人士一樣的人，自己就不敢坐在對方旁邊，會覺得比對方低一等。

他還有一個恐懼：異性。迄今為止，他從來不敢主動跟異性說話，在班級事務中有異性班級幹部找上自己，也會非常緊張，強裝鎮定應付式地回答完後，便馬上走開。他說：「讀了這麼多年書，我基本上不知道班上的女生長什麼樣子。」我表示不信：「怎麼可能？」他無奈地說：「真的，我從來沒有正眼看過她們。」我鍥而不捨：「那也可以用餘光偷偷瞄一下的吧。」他誠實地回答：「沒試過，我怕別人看出來會罵我神經病。」在他眼中，女孩子成了恐怖的生物，隨時可能會罵他、鄙視他、貶低他，總之遠遠躲開是最安全的。無論對方長得高矮胖瘦，他都覺得對方會嫌棄他，不敢與對方對視。我於是問：「那你以後談戀愛結婚怎麼辦呢？」他皺著眉說：「我也不知道。」後來，他成功地找到一個自我安慰的方法：沒有女朋友也可以，每天玩遊戲也挺開心的。我表示懷疑：「真的嗎？」他說：「是啊，跟女孩子相處太麻煩了，打贏了遊戲我也一樣開心。」確實，與人相處本來就很麻煩，與異性相處更複雜，他選擇避開這

Story 13　普通家庭的「富二代」

些麻煩，尋找最簡單、最直接的娛樂方式。

他確實是這樣實踐的，遊戲成為他所有的娛樂和快樂泉源，他不嚮往與同齡異性的親密關係，每天上學、回家，把全部的精力投入遊戲中，投入與家人的糾纏中。我嘗試向他描繪與另一個人親密無間、相互支持，找到一個真正理解自己的人的美好生活，他懷疑地看著我，眼睛裡寫滿：「真的有那麼好嗎？」好像我在講童話故事一樣。停了一會他說：「可能吧，但我真的覺得大概也跟玩遊戲贏了的感覺差不多。」我無言以對。

他對自己的評價非常低，他形容自己「就像垃圾一樣，一無是處」。他覺得學校的同學也嫌棄自己，有幾個同學只要自己一靠近就離開，好像自己身上帶著病毒一樣。他很想交朋友，但是不知道怎樣才能交到朋友，找不到合適的話題去跟別人聊天，又不肯幫別人做一點小事，覺得自己吃虧，希望對方能多遷就自己。所以，可想而知，他的人際關係得有多糟糕。他說：「我在班上就像空氣一樣，很多人根本就注意不到我的存在，我幾天不去上學也沒人知道。」他曾經很認真地跟我說：「我很想像賓拉登那樣可以掌控別人的命運，能被人記住，在好的方面被人記住太難了，做壞事被人記住比較容易。」這是我見過的很多青春期的孩子在無法得到恰當的自我認同時，容易產生的偏差而極端的想法，雖然他們大多數不敢真的去做，但我仍感覺到自己身上的責任。這個世界總是喜歡錦上添花，優秀的孩子能輕易吸引到所有人的目光，而另一群沒那麼優秀，還不怎麼聽話的孩子，他們的心理需求，無人問津。然而，他們也渴望被看見，渴望有人欣賞自己。一念之差，可能會是完全不同的結局。

他曾在上國中時，因為班裡的英語老師經常批評他，說他考不上高

中，只能去讀高職而已，甚至讓班上的同學少跟他接觸，所以對英語非常反感，上英語課基本上不聽課。加上學習壓力逐漸加大，無法達到之前的學習成績排名，每到考試，他都非常緊張，生怕自己考不好。國二時，實在堅持不下去，他便從教學樓二樓跳了下去。但他說得很清楚，並不是想死，只是想讓學校和家裡同意他不上學。他摔斷了腿，坐了一個學期的輪椅，媽媽每天推他去學校，然後在樓下的小教室裡等著，以便他有什麼緊急情況老師可以隨時找他媽媽處理，就像小學生陪讀。我當時問他：「你跳的時候不怕嗎？」「不怕，我知道摔不死。」我更困惑：「摔不死但摔殘廢了不是更痛苦嗎？」他笑著說：「摔殘廢更好，這樣我爸媽就要養我一輩子了。」我一時沒有解讀出來其中的資訊，反問他：「養你一輩子？」他肯定地說：「是啊，我都殘廢了難道還能工作嗎？」我那一瞬間找不到合適的方式回應。我也算見過想以各式各樣的方式留在家中，逃避壓力的孩子，但欣然接受自己殘廢，希望用這樣的理由讓父母養自己一輩子的說法，我還是第一次聽說。我看著眼前這個胖胖的，像巨嬰一樣的孩子，為他的幻想感到擔憂，更不知道他的父母聽到他這樣的話，會作何感想。

我很有興趣了解他的成長背景、家庭環境，發現這是很有意思、感情深厚，又彼此折磨、痛苦常伴的一家人。

這是一個典型的華人家庭，勤奮工作的父親和全職媽媽。媽媽所有心思都在照顧孩子、經營家庭上。媽媽總是焦慮，擔心自己做得不夠好。她希望培養出一個優秀的孩子，從小便對這個孩子要求非常嚴格，每天做作業都要在旁邊陪著，定時檢查，只要考差了，輕則一頓打罵，重則夫妻二人合作，「混合雙打」。孩子心裡不服氣，堅決不哭。越是不哭，媽媽越是生氣，一直打到沒有力氣為止。並且，每次教訓時，他

Story 13　普通家庭的「富二代」

們都必然要求孩子跪在地上，規規矩矩地受著，不可反駁，不能亂動，否則會被加倍懲罰。於是，孩子想盡辦法藏試卷，改分數，每日戰戰兢兢，生怕惹母親不高興。爸爸忙於工作，基本上不管家裡的事，每每母親跟老公告狀，訴說孩子的種種惡行，爸爸便一頓暴打解決。而另一方面，對於孩子的種種要求，特別是金錢方面的需求，他們幾乎是有求必應的。家庭開銷只靠爸爸來支持，經濟狀況普通，但他在同學的印象中都是富二代般的存在，總是有花不完的零用錢。他酷愛鋼彈，便總是能買各式各樣的鋼彈積木，請同學吃零食也是家常便飯，他總有辦法讓父母答應他的要求，屢試不爽。國中之前，他在這樣的教育之下，是父母面前懂事乖巧、老師眼中勤奮好學的好孩子，沒有關係特別好的朋友，但在班上也算受歡迎。

　　從小到大，他有一個自己的小本子，上面清楚地記錄著父母哪天罵了他，具體罵了什麼，哪天打了他，他心裡有多不服氣。我問他：「記錄下來是為了什麼呢？」他說：「我也沒想好，我會經常拿出來看，然後想等他們老了，我也這麼對他們。」他的父母當時也在身邊，哭笑不得地看著他，無奈地說：「你就只記得我們對你不好，我們平時對你那麼好，你全都忘記了。」他也笑，談起父母打他，他並沒有咬牙切齒，反而不時地笑，像個不記仇的小朋友。只是他對父母說話比較不客氣，有時對父母罵髒話，父母話語稍不中聽，便叫其「閉嘴」，儼然是家中霸主。

　　只有在跟父母談條件時，他的態度才會非常和善，對媽媽一口一個「美女」地叫，誇得媽媽都不好意思起來，又娓娓道出自己需要錢的用途、必要性，讓人幾乎找不到拒絕的理由。他對爸爸就直接很多，一開口便是要多少錢，用他的話說，爸爸是「人傻錢多」，說什麼都答應，基本上不會拒絕人。我問：「爸爸媽媽從來不會意見不合嗎？」父母便說：

「他很聰明的，他從來不會同時跟我們提要求，都是把我們拉到房間，分開來跟我們說。」我笑道：「各個擊破。」媽媽便滔滔不絕地陳述：「就是呀，他很會挑時間，會找我跟他爸爸心情都比較好的時候，很鄭重地把我或者他爸爸叫到房間，跟我們說他的要求，我跟他爸爸很多時候都不知道他在不同的時間跟我們說了同樣的事情，糊里糊塗地就都答應了。」這話成功地引起了我的好奇心，忍不住問：「怎麼糊里糊塗呢？」媽媽苦笑著說：「比如說，他會跟我說爸爸已經答應了，那麼要說話算數，跟爸爸就說我已經答應了，我老公通常就不會多問。」這個已經上高中的孩子，在一旁壞笑得像個詭計得逞的小男孩。我覺得有些不可思議：「難道這麼多年，你們夫妻都沒有識破過他的小伎倆嗎？」「我們知道的時候，通常都已經答應他了，也不好反悔。我們倆平時都是各自忙各自的，很少有機會交流，他工作也忙。」爸爸在一旁無奈地說：「除非他有求於我，不然平時是很少會跟我說話的。」

有一年國慶節他與父母一起回老家。有一天，父母要出去探望其他親戚，他不願意去，想待在房間裡自由地玩手機。結果沒想到，家族裡的長輩們自發地闖過來，希望擔當起教育他的義務。一屋子長輩，七嘴八舌地說他：整天玩手機，不讀書，不體諒父母辛苦，又說他長這麼胖還不減肥，等等，嘮叨了一大通。他聽得心裡一肚子氣，又不敢反駁，又不好走開。於是，他突然變得非常憤怒，心裡壓著一股火發不出來。怎麼辦？他向父母發簡訊打電話，用髒話罵父母，並且命令父母馬上過來，不然就等著為自己收屍。是的，確實是命令，發了一堆恐嚇簡訊之後，他便直接關機。爸爸收到簡訊後非常緊張，趕緊回家，一路上兩夫妻嚇得心臟病都快發作了，爸爸幾十歲的人，硬是飆起車來，好幾次都差點撞上別人，急得不得了。

Story 13　普通家庭的「富二代」

　　好不容易趕回家，他卻正好好地看著電視。父母還沒來得及發脾氣，他立刻變臉，罵父母出去這麼久，不管自己死活。吃飯的時候他很生氣，直接把爸爸的飯碗扣翻了，爸爸沒有說什麼，重新盛了飯自己吃。父母都怕刺激他更生氣，沒有與他發生正面衝突，盡量讓著他。爸爸媽媽在說這件事的時候，明顯還有些害怕，聲音都不太自然，但這個孩子面帶壞笑，像孩子般天真，彷彿玩一個精彩絕倫的遊戲獲得了勝利：「我沒想那麼多，只想嚇嚇他們。」我問：「什麼原因要嚇他們呢？」他說：「誰叫他們不在我身邊，他們在的話，親戚就會給他們面子，就不會那樣說我了。」我說：「也就是說你需要的時候父母必須在你身邊？」他笑一笑，沒說話。「那你說那麼多狠話威脅他們是為什麼呢？」他很誠實地回答：「只有這樣他們才會快點回來，我好好說的話他們肯定不當回事。」「你很了解你的父母。」他有些驕傲：「本來就是這樣。」我很好奇，問：「似乎在你眼中，爸媽是無所不能的，也應該是隨傳隨到的？」「我需要的時候，他們不在，我就會很生氣。」這是一個很有意思的現象，這個孩子到快成年的時候，還堅信自己對父母有支配權，覺得自己是全能的，世界是圍著自己轉的。而他所使用的方式，也是如小孩子般威脅哭鬧，將所有的心思和精力都花在讓父母妥協上，並樂此不疲。父母一邊疲憊不堪，一邊又苦於應付，一家人來回周旋，無法脫身。

　　這真是一對超人父母，全職全能的父母，一直以來努力做到在父母這個職位上獲得一百分，只要孩子需要，便會第一時間出現在他身邊，用盡全力去賺錢，花力氣為他解決一切問題。一般來講，只有孩子處在嬰兒期的時候，媽媽才能做到隨叫隨到，孩子的哭聲就是聖旨，媽媽必須放下手中的一切去幫助他。當然，那時候孩子的需求是比較容易滿足的：餵奶、換尿布、逗他玩、解除他身體上不舒服的感覺……這些大約

是每個媽媽天生具備的能力。我佩服這對父母，隨著孩子不斷長大，他們自己的身體也長出「三頭六臂」，不眠不休地陪在孩子身邊，將工作範圍延伸到學校，延伸到社會，一直嘗試竭盡全力為孩子保駕護航。然而，他們心裡卻清楚，孩子已經是高中生，應該可以稍微放下一些，自己也可以偶爾透透氣，沒想到孩子卻不讓，奪命連環 Call 一個接著一個，哭沒用就來威脅，威脅沒用便動手打人。總之在這個孩子心中，父母隨傳隨到是天經地義的。既然是天經地義，那就不存在感恩一說。父母只會在沒有做到，或者做得不夠及時的時候，引來他的憤怒。

這就是為什麼過度付出換不來感恩。既然父母是如孩子手腳一般的存在，完全由孩子支配，當然也必須聽孩子的指令。而我們人，是不會向自己的手腳道謝的，因為支配它們去做事，天經地義。

他說媽媽好像自己的傭人，自己什麼事情都不用做，她都會幫自己做。「比如呢？」「我打遊戲，讓她幫我倒水，她就會幫我倒。我想吃什麼菜她都會幫我做。家裡的環境我也從來不用打掃。去哪裡我都是讓她帶著我去，我從來不記路⋯⋯」我感嘆：「這樣看來你媽媽對你來說還是很重要的嘛。」他點頭承認，但馬上補充：「但是也很煩，整天嘮嘮叨叨，說我這不好，那不好。」

這是很難應對生活變故和挫折的一家人。丈夫勤勤懇懇工作，妻子全心全意照顧家庭，對未來的全部期待都寄託在孩子身上。經濟狀況原本普通，卻從小學開始便為孩子請家教，將兒子的時間安排得滿滿的。考上名校，父母履行諾言，為孩子買了手機，由此他開始迷上游戲。

他最厭煩家人管他玩遊戲，父母是為了獎勵他考上不錯的國中才幫他買了手機和電腦，從此遊戲成了他唯一的愛好。沒有特別安排的時候，他可以一整天坐著打遊戲，甚至不上廁所不吃飯。父母叫他吃飯或

Story 13　普通家庭的「富二代」

者上廁所的時候，他會非常反感，有時甚至會罵做好飯等他吃的媽媽「賤人」、「賤女人」。父母為他制定無數次「手機使用時間表」，讓他簽字畫押，也全無用處，他有千百種理由拖延時間，最終父母只能放棄。

他深知，父母不在身邊的時候，他是完全管不住自己的：沒有父母每天當鬧鐘，他起不了床；沒有父母提醒他做作業，他必定要淪落到深夜趕作業的地步；沒有爸媽提醒他玩電腦的時間，他完全不知道自己到底玩了多久……他很誠實地說：「我很嚮往沒人管的生活，自由自在，做夢都想過那樣的日子。但我知道自己自制力很弱，沒人管我都不知道自己會過成什麼樣，可能我澡都會十天半個月不洗。」換句話說，他深信自己離開父母是活不下去的，但這並不妨礙他對父母的諸多不滿。「相愛相殺」的親子關係，每天在他們家上演。

我們大概都會以為父母為孩子付出了這麼多，孩子一定會感恩，會懂得體諒父母。這大約是很多父母的期盼。父母期待著自己年輕時全心全力為孩子付出，給予孩子最好的一切，到年老時，會換來溫馨的「母慈子孝」的場面，孩子會如自己對他一般對自己。看過太多家庭後，我愈加發現這一幻想的不切實際。

這個孩子就對父母有無數的控訴：爸爸媽媽只是把我當成未來養老的工具，讓我努力讀書也是為了將來能夠贍養他們，並不是因為愛我；而且他們說的話我都記得一清二楚，證據確鑿。比如，媽媽會經常說：「我這輩子最後悔的事情就是生下你，我養條狗還會搖尾巴，生你一點用都沒有。」比如，爸爸會說：「你現在不好好讀書，將來自己都養不活，又要怎麼養我們？」他們平時跟我說話也都是貶低我的，說我這個樣子，將來只能去掃馬路，可能掃馬路都沒人要我；說我「眼瞎」，說我是個「廢人」，說我「沒長手」，總之就是一無是處。而且他們跟我說話的態

度也很不耐煩，總是說「你不會自己拿啊？」、「你沒長手啊？」、「你是大爺啊？」我突然饒有興致地問：「但是他們還是會幫你拿，幫你做對嗎？」他撇撇嘴，說：「是會幫我做，但是態度那麼不耐煩，我覺得還不如我自己做。」當然，我們都清楚他這話只是說說而已，有人照顧，或者說服侍，還不用自己付出任何代價的生活，總是讓人欲罷不能的。語言的攻擊，在這個過程中，起不到訓練行為的作用，只是在不斷傷害感情，累積憤怒，這些憤怒，阻礙著感恩，讓父母的付出變成了帶刺的玫瑰，讓孩子靠近不得，又捨不下。

他很多時候會失落地說：「我覺得我爸媽早就不想要我，不想管我了，他們生氣的時候說的才是真話。」每次爸爸媽媽在場，聽到他這樣的表達，都會非常驚訝，他們解釋，他們真的為孩子付出了很多，他們這一代的父母，都是這樣做的，他們的生活就是圍著孩子轉，他們覺得這是應該的。他們再三保證內心並不覺得孩子很差，更不可能放棄，孩子說只記得他們對他的不好，不記得他們好的時候，讓他們想得太多，才會心情不好。這個胖胖的男孩，聽到這樣的話時，總是很天真地笑，嘴上說：「誰叫你們經常說不要我，後悔生我？」我知道他內心在這一刻是安定的，他保持著孩子般的天真，相信父母說的所有話。所以，這種安定會讓他們之間的關係暫時平穩下來，直到父母再次因為他的某一些行為情緒失控，再次說出同樣傷人的氣話。如此循環往返。當然，每一次的確認，都會讓他的信心增加一分，引導著彼此間的關係朝好的方向發展。

過度付出的父母，很少有付出時是開心的，都是滿腹抱怨和威脅拋棄的語句。就像這個孩子所說的，他問一聲「杯子在哪？」媽媽便會沒好氣地回答：「你眼瞎啊？不會自己找啊？」當然，這還是在心平氣和的前

211

Story 13　普通家庭的「富二代」

提下，若是爭吵起來，媽媽情緒激動之下就會說，「要死就去死！」、「我就當從來沒生過你！」、「我怎麼會生下你這麼沒用的東西！」孩子就真的曾經在這樣的言語中，砍斷天然氣管線，拿著打火機威脅父母：「好啊，那我們一起去死！」嚇得父母趕緊關了天然氣開關，而後一家人莫名一起哭起來。而同時，媽媽似乎也總放心不下孩子，永遠要不停地叮囑，出門要不停地催促；擔心他成績不好，用從牙縫中省下來的錢，為孩子請家庭老師。大約是這份工作實在太難做了，媽媽總是想辭職罷工，然而，「辭職信」在內心寫了千百遍，在口中喊了上萬遍，也總沒有上交生效的時候。孩子永遠不給自己這樣的機會。另一方面，經歷了十幾年的家庭主婦生活，面對外面的世界，媽媽也同樣懷有恐懼。

　　這樣的拉鋸戰對現狀沒有絲毫改變，只是不斷破壞著彼此的關係，讓憤怒和仇恨越積越多，一點點沖淡用金錢和生活照顧堆砌起來的愛意。

　　如果說，真正的富豪家庭的孩子，也就是我們所說的富二代，所受的傷害來自父母忙於賺錢，缺少陪伴，在孩子需要的時候缺乏支持的話，那普通家庭的「富二代」就是另外一副樣子。他們的父母，就如我們故事中講述到的一樣，並非富甲一方，頂多只算小康，但卻省吃儉用，讓孩子生活得奢侈而隨心所欲。他們希望孩子不要吃自己以前吃的苦，因此，他們也是用錢來表達愛，只是這錢來得太不容易，花得他們很心痛。既然心痛，就難免抱怨，既然抱怨，也就很難充滿愛意地與孩子相處。積怨久了，就變成了無處不在的憤怒。孩子接收到的就是父母對自己時時處處的嫌棄，親子之間形成的是不安全的依戀關係。

　　這類家庭的父母，同樣不懂得表達對孩子的愛，也不懂得表達內心感受，他們以為對孩子有求必應、隨傳隨到便是最大的愛，並且滿心期

待孩子會因此感恩，因此全家和樂融融。但錢跟愛是無法畫等號的，特別是在孩子心中。由此，便衍生出許多失望來，失望積聚，引來憤怒。

為人父母，一定得先照顧好自己，先滿足自己的需求，才能照顧孩子，滿足孩子的需求。我不贊成過度誇大父愛母愛，過度宣揚父母無私奉獻，縮衣節食為孩子提供好的生活、教育條件。父母首先是人，其次才是父母。生而為人便有屬於自己的需求，若因為有了父母這個身分，就要勉強自己去壓抑作為人的正當需求，那他（她）作為父母也是不可能成功的。

孩子從嬰兒時以為父母全知全能，到不斷經歷挫敗，接受父母也有不能做到的事情，接受現實世界的真實和不順意，這個過程，就是成長。以為父母永遠無所不能，要求父母永遠隨傳隨到，永遠活在這樣的幻想中，孩子便永遠都無法長大，更不可能真正走出家庭。

從這個角度講，父母愛自己，也是促進孩子成長的有效方式。普通家庭有普通家庭的溫暖和快樂，在親子關係中，學習表達愛，遠比拚命賺錢，要更重要。

Story 13　普通家庭的「富二代」

Story 14
希望生病

Story 14　希望生病

誰會希望生病呢？

傻瓜嗎？

非也。這群孩子可不傻，非但不傻，還幾乎都是或者至少曾經是成績優異的好學生。他們的「病」也奇怪，不痛不癢，所有的身體檢查都是健康正常的，然而，他們的痛苦又是那樣的真實，症狀也是那麼明顯，家人焦慮著急，卻也無可奈何。

我們將這種現象稱為用身體來為內心「說話」。這些病，都極有「個性」，而且能幫助孩子們表達無法言說的內心感受，得到一直求而不得的「理想生活」。

在不同年齡的孩子中，這種透過「生病」來表達內心需求的情況都普遍存在，甚至逐漸變成了一種長在他們身上的「寄生物」，擺脫不了，使他們陷入「病人」角色，無法自拔。

我們透過不同年齡階段的三個案例，來看看這個過程。

第一個是一個小女孩，才十歲，是因為持續一年不明原因的頭暈、發作性呼吸急促，來找到我的。

第一次治療，進入沙盤室，她沒有像其他孩子一樣表現出明顯的興奮，但我看到她看沙具時眼中的光彩。於是我告訴她：「感興趣的話可以去挑你喜歡的。」她端正地坐著，看起來有點僵硬，說：「不用了，我也不太感興趣。」只是眼睛還是瞟著架子上的沙具，我於是再次發出邀請。她還是坐著沒動，跟我解釋說：「這些應該很貴吧？還是不用了。」我又詳細解釋了一下這些都不貴，都可以玩的。她仍沒有動，再次跟我說明她的想法：「我對什麼都不太感興趣，我也不知道自己喜歡什麼，我只做需要做的事情。」一個十歲的孩子，一本正經地跟我說「只做需要做的事

情」，莫名地，我內心有些悲涼，對她生出憐惜來。

　　一個小時的時間裡，這個十歲的孩子一直坐得端端正正的，偌大的沙發椅子，她只坐在前端，恭恭敬敬的，隨時準備聆聽訓誡的樣子。她很鎮定地跟我描述自己第一次發病的經過：自己本來好端端地在寫作業，弟弟突然一隻鞋子飛過來，打了自己，她心裡很氣憤，不過沒有發作，只是低頭不說話，後來慢慢就感覺呼吸加快、加深，喘不過氣來，而且頭非常暈，像哮喘發作一般呼吸短促起來。我於是問她：「那你家人這時候怎麼做的呢？」她便答：「他們都圍著我，叫我放鬆，但是我好像控制不了自己的身體。」「能聽到他們說話嗎？」她認真想了想說：「能聽到說話聲，但感覺很遙遠，聽不清。我整個人迷迷糊糊的，不知道自己做了什麼。」

　　無奈，家裡的爺爺奶奶立刻將父母叫來，將她送到醫院，又是做全身檢查，又是吊點滴，又是吸氧，兩天之後情況才慢慢好轉，出院回家。這兩天家人非常緊張，寸步不離地守著她，對她的態度也是前所未有地好，好吃的好玩的，有求必應。當然，這也通常是我們對待生病孩子的關愛態度。家人看她慢慢好起來了，就送她回學校上學，但她只在學校待了半天就待不下去了，頭暈得厲害，天旋地轉一般。家人只能將她接回家，但是她在家裡也是一看見書本就頭暈，呼吸短促的情況每 2 到 3 天就會發作，家人無法，只好讓她一直在家待著，差不多一年的時間都沒有去上學。

　　她對很多事情都描述得很清楚，一邊講一邊像大人一樣撥一下額前的瀏海，接著抬頭挺胸看著我繼續說。她大部分時間都語氣平靜地敘述事情的來龍去脈，不帶明顯的情緒，像是在回答老師的問題，而不是在分享自己的經歷。我驚訝於她超乎年齡的淡定。

Story 14　希望生病

　　只有談到弟弟時她才會恢復成一個十來歲的孩子一般，情緒激動，帶著慍怒，說話的聲音也提高幾度。完全不需要我提問，她就自顧自地說起來，說弟弟多調皮，經常無緣無故地打別人，自己跟他玩的時候他也會打自己，所以自己跟朋友出去玩的時候，都不想帶弟弟，不然會得罪同學。外公外婆比較偏心弟弟，所以經常數落她：「就只知道自己出去玩，對外人比對自己弟弟還好！」她心裡覺得委屈，不過從不反駁。「為什麼不反駁呢？」她答：「反駁了也沒用，他們又會說我不懂事，沒有個做姐姐的樣子。」接著，又想起很多對弟弟的不滿來。

　　自己跟弟弟發生爭執，明明是弟弟先動手打自己，外公外婆沒看到，自己還手的時候弟弟就假哭，外公外婆就過來了，不由分說地罵自己：「你做姐姐的怎麼不讓著弟弟？整天把弟弟弄得哭天喊地的！」弟弟就在一旁哭得更大聲了，有時候，自己還會因此挨打。不過她說的時候，看不出委屈和難過，只稍稍有點憤怒。我便問她：「你會跟外公外婆解釋嗎？」她憤怒更強烈了：「我一反駁，他們就會說我執拗，頂嘴，不承認錯誤。」確實是很典型的老人家的教育方式。她又補充說：「弟弟這麼調皮，老師也經常向家裡反映，爺爺奶奶卻很少教育弟弟，最多稍微說一下。」我問：「說什麼呢？」她回答：「說下次不要再這樣了。」

　　這還沒完，過了一會，她又想起一些事，又跟我說起來：「弟弟很壞的，經常作業也不做，還要我幫他做，只知道打遊戲、看電視。」我說：「你還要幫弟弟做作業嗎？」她無奈地說：「他讓我幫他做作業時就會說很多好話，而且我不做的話，外公外婆又會說我不教他。」我聽出她的委屈和憤怒來，就問：「你家裡人知道你的想法嗎？」不出意料，她搖搖頭。家人一無所知，在家人眼中，她是特別懂事，讓人特別省心的孩子，做得跟家人期望中的一樣，「要懂事，要乖，要讓著弟弟」。

在家人看來，她對弟弟非常好，跟弟弟關係很好，兩個人經常在一起玩，有說有笑的，弟弟很喜歡跟著姐姐。他們有很多的例子來證明自己的觀察，比如說，有人在學校給了姐姐一包零食，她一點都不會吃，原封不動地帶回家，給弟弟吃。平時家裡人要弟弟做家務，她都幫弟弟說話：「他還小，我來做吧。」她生病之後，弟弟就被外公外婆帶回了老家，而她留在這邊，跟爸爸媽媽在一起，於是，她會經常主動打電話給弟弟，不過，弟弟大部分是不接的。

　　家人很鼓勵她這樣的「小大人」的作風，比如：因為父母開工廠，旺季的時候需要兩個孩子幫忙打包，她一天站五六個小時，勤勤懇懇地認真工作，不管父母在不在，都絕不偷懶。弟弟卻是另外一個樣子，到工作的時間，就躺在一堆包裝袋上睡覺、玩遊戲，爸爸媽媽看見了，便會說：「你看你姐姐多勤快，你這麼懶。」說歸說，弟弟依舊躺著，一動不動。

　　生病之後，風水開始輪流轉了。弟弟在她生病之後就被送回了老家，由爺爺奶奶帶著在老家上學。父母原本是開工廠的，全年無休，趕貨的時候要加班到深夜，兩個孩子基本上都是外公外婆來教育。老人家經常跟父母彙報兩個孩子的表現，多以告狀為多，於是，父母通常都是回來打罵教育一番。現在，爸爸媽媽，特別是媽媽，幾乎天天陪著她，主要的工作就是帶她到各地看病，老家、各地城市都去過，甚至各種偏方也都嘗試過，她都非常配合，認真按照醫生說的去做。媽媽對待病中的她幾乎是有求必應的。因為她吃飯少，也會千方百計想辦法哄她吃飯，媽媽有時候會抱怨：「她生病之後好像變幼稚了、任性了。」不過，這並不妨礙她每次跟媽媽一起出現，都開心幸福，靠在媽媽身上，撒著嬌。

Story 14　希望生病

　　曾經有醫院懷疑她是癲癇發作，醫生便鄭重地告訴她，要忌口，很多東西不能吃，她嚴格遵守。她說：「我現在只能吃油和鹽，不能吃其他調味料，不然就會頭暈。」而且這個正處於身體發育期的女孩，每頓飯吃得也很少，說很少覺得餓，也沒有特別喜歡吃的菜，吃飯對她而言是完成任務。同時，因為總是會不定時地頭暈，擔心在外面發作暈倒，她現在幾乎不出門，只是偶爾跟著爺爺奶奶外出買菜，每天大部分時間都是在家看電視，彷彿過著老人家的退休生活。

　　她說：「生病之後，我看到外婆因為擔心著急，都哭了。」我問：「以前沒看到過嗎？」她搖搖頭：「至少因為我的事情是沒有的。」她也不無失落地說：「現在弟弟不在又覺得很無聊，沒人陪自己玩。以前他總是跟我搶遙控器、搶電視，我覺得他很煩，現在沒人搶了，自己一個人看好像也不怎麼有趣。」

　　不過，她依然願意過這樣的生活，她的頭暈總是不時發作。她原本沒有滿足的願望，透過生病完全得到了滿足，她也真正體驗到做孩子的快樂，並樂此不疲。

　　第二個孩子更特別，她每到考試之前就犯病，平時吃喝玩笑，都好好的，這病來得讓人摸不著頭緒。

　　第一次犯病是在小學升國中考試前。考前一週她突然發起高燒來，退燒後逐漸出現表情變呆的情況，回到學校後，跟同學相處時反應遲鈍甚至沒有反應。她總是顯得意識不清，昏昏沉沉，當然，也就聽不了課，做不了題目，同學老師都覺得奇怪、無法理解，勸她回家休養。回家後，情況更糟，她基本上不說話，大部分時間都在睡覺，叫也叫不醒，除了吃飯，其他時間都在床上昏睡，嚴重的時候連洗澡、換衣服都要家人幫忙。結果小學升國中的考試她也沒考，直接排位進了國中。這

之後就更奇怪了，雖然上了國中，但每到考試時她都會準時犯病，上了兩年國中，只參加了一兩次考試，老師非常無奈，只能搖頭嘆息。

後來，她在學校跟同學越來越難以相處，因為體型稍胖，經常被同學說「肥婆」，在跟唯一的好朋友鬧翻之後，她以「老師講課太慢，還不如在家自習」為由，直接改成在家學習。老師因為她的病也對她特別寬容，基本上不管她的出缺勤，對她回校與否也很少關注。她便果真在家讀起書來，甚至比班上一半以上的同學學得都要好。不過，她大部分考試仍然是不去的，每到考試之前也必然犯病，整個人迷迷糊糊，昏睡不醒，眼神呆滯，彷彿靈魂被人抽走了一般。

她來見我的第一句話也特別有意思：「我不覺得我考試有壓力，我覺得自己學得挺好的。」我看著她，微笑著說：「我沒有說你學得不好啊。」接著，她便滔滔不絕地說起家人對她如何好，如何寵溺她，強調從小到大，她想要的東西幾乎沒有要不到的。她又補充說：「即使當時不願意給我，我撒一下嬌，發一下脾氣，還是能得到的。」她又舉例子：「特別是媽媽，真的是把我當寶貝一樣，我長這麼大，從來沒有自己吹過頭髮，都是媽媽幫我吹，我到現在都還不會吹頭髮。」我望著眼前這個國二的學生，心想：原來她還不會吹頭髮。接著我又繼續聽她講下去。她又證明給我聽，家裡另一個人也對她很好：「姐姐小時候覺得家人偏心，偶爾會欺負我，但是現在她長大了，懂事了，現在也很寵我。」是的，她有一個大她十歲的姐姐，跟父母一起，履行著對她的教育責任。

我滿心疑問，很少有孩子來到我這裡跟我講她家人對她如何好的，更多的是倒苦水，或者直接表達希望我去教育他們的父母一番。在孩子的觀念裡，心理醫生是可以作為幫手的。她完全不同，跟我這樣一個陌生人講許多家人的好，到底想表達什麼呢？

Story 14　希望生病

　　說起學校來，她卻完全是另一種口氣，異常憤怒。因為長得較胖，好幾個調皮的男孩子都叫她「肥婆」、「胖子」，幾乎忘了她的名字。想了想，她又說：「平時他們找我都是為了抄作業，或讓我買東西給他們吃，他們都很現實。」接著說：「我們班都沒幾個人是想讀書的，教室裡整天鬧哄哄的，我想學都學不進去。」想了想，又說：「老師也不怎麼管我們，上完課就走，我趴著睡覺，整個上午都沒聽課，老師也不管。」接著，她補充了一個重要的資訊：「我隔一段時間會回一下學校，但是老師、同學好像沒看到我一樣，也不問候我一聲，老師也當我不存在一般，照樣講她的課，我回不回班級，跟他們一點關係都沒有。」她分析的理由是：可能老師覺得我的成績普通，不想管我了，只要我不為她添麻煩就好了。我問：「老師不是怕管你嗎？」她很驚訝，立刻否認：「怎麼可能，她怎麼會怕我？」

　　她希望老師、同學是重視她、在意她的，只是，當他們將注意力放在自己身上的時候，她又不知如何去面對這樣的在意。

　　國一時，國文老師是班導師，脾氣很大，經常罵大家，但對她很看好，就讓她當了小老師，需要記不認真完成作業的同學的名字。她老老實實地記了，交上去，這些同學少不了挨一頓臭罵，同學就埋怨她：「老師說什麼你就聽什麼，她讓你去死你也去死嗎？」她心裡很委屈，不過也不會當著同學的面說，在同學面前她都是和和氣氣的，不說半點重話，也從不發脾氣，都壓在心裡。加上長得胖，經常有同學取笑她，她不知道怎麼應對，減肥又減不下來。某一次因為犯病隔了一段時間再回學校，她發現同學們好像突然沒有了說她的興致。她覺得自己找到了應對方法，並且屢試不爽。

　　來治療了兩三次之後，她認為自己完全好了，便中斷了治療。

在中斷治療約半年後，她的母親再次聯繫我，反覆勸說才將來訪者帶過來。不過她一坐下來便話不停口，基本上不需要我問問題就自己滔滔不絕地說起來。她不觀察我的表情，一直低著頭玩沙子，說自己想到的話題。她說得最多的是自己這一年都沒怎麼去學校，每週最多去一兩天，但是成績出來在班上都是中上水準，同學都很佩服她，但自己並不滿意，覺得自己的水準不只是這樣，希望考得更好。她還跟我描述她在病中的狀態，整個人都是迷迷糊糊的，不知道自己說了什麼做了什麼。每到考試她就會發病，現今只有去參加過一次月考，當時也是發病，迷迷糊糊的，都不知道自己怎麼進教室的，怎麼做完考試題目的，但是成績出來還不錯。因此她覺得自己有天分，學東西比別人快，但就是懶，不想做練習題，看一下書覺得懂了，就算了，很少做作業，但老師也不管她。言下之意，如果她認真學，成績一定不得了。

有時候，她會突然帶著失落的語氣說：「班上大部分同學都是不怎麼讀書的，特別是男同學，比女生的成績還要差很多，但他們除了書讀不好，其他方面都很厲害，比如很會營造氣氛，組織活動，打籃球也很厲害。而自己除了成績好一點之外就沒有其他的優勢了。」所以，學習成績，於她而言，是全部的自尊和信心的來源。

接著，她又補充道：「但是我真的不覺得考試有壓力呀。我很喜歡考試的。」我心想：你當然感受不到壓力了，你的身體幫你表達了，簡單直接，不用經過大腦神經去體驗，因此沒有焦慮和痛苦。而且，身體還直接癱倒，以至於「無法自理」，都無法自理了，當然就無法考試了。不去考，就不會考差，就不會失敗，就能不斷告訴自己：「我如果認真做，成績一定嚇死所有人。」當然，我並沒有將這些話說出口，我明白這樣的防禦對於她的意義，她不想去面對，她用生病這個殼把自己包裹起來，是

Story 14　希望生病

迫不得已，也是沉迷而無法自拔。

　　有人可以一病病十年嗎？全身不痛不癢，身體健康地病十年？還真有。下面這個女孩子就用生病這個「防禦」獲得關心和照顧，一用就是十年。

　　這個女孩子來見我的時候已經二十多歲了。她十四歲時一個人回老家上國中，一直以來生活在城市的她回到老家後顯得有些格格不入，後來跟室友發生了較大衝突。之後她便一直情緒不穩，容易驚慌，某一天臨睡前突然非常緊張、大叫大喊，隨即暈倒約數十秒後自己才醒轉過來。家人連夜驅車趕來，將她帶到醫院，隨後幫她辦了休學。自此之後近十年的時間中，她都一直在吃藥，沒有再回校上學。她也曾嘗試外出工作，不過好幾次都因為與同事或者老闆發生衝突，做不到一週便辭職。十年的時間，她都待在家裡，與家人矛盾大，任性，喜歡讓家人遷就。曾經因為跟家人爭吵而離家出走，第二天自己回來，剛進家門就突然暈倒，約數分鐘後自行醒來，說自己不願意吃東西，又說下肢沒有知覺，不能走路，坐著輪椅被送入醫院。

　　她很樂於見醫生，每次治療都非常積極。第一次見她的時候，這個20多歲的女孩子，主動要求擺沙盤，這卻是非常少見的——成年人很少喜歡沙盤的。她花了很多時間精心挑選，選擇不同的人物沙具代表家裡的其他成員。這是一個大家庭，儘管全部子女都已成年，但全都住在一起。她有一個姐姐兩個弟弟，都在自己做生意。她選擇能展現每個成員特徵的沙具，邊選邊跟我解釋。最後，她選了一塊很小的石頭放在旁邊，看了我一眼，說：「這是我。」我一時想不到合適的話來回應，只是帶著驚訝望著她，她略帶悲傷地說：「我在家裡是非常渺小的，可有可無。」她說自己跟家裡人在一起，不知道應該說什麼，家裡的兄弟姐妹都

有在家中存在的價值，有自己的工作，能賺錢貼補家用。只有自己又生病，又不能工作，又不知道怎麼聊天，在家裡自己就是多餘的。

　　轉念一想，她就突然說起對家人忽略自己的強烈不滿，認為自己有能力工作，也有能力幫姐姐弟弟分擔工作，是家人不相信自己，但又馬上改口說錯誤都在自己身上，自己確實很懶散，一點小事都做不好。比如說吃藥，一定要家人幫自己分好，自己吃就會吃錯。又比如沒人叫自己起床，自己就不知道睡到幾點，可能一天都不吃飯。有一次姐姐讓她幫忙算個簡單的帳她也算錯了。她對自己的檢討總是很深刻。

　　每一次過來，她都會先把上次擺的代表家人的沙具找出來，再把代表自己的石頭找出來。有幾次我嘗試鼓勵她：「你要把自己換成跟他們一樣的人物沙具嗎？」她立即拒絕，說：「我跟他們是不一樣的。」接著她又馬上替家人解釋：「他們都很忙，不是故意忽略我的。」她總是很矛盾，小心翼翼地求著關注，不敢有憤怒、抱怨。

　　她從小就熱愛讀書，但小學升國中發揮失常，沒有考上名校，所以選擇回老家上學，在國中一年級第一次發病。家裡非常重男輕女，父母在自己小的時候生意做得很大，總是很忙，有時間也更多拿來陪兩個弟弟，平時對自己關心很少，跟自己說話通常是這樣：「你怎麼連這點小事都做不好？來來來，我來。」還有：「房間亂成這樣也不收拾一下，虧你還是女孩子！」被挑剔成了她每天的功課。當然，父母也會跟親戚朋友炫耀一下她的成績，但她很清楚，那不是關心。只有一種情況是例外：生病。生病的時候父母對自己最關心。印象最深刻的是自己國中在老家上學，有一次不舒服，實在忍不住了，就向家裡打電話。家人放下電話，大半夜開了五六個小時的車趕回家看自己，噓寒問暖，緊張得要命。她說：「我至今都記得父母看到我身體不好時那種擔憂和憐愛的表

Story 14　希望生病

情，好感動。」我問：「那平時呢，平時他們是什麼表情？」她因陷入回憶而陶醉的眼神黯淡下來，停了一會才說：「平時只有嫌棄，恨不得從來沒生過我。」

確實，她的母親不止一次當著她的面說過這樣的話。

她有一次將所有的星星及水晶石都倒在沙盤中，又挑了一棟別墅模樣的房子，擺在裝飾好的地方，旁邊有一輛豪車，她說這就是她理想的世界，希望跟所有家人一起住在這裡，並且能跟家裡人和睦相處。關於車她有特別的說明：她不會開車，家人不放心她去學，但兩個弟弟都會，這樣就可以帶她和一家人一起出去玩。後來我才知道，當天是她的生日，家裡人一起來為她過生日，她非常高興，覺得家裡人對她還是重視的，還是掛念著她的。

後一次，因為手機的問題，她跟媽媽吵了起來。她憤憤地說：「他們就是不信任我！還把我當小孩子看待，什麼都要管！」接著，她在整塊的沙盤裡，只擺一棵草，淒涼地說：「這就是我。」我問：「你家裡人呢？你不是要跟他們一起生活嗎？」她帶著哭腔說：「家人都不見了，只剩我自己孤單地生活。」接著，就滔滔不絕地自我貶低起來：不能工作，在家中地位卑微，對家人沒有意義，自己死了家人也不會在意。我將她從這種情緒沉溺中拉回來：「幾天前他們還開好幾個小時的車，專程過來為你過生日，當時你不是很開心地跟我說他們對你很好嗎？」她低著頭，不說話，不否定，也不接受。她對家人的感受總是在兩極間搖擺，小心翼翼地等待著家人看到自己，關心自己。一點小小的訊號，便會讓她陷入無盡的自我否定中。

這是一個彼此分不開，卻情感交流異常少的家庭。全家人的生活作

息基本上都是日夜顛倒的，家人不會在同一時間吃飯，都是在想起床的時候起床，接著做自己的事情，平時交流也較少。她希望家人能夠更多相處，更加和睦。她記得很清楚：「有一天，我早早起來做了一家人的早餐，結果叫他們都叫不起來，後來大家起來了，什麼都沒說，就若無其事地吃起來。」此後，她再也沒有早起過，也不願再為家人做飯。

她說：「我病了十年，一直像行屍走肉一樣生活，但我吃不了苦，也工作不了，只能依賴父母。」我試探著問她：「如果某一天你的父母不在了怎麼辦呢？」她馬上轉移話題，裝作沒聽見。我理解她的迴避，大約這個問題也是她自己所恐懼的，只是現在，她還不願意去想。她躲在「病」的軀殼裡，無論外界發生什麼，大家怎麼敲門，她都充耳不聞。

她好幾次滿臉帶著光地跟我講起生病之前的自己：當時成績很好，又是班花，同學老師都很喜歡自己，也有男孩子暗戀自己。她帶著驕傲說：「我從小就很聰明，成績也好，別人要花很多時間學的東西，我很快就能學會。」那時候她是學校的風雲人物，大家都認識她，她每天都盼著去上學，家裡人也都誇她乖、懂事。我看著現在因為長期吃藥，加之較少出門，幾乎不運動而發胖明顯的她，才二十出頭的年紀，平常的精神狀態，真如她說的如行屍走肉一般，看不到一絲生氣。我輕聲問她：「你懷念那時候的自己嗎？」她倒很想得開：「沒什麼好懷念的，那都是過去的事情了。」不過，她仍然不時地談起，彷彿是要證明自己也曾優秀地存在過，生機盎然地活過。

對於自己的未來，她非常消極。這個青年女孩，說她對婚姻不抱期待，不相信有人會真的喜歡自己。她說：「我不可能過正常人的生活。」因為自己曾經一個人出去，突然發病，眼前發暈，摔傷了腿，從此以後家裡人都不敢再讓她單獨出門。

Story 14　希望生病

她不止一次地跟我說：「只有我生病的時候家人才會看到我，重視我，我好的時候在家裡都是透明的，所有人都當我不存在。」我平靜地說：「所以你的病不能好，對嗎？」她呆呆地看著我，沒有回答。

寫在後面的話：

很長時間裡，我總是不理解這些孩子，我也經常問他們，「打針吃藥不難受嗎？」、「不擔心自己的病好不了嗎？」他們總是回答得很乾脆，「還好」。什麼時候會難受，當家人觀察出他們這個病的「特殊性」、「目的性」的時候，緊接著「裝病」、「逃避」、「矯情」……種種指責撲面而來，他們會無比失望和委屈。只是，大部分的家長無法百分之百確認孩子的「心病」究竟是不是裝的，因此，無論如何，都會比孩子沒病時加倍小心些，關心些，所以孩子還是「獲益」的。

需要透過生病來獲得關心和關注，說起來很悲哀，但這跟我們的傳統觀念有關，直到現在二十一世紀了，我們仍然覺得只有身體不舒服，才能讓請假、休息、脆弱被看作是可以理解的。就像網路上有人打的一個比方：一個運動員在長跑的時候腿摔斷了，無法堅持繼續奔跑，沒有人會責備他不堅強。但如果他本身身體好好的，只是因為心理壓力過大，承受不了而棄賽，那口水大概會把他淹死。「懦夫」、「臨陣脫逃」、「矯情」……人們總是很善於站在道德的制高點綁架他人，這種道德綁架，就像無形的劍，殺人不見血。同樣的，如果一對父母異常忙碌，孩子直接跟父母說：「多關心我」、「多關注我」、「多陪陪我」，大約也會被貼上「不懂事」、「嬌氣」、「矯情」的標籤，極大的可能是不能如願的。

必須穿上一件「馬甲」，來表達內心的需求，才會被人接受，名正言順地享受關心和照顧。就像《紅樓夢》中描寫的那樣，規矩眾多的大家族裡，有了心裡不平的事是無法正常表達的，比如賈珍之妻得知丈夫和自

己的兒媳婦有染，她什麼也沒說，也不敢說，就「心疼病犯了」，從此臥床不起，諸事無法料理，不用出席重要場合，不用到婆婆面前立規矩，即使家裡亂成一鍋粥，她也可以心安理得地躺著，沒人敢有半句責備。可要是她直接表達自己心裡接受不了，委屈、憤怒，什麼都不管了，那上上下下的族人，大概會把「不孝」、「不識大體」、「做作」的帽子都扣給她。

　　華人含蓄，不善於直接表達情緒和感受，也不太接受感受的表達，覺得那樣「矯情」，殊不知，很多情緒、需求，都要用嘴巴表達出來，在得到滿足和關注之後，才能真正消除，壓抑只會適得其反。

　　心理需求，跟身體需求一樣，同樣應該被尊重和照顧。

Story 14　希望生病

Story 15
越保護，越自卑

Story 15　越保護，越自卑

　　每一對父母，都希望給孩子最好的：最好的經濟條件，最好的教育，最好的家庭關係，甚至是最好的未來。與此同時，他們希望為孩子提供最大的保護。小時候保護他免於挨餓受凍；上學後保護他免於被人欺負；警惕他身邊的壞朋友，保護他免於受傷害；甚至於，孩子談戀愛了，父母也要多方考察對方，保護自己的寶貝免受拋棄和愚弄之苦。

　　這是最偉大的父母之愛，同時也可能是最壓抑的束縛。

　　在這個獨生子女越來越多的時代，這樣的孩子和父母我時時可見，並非說誰有錯，父母的做法只是出於本能的愛，少了些許理性的成分。過度保護之下，是孩子極度脆弱的自信心，以及由此帶來的，難以掩蓋的自卑。

　　第一次見這個孩子的時候，我著實碰了大釘子，他低垂著頭，面無表情地走進治療室，全程癱在沙發上，一副你想問什麼快點問，問完我好去睡覺的樣子。不過，他明確表示，自己不抗拒心理治療，只是不相信心理治療。我苦笑著坐在那裡，硬著頭皮繼續跟他交流。他用低沉而壓抑的聲音講述，覺得自己的人生沒有希望了，現在每天做的事情就是想辦法自殺，只是暫時還沒有找到機會，覺得父母很煩很弱智，所以想大家一起死更乾淨。

　　他說：「我已經休學兩年，現在上不了學，就不可能有前途了，而且長得也不好看，你說，我這樣的人活著有什麼意義？」說完，他憂傷地望著我，眼裡滿是絕望。他很坦然地說：「兩年時間大部分都是在家裡打遊戲，這樣的日子我不想再過下去了，即使治好了病生活也同樣沒有出路，只是浪費時間。」聽著他滿口負面的表達，我的腦子飛速地轉著，想找到一些正面的因素去改變他的絕望，卻非常徒勞。我只能安靜地聽他講。他說了一個逗樂我的想法：「醫院不讓我請假回家，所以我要絕食抗

議，我已經一天一夜沒有吃東西了。」我突然明白他的沮喪和虛弱，原來還有其他原因。我鄭重其事地跟他說：「在醫院絕食可不是個好辦法，你不知道嗎？」他被我吸引了注意力，抬起頭，等著我回答。我慢慢地講給他聽，醫院有各種可以讓他保持營養、讓他吃飯的辦法，他不置可否地聽著，說話的語氣有所緩和。

我突然對他有了更多的信心，他可以聽旁人的意見，就代表他那些極端的想法還有轉機。他其實很需要與人交談。他談起了他的家庭，表示現在父母天天陪著自己，束縛著自己，讓自己很煩，當然，直到最後，他也堅持認為，心理治療對自己意義不會太大，不過，我深感榮幸，他沒有拒絕繼續治療。

第二次治療的時候，他的態度有了明顯的變化，他告訴我其實他很怕跟人交流，第一次跟我說話時很緊張，只是表面強裝無所謂，又說那天治療完回去就乖乖吃飯了，因為怕被插胃管。他出乎我意料地跟我講了他的祕密。在國一時，他喜歡一個女孩子，很喜歡跟對方說話、聊天，覺得跟對方待在一起時很舒服，糾結思考很久之後決定跟對方表白。但是得到的回應徹底擊垮了他，女孩說：「我想專心讀書，不想談戀愛。」他激動地說：「我才不相信她的說法，這就是一個官方的回答，肯定不是真正的意思。」我於是問他：「那你覺得她是什麼意思呢？」他低著頭說：「肯定是嫌棄我，覺得我不夠優秀，但又不好明說，就這麼委婉地拒絕我。」我問：「你怎麼那麼肯定，這個女孩說的就不可能是真的嗎？」他想都沒想，就堅決否認了：「絕對不可能。這種拒絕大家都懂，就是客套話。」我接著問：「所以你堅信自己很差，她不可能對你有任何好感？」他像被刺中了要害，頭更低了，說：「嗯，我現在都不敢照鏡子，總覺得自己好醜，而且現在也上不了學，他們很快就要升國中了，而我卻淪落

Story 15　越保護，越自卑

到要住院的地步。我覺得這樣的自己，活著一點意義和價值都沒有。」又繞回了他堅持不懈的自我否定，他列舉了幾十個自己的缺點，說自己臉長得醜，人也長得不高，最近又長胖了，上不了學，不會說話……而優點，他想都沒想就說：「沒有，一個都沒有。」

但是據我所知，他在休學前成績一直名列班級前茅，而且天生聰明，學什麼都很快。他還是學校足球隊的隊長，代表學校去很多城市參加過比賽，在足球方面有一定的天賦。就連打遊戲，他也能夠用比大家都少的時間，打到更高的水準，甚至休學期間，他還想努力提升技術，去打職業賽。而人際交往方面，他在休學後一直拒絕與同學聯繫，同學一直希望繼續跟他做朋友。但此刻坐在我面前的他，完全看不到這些，他像是帶著濾鏡去看世界，只能注意到那些讓他不滿的斑點。那次表白，就成了他狀態的轉捩點。表白失敗後，他的人際交往能力急轉直下，漸漸演變成了社交恐懼，覺得別人看自己的眼光都帶著嘲笑，在教室裡他每分每秒都如坐針氈。女孩後來得知他狀態不好，曾嘗試跟他解釋，也鼓勵他，但他封鎖了所有的訊息，把所有的關心都當成是同情，是對他更深的貶低。他的信心，在這時全線崩潰了，拼都拼不起來。他說他以前還挺自信的，目標一直是做最優秀的那個人，德智體群美全面發展的天之驕子，看不起墮落的人、成績差的人，沒想到自己也會有今天。

當然，我並不相信他以前是真正自信的。

所有這些情緒，逐漸演化成了憤怒，而他的憤怒，大部分是朝向自己的，怨恨自己懦弱，覺得自己生病丟臉，於是覺得結束生命似乎成了一種解脫。另一部分憤怒便轉化成了對父母的怨恨和攻擊。他覺得父母只會在金錢上無條件滿足自己，自己也能在這方面掌控父母，他的原話

是：「我的父母看起來很關心我，但那些關心都不是我需要的，我很想跟他們分開。」我於是問：「那你會告訴他們你需要怎樣的關心嗎？」他搖搖頭：「不會，跟他們說不通。我已經不相信他們了。我說什麼他們都不會聽的。」

這與我的印象大相逕庭。

這對父母都非常通情達理，是早期的名校畢業生，待人接物總是讓人很舒服。在治療進行大約半年的時間中，孩子的變化都不大，但他們非常配合，每次都準時來，開將近兩個小時的車，做一個小時的治療，再開兩個小時的車回家，從不遲到，很少修改時間，是理想的來訪者。

在近半年中，他的變化都不甚明顯，仍然很少出門，大部分時間都待在家中，無所事事，對現狀有很多不滿，完全沒有動力去改變。他有很多理由拒絕出門：太胖、髮型不好看、怕別人問自己為什麼不上學⋯⋯聽起來理由充分。媽媽從他不上學後便辭職在家陪伴，他不用分擔任何家務，亦不覺得家務與他有任何關係。他的爸爸每次都毫無怨言地開車送他過來，在樓下靜靜等待他治療結束，從未抱怨累或者距離遠。在那麼長的時間中，這對父母從未抱怨過治療效果不好，從未表達對我治療進展不大的任何意見，每次見到我總是笑容可掬，前面的治療拖延了時間，他們也從不生氣，反而詢問我需不需要休息，要不要先喝水。要知道，在我的經驗中，這是很難遇到的體諒。

這個孩子在來找我之前，曾在家中整整待了兩年，幾乎閉門不出，只偶爾在晚上會出門走走，也局限於在社區樓下轉轉，不敢去任何人多熱鬧的地方。他形容自己為「見不得光的鬼」，每天日夜顛倒，晝伏夜也不出，頭髮養得很長很長，自己也看不下去了，但又非常在意形象，不能忍受自己或者家人隨便剪。那時的他非常敏感脆弱，常因為某天起來

Story 15　越保護，越自卑

　　看著鏡中的自己，覺得太醜而哭泣。他不敢出門去理髮店剪，無奈，父母只能花高價將理髮師請到家裡來，專門幫他剪。他要的東西，父母都盡量滿足，看到他心情好的時候就像哄小孩子般哄他出去走走，整整兩年他都是這樣度過的。在青少年問題方面也算是「見多識廣」的我，仍然忍不住驚訝，我問他：「你爸爸媽媽不著急呀？」他說：「他們也著急吧我猜想，但是他們很少催我。」因此，當我告訴這對父母，孩子可能要做長程的心理輔導之後，他們沒有任何的遲疑，說他們不著急，兩年都能等，要急的話早就受不了了。

　　我佩服他們的耐心。

　　這是一個普通的家庭，但是這個孩子跟我說，他非名牌的鞋子和衣服不穿，因為喜歡足球，他喜歡穿喜愛的球星代言的鞋子，房間裡有一個專門放鞋子的區域，全部都是他珍藏的限量款，加起來價值大約有五十萬之多。但他並不覺得父母捨得為他花錢，他曾經因為父母沒有讓他花兩萬五千塊去儲值一款遊戲，而向我投訴，大罵父母吝嗇。他的原話是：「兩萬五千塊又不是很多錢，而且他們都答應了，後來又說最近手頭緊，不給我買了，我能不生氣嗎？」我哭笑不得地看著他，他的話中充滿孩童的天真和理所當然。他的憤怒，也如此直白和不容置疑：「不想給我買就不應該答應我。」於是我笑著問他：「莫非他們非答應不可？」他立即否認：「怎麼可能，不答應我又不會把他們怎麼樣。」我看著他：「真的嗎？」他沉思良久：「可能他們怕我發脾氣吧，」他說，「我也不知道為什麼，他們不答應我的要求我就很生氣，很想發火，我生起氣來的樣子自己都覺得恐懼，但就是控制不住。我現在只想跟他們要錢，只要給我錢，什麼都不要管我是最好的。」在他的眼中，父母給他錢便是愛他的表現，他曾不無悲傷地說：「他們不能理解我，我也很難跟他們好好相處，

既然如此,我只要錢就好了。買了喜歡的東西我也很開心。」

當然,我們知道這種關係的惡化並非一天形成的,在他面對學校打擊的這個過程中,他對父母的失望逐步累積。但是他堅持不願意跟父母說自己的想法,覺得他們理解不了,也覺得開口跟他們說心裡話很奇怪。

他不是富家子弟,卻過著富二代的生活,透過各種辦法得到錢,但是仍覺得孤單、自卑。

他曾肯定地說:「爸爸肯定不喜歡我,媽媽我不確定。」他一直拒絕做家庭治療,他強調跟父母坐在一起很奇怪。好在,隨著治療的進展,他會主動要求我跟他的父母溝通,轉達他的想法,我樂於去做這件事情,而這對焦慮的父母,也需要知道孩子的真實想法。

這中間發生的一段插曲,讓我對於這個孩子,以及他的家人與他的互動方式有了更多的了解。他透過網路,認識了一個女孩子,他說對方會在自己心情不好的時候安慰自己,讓自己心裡安穩很多。他很坦誠地給我看他們之間的聊天紀錄,一邊不好意思地笑。他跟我講述他們相識的經過,是對方看到自己的資訊後主動加自己的,這讓他很受寵若驚,他一直覺得自己不善於和異性相處,因此對這個主動的女孩子,他倍加珍惜。但他很快就發現對方很愛玩,交過很多男朋友,只是深入交流下來,他發現彼此有很多共同點,讓自己有交到朋友的感覺。認識一週後,雙方就在一起了,並見了面。他說自己做夢都沒想到還會有人喜歡自己,自己還能交到女朋友,本來以為這輩子都沒人會欣賞自己了,他把對方當成一種對他的救贖。對方在他眼中,是女神般的存在,看上他,像是一種從上而下的恩賜。他每天都慶幸著這樣的相遇,只要跟女孩在一起,他就覺得生活充滿了希望。

Story 15　越保護，越自卑

　　不過，隨著深入相處，雙方的分歧也逐漸明顯。對方情緒變化很大，高興的時候會主動找自己，有時候又會莫名其妙地生氣，說自己煩，對自己態度很多變。而且，女孩毫不掩飾她與其他男孩子的曖昧關係，對於自己交往過的男友直言不諱，似乎那是一件展現其魅力的事情。他開始惶惶不安起來，總感覺很忐忑，有時候生氣也會刪掉對方的社群好友，不過，氣消了又會加回對方。他說這是自己兩年中交到的第一個朋友，有她陪著自己就覺得很安心，也很開心，自己可能喜歡對方，也可能只是依賴對方，但是又很怕自己會離不開對方。他說：「我覺得自己現在就像小孩子一樣，有人陪就開心，就對生活充滿希望，想要改變自己；沒人陪就很不知所措，莫名煩躁。」

　　我看到一個孩子內心的孤獨。他渴望有人陪伴，為此心煩意亂，坐立不安。

　　我曾見過一個十五六歲的女孩，讓我對孩子渴望陪伴的需求有了更深刻的了解。這個女孩逢人便說自己有一個很好的朋友，名字叫「小雪」，兩個人總是形影不離，對方會在她需要的時候隨時出現，跟自己聊天，鼓勵自己面對困難。進而，她跟我詳細描述「小雪」的長相：圓圓的臉，長得很可愛，喜歡穿裙子，總是打扮得漂漂亮亮的。她喜歡跟「小雪」出去玩，兩個人從來不吵架，總是有說有笑的，真是一對令人羨慕的閨密。然而，她的家人卻告訴我們，她根本沒有這樣的朋友，也沒有任何人見過她的朋友，她在學校都是獨來獨往的。如此詭異，讓所有人都措手不及。她倒是很坦然：「我的朋友是住在我的腦子裡的。」她眼中的「小雪」是完美的，隨時隨地都陪在自己身邊，跟自己聊天，小雪很專一，絕不會離開自己。她不願意吃藥，擔心吃藥會趕走小雪，剩下自己一個人，不知道該如何生活。她對小雪非常信任，彼此之間沒有祕密，

她對小雪非常依賴，一時聽不到她的聲音就會心生不安。現實生活中沒有人能替代小雪。她最理想的生活就是有一個屬於自己的房間，拉上窗簾一個人待在屋子裡，跟小雪在一起生活，不被人打擾。她不敢也不願意跟外界接觸。

　　她現實中的人際關係是另一番模樣，因為性格內向，較少主動與他人接觸，同學跟她都比較疏遠。「身邊的人都不理解我，覺得我很奇怪。」她神情憂傷地說。一談到小雪，便又是另一種表情，臉上都是幸福的笑，一臉滿足，用輕快的語氣說：「我更像小雪的姐姐，小雪經常會鬧脾氣，不開心，我就要哄她，但我從來不會生氣，我很願意去哄她。」我問她：「小雪跟你現實中的同學最大的不同是什麼呢？」她想了想，臉上都是單純的笑：「小雪隨時都在，永遠不會離開，身邊其他的朋友做不到。」是的，這個「朋友」只要她願意，便會永遠陪著她，趕都趕不走。接著，她又說：「我在學校宿舍跟室友也是像媽媽一樣跟她們相處，事無鉅細地照顧她們，管著她們，她們就會嫌我煩，疏遠我。」我很好奇，問她：「她們都比你小嗎？怎麼你要當她們的『媽媽』？」「不是啊，我們一樣大，我就是覺得她們太幼稚，忍不住去照顧她們。」付出不被理解，甚至還讓同學疏遠自己，她著實想不通。

　　我很少見到把幻想中的人物描繪得如此生動，又對幻象如此依賴的孩子。我曾問她：「你不怕嗎？不怕自己病得越來越重嗎？」她很肯定地回答：「不會，我現在過得很開心，小雪出現之前我很痛苦，現在每天都很開心。」她用自己的辦法完成了自救。她也說：「我有時候也分不清楚小雪和我是不是一個人，但我喜歡現在這樣，總比我一個人孤獨好。」

　　孤獨，伴隨著她的整個成長過程。

Story 15　越保護，越自卑

　　她的父母在農場工作，每天工作時間很長，從上幼稚園開始她就被送去住校，週末也不回家，是在親戚家寄住，父母一個月才回家一次，除了給自己錢很少有其他交流。父母沒有時間，也不覺得需要去學校看她，在家的時候，父母也將更多的注意力放在弟弟身上，弟弟會跟爸媽告狀說自己欺負他，父母不問青紅皂白，就會先將自己打一頓。她不止一次跟媽媽說明真相，媽媽從不相信她的解釋。

　　現在爸媽把她接到了身邊，但平時工作很辛苦，回到家大部分時間都在各自玩手機放鬆，很少關注她。她有一段時間心臟出現問題，爸媽也沒發現，現在心理上出了問題，也是自己告訴爸媽，爸媽才帶自己來看病的。「我的情況他們一點都不了解，我也很難跟他們親近。」她仍然笑著，淡淡地說。媽媽說：「我也不知道如何跟孩子相處，該說什麼，該做什麼。」這個母親，雖然在身分上成了母親，但內心卻完全沒有作為母親的心理轉變。這對母女，看起來像是母女，卻彼此陌生，相處彆扭。我於是想，與其說「小雪」是她的朋友，不如說更像小時候的「她」，她盡心盡力地照顧「小雪」，「小雪」發自內心地依賴她，她在自己的內心中完成了對過往缺失的彌補。

　　只是，我們故事中的這個男孩，我總是疑惑，他的爸媽從小到大陪在他身邊，關注他的一舉一動，恨不能保護他免受所有挫折。他的孤獨又是因何而來呢？

　　讓我意外的是，面對他交女朋友這件事，他一向耐心冷靜的父母突然頻頻出手干預了。他們首先是做兒子的思想教育，為其分析對方的種種不好，這時的他哪裡聽得進去，對父母的反感加重，只要父母一提到那個女孩，他便立刻要他們滾出自己的房間，完全不留餘地，媽媽便審時度勢，挑選其心情較好的時候委婉地勸解。而這個孩子的爸爸，擁有

240

所有「直男」的粗暴直接，有一天，爸爸滔滔不絕地大談女孩的種種不好，將對方的人品貶低得一文不值，之後他竟然動手打了爸爸。爸爸還手，雙方扭打起來，家人好不容易才找鄰居拉開雙方。不過，據他後來說，自己其實沒受什麼傷，爸爸的脖子倒是傷得一個星期都動不了，還去拍了 X 光，可見，父子之間，是有「真打」和「假打」之分的。

到底對父親的憤怒是怎麼來的呢？他想了很久，彷彿下了很大決心似的，終於開口跟我說：「我沒辦法上學那段時間，也不敢出門，看不到人生希望，心裡很痛苦。有一次爸爸開車帶我出去，我忍不住跟爸爸說自己想死。」停了一下，他用很低的聲音說：「爸爸很生氣地說：『你想死就去死！』說完後爸爸便沉默不再說話。」我理解他當時的絕望和所受的打擊，也理解爸爸在聽到唯一的兒子這樣說之後的心痛和不解，只是，他們都沒有將這些背後的情緒表達出來，呈現給對方的只有憤怒。他原本最信任，最愛護他的父親，竟然叫自己去死，這加重了他的心灰意冷和絕望，從此就跟父母疏遠了。那次跟爸爸打架，與其說是為女朋友打抱不平，不如說是藉機發洩自己內心的憤怒。

父母跟他的物理距離很近，心理距離卻很遠，為怕他受傷害而干預他與女友的交往，卻也表明了不相信他自己處理問題的能力。在他絕望的時候，父母更加焦慮絕望，無法給予他正面的鼓勵和支持。他希望有人理解，希望有人能相信他的能力，能從內心層面陪伴他。

讓我意外的是，不久之後，他再次回來找我的時候，告訴我：「我已經跟那個女孩子分手了。」驚訝之餘，我多少有些遺憾，我想，如果他能在這個過程中去學習如何處理與異性的關係，學著相信自己應對問題的能力，那將是一次難得的成長機會。他說：「我覺得她早晚都會不要我的，我害怕受傷害。」顯然，父母以保護他的角度對他進行的教導，起了

Story 15　越保護，越自卑

作用，他原本就忐忑的內心更加不安起來。為了應對這樣的焦慮，他再次選擇逃避。爸媽很開心，終於安下心來，鬆了一大口氣。

　　現在，這個孩子也如父母般乖巧、配合，每次都準時前來，有問必答。當然，我能感覺到他是信任我的，願意跟我說心裡話。我曾問他：「你來做心理輔導最主要的目的是什麼呢？想有什麼改變呢？」他說：「我就是想找個人陪我聊聊天，我覺得跟你聊天挺好的。」我又問：「來到什麼時候為止呢？」他答：「來到你告訴我，不用再來了為止。」這是一個完全超乎我想像的答案，我從來不知道，自己對於一個孩子竟然能有這樣的權威，我自詡諮詢風格一直都是輕鬆、靈活的，不少孩子能在我這裡表達他們的訴求，但是我沒想到，這個孩子卻坦承，他會完全按照我的「指示」行動。我問他：「你不覺得這個是可以跟我商量，我們可以共同決定的嗎？」「沒想過，」停了一下，他補充說，「因為我信任你，我願意聽你的。」我忽然發現，自己並不完全了解眼前這個孩子，他其實一直盡可能地用「聽話」來維持著與我的關係。在他看來，信任一個人，就應該完全聽對方的。當然，這也表示，信任一個人，就可以讓對方代替自己做決定。

　　這便是他與父母之間的模式。父母保護他，不信任他的能力，他順從父母，漸漸也不相信自己的能力，害怕自己做決定和選擇。由此，惡性循環，他愈加離不開父母，也愈加自卑。

　　他們一家都是好人，每個人就人品而言，都無可挑剔，父母幾十年如一日地踐行著為他人著想、做個好人的規則，而他，表面叛逆，實則也小心翼翼地與人相處著。

　　我不願他再重複與家人之間這樣的相處模式，因為，我再三向他澄

清他在做心理治療這件事情上的絕對話語權，鼓勵他隨時可以跟我表達他的想法，我絕不會因此對他有任何看法。同時，我也相信他對自己狀態的評估。後來，他自己提出想拉長治療的頻率，改為隔一週一次，並且自己想辦法用恰當的言語去說服父母，讓父母相信他對自己的判斷。我知道這個過程的不易，因為對他焦慮的父母而言，每週見醫生更像是一種心理安慰和寄託，是他們自我安慰時一個有效的砝碼，而他現在提出要更改，是不是不配合了？排斥了？種種疑問，需要他去澄清，我也鼓勵他以實際行動增強父母對他的信心。

但我其實沒有想到，這次談話對他的作用。對我而言，這只是正常治療節點中的必要討論，我並未期待有多大的收穫。沒想到，它卻成了一個彩蛋。

鬼使神差地，那個他提出分手，並且刪除了聯繫方式的女孩子，竟透過各種關係，又找回了他，並且表達對他的欣賞和喜歡。我知道，這是他內心期待已久的事情，他甚至不敢相信，竟會有人這麼牽掛他。我跟他開玩笑說：「看來這個女孩子注定是要來幫助你成長的，逃也逃不掉。」他有些不好意思地笑。父母再次如臨大敵一般，百般請求我去說服他，讓他斷了跟對方的聯繫。我盡可能讓他的父母理解，他早晚要獨自面對這樣的事情，我們需要做的是幫他分析，讓他學會去處理，而不是幫他做決定，讓他迴避一切危險。勉強地，父母答應觀察一下，先不干預。

沒有了父母的干涉攔截，他跟對方見過幾次面之後，便開始覺得無趣了，平時在網路社群上聊天，他也說：「她就是像說流水帳一樣，絮絮叨叨地跟我說她每天發生的事情，我們沒什麼共同話題，聊天內容也沒什麼意義。」之前山盟海誓、擔驚受怕的感情，突然就變得雞肋起來，

Story 15　越保護，越自卑

漸漸淡下去。最後，沒有特別的儀式，雙方就默契地互不聯繫，漸行漸遠了。

他好奇地說：「我以為我爸媽一定會阻止我，我覺得他們肯定是知道的，沒想到他們什麼都沒說。」我答：「他們應該是相信你能自己處理吧。」他沒有回答，自顧自地擺弄手中的筆。

這之後有一系列正面的變化發生，他國中時表白的女生再次聯繫他，他並未像之前一樣敷衍對方，而是靜下心來認真地跟對方聊。談到各自的近況，他也不掩藏自己準備上專科的事，對方表達一直以來對他的欣賞和認可，覺得他即使讀專科，將來一定也是優秀的，鼓勵他用功讀書。

他再來見我的時候，帶著靦腆的微笑，說現在已經開始補習，雖然覺得有點難，但是自己並不像之前那麼急躁，可以靜下心來記單字，希望可以補完國中的課程，讓自己9月分上專科的時候更加自信。當然，他仍對自己的狀態不滿意，但在人群中不再如之前一般焦慮，可以坦然地去想去的地方，覺得自己胖，就堅持運動減肥。他還是總對髮型不滿意，每次談話，總要整理不下十次髮型，每隔一段時間就會糾結換髮型，會因有人說自己帥而高興很久，因為別人的一句「最近長胖了」而難過好幾天。不過，他對自己的評價更客觀，狀態也更正面。

他不再總是向父母要錢，而且鼓勵母親去工作，父母最欣喜的是，他會表達自己的訴求，不再用發脾氣的方式，而是用實際行動去說服父母。錢不再成為他心理上最主要的支柱，他開始有點看不起全身上下名牌的同齡人，覺得他們膚淺。

我甚至說不清楚，他究竟是因何逐步轉變的，事實上，他真的不斷

在成長。跟這個孩子工作，我總有種看著嬰幼兒蹣跚學步的感覺。他從不敢自己站起來，到相信自己能獨自站立；從不敢往前邁步，一定要扶著父母的手，父母告訴他前面有危險他便遠遠躲開，到能夠嘗試自己稍走幾步；最後，他終於能夠昂首挺胸，自己抬起頭自信地往前走。

他未來的路還很長，保護他不受傷害很重要，但是，放手，相信他能獨自行走，僅僅在旁默默陪伴更重要。

微笑著，告訴他：你可以！

Story 15　越保護，越自卑

Story 16
頹廢的孩子，是因爲懶嗎？

Story 16　頹廢的孩子，是因為懶嗎？

「你就是懶，你就是身在福中不知福。」、「你再這麼頹廢下去，你的未來就毀了，你要自己振作一點！」、「整天吃了睡，睡了吃，這麼懶，你跟豬有什麼區別？」

……

這是很多家長面對整天賴在家裡，不努力學習，不思進取，什麼都不敢嘗試的孩子普遍的評價。看著孩子唉聲嘆氣，死氣沉沉的樣子，父母恨不得一頓臭罵，一巴掌打下去，能讓他受到刺激，清醒過來，積極起來。

很多家長對這樣的孩子有一個總結性的標籤──「懶」。他們堅定地相信是因為生活太富足了，孩子沒有危機感，沒有壓力，整天得過且過，頹廢而懶惰。緊接著，便會滔滔不絕地陳述：「我們像你這麼大的時候，已經會幫家裡煮飯了，已經要照顧弟弟妹妹了，已經能自己賺錢了，你看看你！」各種激將法，只是孩子好像長在了床上，長在了電腦遊戲裡，長在了手機上，半步也不挪動，氣得雙親快要吐血了。他們都很淡定，彷彿已經入定到另一重境界，刀槍不入，油鹽不進。父母一談起這樣的孩子都是搖頭嘆氣，滿臉的無奈，所有的辦法都已經用盡，孩子還是像一灘爛泥一樣癱在地上。

在心理學上，我們稱這樣的孩子為「沒動力的孩子」。對任何事都不感興趣，很少有興奮的時候，看起來像年輕的「小老頭」、「小老太太」，內心常是毫無波瀾，年紀輕輕就看破了紅塵一般，麻木地生活著。

這樣的孩子，可不是「懶」那麼簡單。

這個孩子13歲，來找我的時候已經在家裡待了近半年的時間，起初過著日夜顛倒、遊戲為伴的生活，後來漸漸覺得遊戲也不怎麼有趣了，

也很少跟家人交流，也基本不獨自外出。有時候發呆，有時候睡覺，臉上沒有特別悲傷的表情，也不發火，除了偶爾提一點要求，基本上不跟家人說話。大部分時間都在睡覺，醒來稍微玩一下喜歡的遊戲，便又睏了，又繼續睡覺。從來不提上學的事情，也不看書，也不外出鍛鍊，也不找朋友，連走路都是慢吞吞的，鞋子在地上拖拉著，彷彿行屍走肉一般，每天過得渾渾噩噩，用頹廢來形容都不夠。父母急得要命，打也打了，罵也罵了，無濟於事，拿他沒辦法。

　　第一次見我的時候，能看出來他有明顯的緊張，他很坦然：「是我爸媽讓我來的，他們覺得我情緒低落，沉迷遊戲，整天都懶懶的，要我改變一下，我自己還挺享受現在的狀態的，沒覺得有什麼不好。」接著，怕我沒有理解他的意思，或者怕我還是覺得他的狀態有問題，他又補充說：「我從上國中以來大部分時間都處於比較低落的狀態，對什麼事情都提不起興趣，但我並不覺得有問題。」我心裡一沉，沒有問題，沒有求助意願，治療要如何進行下去？我只能嘗試跟他溝通：「做心理治療並不代表你有問題，比如你內心有困擾，或者說有一些壓抑的話想跟別人傾訴一下，都是可以的。」怕把話說得太絕，我又補充說：「當然，如果你實在很抗拒，我們也尊重你的選擇。」他的回答讓我有點尷尬：「我也不抗拒，也沒有特別願意，反正過來聊一下也可以。」我頓時心裡涼了半邊，打起鼓來。他索性自顧自地突然講述起他的情況來：「我小學時成績是比較好的，上了國中之後排名有明顯下降，我對學習要求比較高，定的目標完全無法達到，比較迷茫，後來就漸漸不想上學了。」他很習慣用「比較」兩個字，不把話說得很確定，好像自己對自己的情況也不太了解。

　　我認真地聽著他講，他停一會，沉思一段時間，接著再說一小段。他很少一口氣說很多話，我問一個問題，他也回答得很簡單。我跟隨著

Story 16　頹廢的孩子，是因為懶嗎？

他的腳步，斷斷續續地聽他講完了國中一年多的心路歷程，其實頗為枯燥、平淡，因為他在整個敘述中基本上都不帶情緒，講到成績下降也不會特別悲傷，講到不想上學也沒有明顯的糾結，我望了好幾次牆上的鐘，終於到了快要結束的時間。

快要結束的時候，他突然說：「我小便總是很緊張，已經好久了，不知道怎麼辦。」這句話讓我有點措手不及，我完全沒想到他竟願意講如此隱私的事情，一時不知如何回答。我倒也看出他並非像表現出來的那樣淡定、心如止水，他頹廢無動力的表象之下，大約暗藏著不易察覺的波濤。

再次過來的時候，他一改前一次的勉強態度，雖語氣還是很冷淡，但會主動找話題來談，開放程度好了不少，我倒有些受寵若驚起來。更意外的是，他告訴我困擾他幾個月的小便問題，竟然奇蹟般地好了，他自己也覺得很不可思議。我們一起交流的時間比較久了之後，他才告訴我，因為我跟他說做治療會尊重他的意願，不會勉強他，這跟他以為的很不同，他以為醫生一定會努力證明他有問題，接著說服他接受治療。原來是這樣小小的尊重，贏得了他的信任。

他說：「要自己心情好一些，都是父母的期待，我自己並不覺得一定要心情好。」我看著他問：「你是比較喜歡現在的狀態嗎？」他認真地想了想，說：「也談不上喜歡，只是不想被別人逼著改變。」接著，他說出了自己的困惑：「父母做決定基本上不會跟我商量，我很反感，我不想按照父母的設想生活，但也沒有找到自己的方向。」

嘆了口氣，他接著說：「我總是覺得迷茫、空虛。」像終於找到出口一般，他娓娓地講起關於迷茫的話題，說三四年級時看了很多書，就開始思考人生的意義，上國中之後，更加迷茫，不知道未來想做什麼，想

過什麼樣的生活，覺得什麼都沒意思。我點著頭，告訴他這確實是青春期孩子常見的困擾。他低著頭，臉上的表情帶著悲傷：「很多時候，我看到周圍其他人哭或者笑，都會很羨慕，覺得自己的情緒是被自己收起來，鎖起來的，好像被誰下了催眠的暗示。雖然不覺得憋得難受，卻有種怪怪的感覺。」我問他：「這是從什麼時候開始有的感覺呢？」他低著頭想了很久，搖搖頭：「想不起來，好像我從小就這樣。」頓了頓，他想起什麼似的說：「以前哭的時候我都會告訴自己這是不對的，會刻意去克制。慢慢就形成一種習慣，我身邊的人都覺得我很冷漠。」我沒有馬上問他覺得「哭是不對的」這樣的想法是從何而來的，我看得出來，這個表面冷漠的孩子，內心充滿著故事，不可以隨便去挖，很可能會觸碰到他的傷口。最後，他跟我說：「我覺得情緒是一個很危險的東西。」

他的平靜、冷漠、無所謂、頹廢，似乎找到了一些線索，表面平靜的背後是壓抑，冷漠的背後是害怕，無所謂的背後是覺得生活無意義，而頹廢則是所有這一切的總和。

他講到，自己小學時人際關係還可以，雖然沒有很親近的朋友，但至少是能融入班級的，也願意表達內心想法。上國中之後就不太一樣了，跟同學沒什麼共同語言。為了交朋友，他選擇事事將就對方，不管心裡多不舒服，表面都是恭恭敬敬的。他在家附近有幾個從小到大的玩伴，小學的時候在同個班級上學，上國中後彼此聯繫就少了。他從不主動約同學出來，偶爾同學會臨時約他，比如某天晚上突然約他第二天中午一起吃飯，他都準時赴約。不過，小孩子的邀約，會經常變動，有好幾次他都已經到了約定的地點，等了一個多小時，他不催對方，也不聯繫問原因，就安靜地等。結果對方過了許久才突然想起來這件事，於是傳來一條訊息若無其事地告訴他有其他事情，來不了了，他就自己悻悻

Story 16　頹廢的孩子，是因爲懶嗎？

地回去，也不生氣，也不回對方。我於是問他：「那下次對方再約你，你還會去嗎？」他說：「去呀，他們本來就不是第一次放我鴿子了。」果然，幾天之後，他又告訴我自己被同學放了鴿子，而且是幾個同學約好去逛商場，其他幾個人去其他地方逛了，唯獨撇下了他。他說這件事情的時候是笑著的，我感到很奇怪：「你不生氣嗎？」他仍然笑著：「肯定生氣啦。」我仍然看不出他的憤怒，而且，無論被放多少次鴿子，他都從來不會直接跟對方表達任何的不滿。

　　父母從小對他成績要求很高，他要是成績不好或不聽話，便經常要挨打挨罵。不過，他爸媽的說法是：「可能有時候著急，罵是有的，但很少動手打他。」爸爸媽媽或許無法理解，有一些恐懼，是不需要動手來實現的。他說到一件事：國一下學期期末考試因為成績不好，拿成績單給爸爸，爸爸什麼都沒說，只是臉色不太好看。他整個假期都小心翼翼的，話也不敢多說，天天自覺地讀書，一個多月都不開心。

　　休學在家期間，他說得最多的話就是「無聊」，他對什麼都不太感興趣，也很少有想要的東西。他說：「我不知道怎麼打發空閒時間，已經習慣了別人來幫我安排，一直比較被動。」小時候想要一個玩具，要在內心準備一個星期才能向爸媽說出口，有時候爸媽會答應，有時候會拒絕，拒絕的時候也不會告訴他原因。親子之間的溝通極其簡單，可以總結為「我想要個足球」，父母回答「可以」或「不可以」。被拒絕之後他心裡肯定是不舒服的，多是生悶氣，從不會纏著父母要。漸漸地，他提要求的次數更少，現在他已經習慣對事情不抱期待。爸媽買什麼，他就玩什麼，爸媽買什麼衣服就穿什麼衣服，爸媽讓自己做什麼自己就乖乖去做，基本上不表達自己的想法，更不會反抗。整個人都悶悶的、懶懶的。

他善於用「懶」來形容自己，認定自己做什麼事情都無法堅持。我便聽他詳細講來，怎麼個無法堅持法。他說：「我之前想學打乒乓球，爸爸教我，一開始的時候我每天練六個小時，後來覺得太辛苦，手上都長繭了，也沒什麼明顯的進步，就放棄了。」我問他：「一共練了多久呢？」他說：「一個星期。」一個星期之內，維持運動員的訓練量，他希望自己快速成才，結果不了了之。與此類似的還有，學打羽毛球，學木雕，學足球……他都中途放棄了。由此，他堅信自己是懶的，需要人督促，需要人逼。他總結得很到位：「要我自己去做選擇或者做承諾，我心裡沒底，擔心自己做不好。」自己一直堅持玩遊戲，並不是覺得遊戲很好玩，很多時候是看著遊戲群組裡其他人在互相討論，覺得很熱鬧，但他從不參與。在家裡媽媽的話是最多的，爸爸和自己都比較少說話，媽媽經常找自己聊天，但都是自己聽媽媽說，偶爾會插幾句。自己跟父母提要求時，父母會同意他們覺得合理的要求，拒絕他們覺得不合理的要求，自己很少去嘗試想嘗試的事情。

　　有一次做家庭治療，媽媽說到孩子最近心情不太好，因為孩子前幾天想玩電腦，自己沒有同意，接著表達了深深的擔憂，怕孩子再次沉迷遊戲。這個孩子突然激動起來，說：「我有很多方法可以玩遊戲，可以偷手機出來玩，可以去網咖！總是什麼事都要聽你們的，什麼都是你們說了算！我現在也打得過你們了，也不怕你們了！」這個表面內向文靜的孩子，彷彿突然變了個人，話裡充滿威脅。說這話的時候，他咬著牙齒，臉漲得通紅，緊握著拳頭，聲音不大，但充斥著的憤怒震懾人心。治療室裡的氛圍凝固了一般，壓抑得讓人喘不過氣來，他的爸爸媽媽低著頭，不說話。我於是問他：「你什麼時候開始有這些想法的呢？」他說：「一直都有。休學在家，父母一起罵我的時候，我心裡就在這樣想。」媽

Story 16　頹廢的孩子，是因為懶嗎？

媽開始哭，一邊哭，一邊說：「從來沒想到他會這麼想，我一直覺得自己對孩子很用心，付出很多，都是為了他好，沒想到最後卻是這樣的結果。」我問她：「你相信他會打你們嗎？」媽媽哭著搖頭：「不會的，他還是在意我們的。」接著補充了她的反思：「平時教育孩子的時候，他都從來不回應，也不吭聲，雖然我們明顯看得出來，他內心是不服氣的，卻怎麼也撬不開他的嘴，也就只能多多地講道理，試圖說服他。」

原來他的沉默裡，是無聲的反抗。

爸爸表達得更直接：「平時我們說他，他不滿意，就會好幾天不跟我們說話，最後要我們主動去哄他。有時候不滿足他的要求，他不高興，不說話，我們也會妥協，經過一番教育後，也會滿足他。」頓了一下，爸爸總結說：「大部分時候都是他說了算，不知道他怎麼會覺得都要聽我們的。」

這個孩子幫我們理順了整個過程：「爸媽跟我提要求的時候，我心裡很不認同，但不會說出來，反正說出來他們也不會聽，就保持沉默，結果他們就當我答應了，就會按照他們那一套來要求我，我當然不接受。」這種憤怒其實一直在積壓，導致了他對父母的敵意。

我便鼓勵他與父母商量玩電腦這件事。爸爸補充說：「他只是說了想玩電腦，並沒有明確說什麼時候玩，玩多久，我們就直接拒絕了。」爸爸說自己其實並不反對他玩遊戲，覺得玩遊戲的人很聰明，只是擔心孩子無法自制才干涉的。之後孩子在鼓勵下，自己跟爸爸說：「我就每天下午去你辦公室的時候玩一下行不行？」爸爸立刻給予了肯定的答覆。他臉上僵硬的表情才放鬆下來，有了些笑意。這大約是他久違的用言語跟父母溝通的經歷，跟父母表達自己的想法而得到尊重的經歷。

也是這一次，我才知道他小學時曾踢過五六年的足球。對於小孩子

而言，足球訓練其實是非常辛苦的，他每天都要比其他人提早一個多小時到學校訓練，還要完成正常的學業。他每天堅持去，感冒也不請假。按照他父母說的：「完全不需要叫，他每天都是自己起來，自覺地去學校，跟現在完全不同。」那時候，他是學校足球隊主力，經常代表學校到其他地方參加比賽，班上的同學沒有人是他的對手。五年級時，他不小心在踢球時腳受傷，骨折了，休息了好幾個月，這期間沒有再碰球。好不容易把腳養好了，再上場卻找不到原來的感覺。腳傷雖然好了，但只要天氣變化就會痛，他也不敢過度運動。不得已，他放棄堅持了多年的足球。我問他：「遺憾嗎？」他很平靜地說：「還好吧，不太記得了。」父母也並沒有看出他當時有明顯的情緒變化，只是從此之後，他整個人就不像以前有活力了。

還有一件事也在這期間發生——他的妹妹出生了。他反覆說到，從四五年級開始，自己就像變了一個人，總是開心不起來，也沒什麼動力。「我也不知道是什麼原因。」他總是如此回答。從他父母口中得知，妹妹比他小很多，兩個人的性格完全不一樣。妹妹活潑開朗，五六歲時已經知道主動做事情，嘴巴又甜，哄得爸爸媽媽喜笑顏開的。有意無意地，父母會將更多的注意力放在妹妹身上，喜歡逗妹妹玩。不過，爸媽堅持認為：「他也很喜歡妹妹的，對妹妹很好。」言下之意，哥哥與妹妹之間是沒有競爭的，妹妹的到來對哥哥也沒有影響。我只是提醒爸媽：「這個孩子有一個好像各方面都比自己優秀的妹妹。」

面對挑戰或是面對比自己厲害的人，有人會選擇奮起直追，想方設法超越對方，這通常是內心力量足夠，自信心較強的孩子的選擇；另一部分孩子，則會選擇放棄。比如，爸媽喜歡妹妹，那就讓他們喜歡去吧，反正自己什麼都做不好，乾脆就什麼都不做了，或者稍微試一下，

Story 16　頹廢的孩子，是因為懶嗎？

　　一旦不行就不做了。很多家長會有一個誤會，堅信頹廢的孩子要罵，「罵醒」他們，他們自然就振作起來了。殊不知，有能力站起來的，才能被「罵醒」，已經「癱在地上」的，沒人幫助，是很難靠自己重振精神的。打罵，只會在已經癱倒的孩子身上再加幾塊重石頭，導致他們更深的自我放棄。

　　他有一段時間突然信心十足地說，過一兩個月要去上學，讓家裡幫他報補習班。他每天早早起床，認真去上課，上完課也會看看書，寫寫作業。一向不太擅長與老師交流的他，竟然跟補習班老師關係很好，經常開些玩笑，相處過程很歡樂。我會嘗試問他擔不擔心回學校後再出現之前的問題，融不進班級。他都非常樂觀，認為自己已經想通了，不會再那麼在意別人的看法，可以很輕鬆地上學，還補充說：「現在對課業成績看得也沒有那麼重了，因為我爸媽說不在意我的成績，只要我盡力就好。」

　　父母十分欣慰，彷彿就要到達勝利的彼岸了，又拜託學校幫他轉到熟悉的老師班上，讓老師對他更照顧一些；又讓同學來找他談心，讓他不要有心理負擔；又是帶他出去旅遊散心，讓他放鬆心情……每天忙碌地做著準備，等待著他上學的日子的到來。包括我在內，我們都不去想，他是否有可能去不了，大家滿懷期待，倒數著日子。

　　在上學日期前一週，他坐下來，給了我一個大大的意外：「醫生，你能不能跟我的父母說，讓我下學期再去上學？」原因很簡單：「我覺得我還沒準備好。」我當然沒答應他的要求，這本身也是我職責範圍之內的事。我嘗試跟他做一些分析，讓他表達具體的擔憂，想跟他一起探討一下應對的方式。他的態度急轉直下，回答很敷衍。看得出來，他的大腦已經封鎖了我全部的資訊，他帶著明確的目標：勸服我父母。我於是鼓

勵他自己去跟家人談。他無奈，勉強答應。後來，我了解到，他跟父母說得也很簡單：「我不想去上學了，我要下學期再去。」無論父母怎麼勸，都無濟於事，他一點也不鬆口。對於之前的承諾，他也似乎完全沒有印象，堅持認為父母再勸就是逼他。他說：「即使我因此沒有書讀，我也自己承擔後果。」一句話，讓所有人啞口無言。

這件事情過去之後，他才稍微願意表達一點原因：「我一想起要過團體生活還是很害怕，我中途進入這個班級，不知道怎麼跟他們交流，我害怕又像國二的時候一樣。」父母無奈，只能暫時妥協，安排他去打工。他像補償一般，立刻答應去電腦店裡當學徒，然而，就如我們擔心的，一天之後，他回來哭了一場，便再也不肯去。原來是電腦店裡的年輕小夥子取笑他這麼小就不上學，說他是不是精神狀況有問題等，他當時一聲不吭，回家後便大哭一場，打死都不肯再去。我想，這是家人因急於緩解他不去上學的焦慮而做出的安排，而他似乎是為了彌補自己出爾反爾的失信，想當然地答應下來，結果深受打擊。媽媽告訴我：「我太失望了。」我明白媽媽的失望，不過這樣的失望於孩子全無用處，這樣不斷站起來又退回去，不斷振作又頹廢的過程，對所有人都是巨大的挑戰。顯然，他們全家對於這樣的挫敗都全無應對能力。

在臨床中，我發現了一個很有意思的現象，父母們好像總以為孩子的成長會是一帆風順的，從不做孩子會失敗、會倒退的準備，彷彿天下的孩子生來都有神靈庇佑，可以遇難成祥，逢凶化吉。比如成績，父母們總是希望自己的孩子是不斷進步的，所以面對每次的考試結果，照例的回應便是：「繼續加油，下次會更好。」所以，孩子一沒考好，便戰戰兢兢，不知所措，深知辜負了父母的期望。然而，考試本就是個帶著運氣成分的測試，結果誰能完全保證？又比如，每一個拒學孩子的家長找

Story 16　頹廢的孩子，是因為懶嗎？

上我的時候都會說：「我做夢都沒想到，這樣的情況會發生在我的孩子身上！」憑什麼呢？你的孩子是文曲星下凡嗎？又比如早戀，家長們各種告誡，干涉攔截避免孩子發生早戀，把任何一點曖昧的訊號都視為洪水猛獸。

　　我們總是杜絕不好的事情發生，從不做準備，也不會教給孩子失敗、挫折、難題出現時的應對之策，寄希望於上天保佑，孩子爭氣，這樣就可以少很多麻煩，避免一番折騰。很多家長無法接受，孩子的成長就是不斷製造麻煩，讓家長措手不及和不斷失望，進而接受他就是一個「調皮鬼」的過程。我們的家長不喜歡「調皮鬼」，喜歡「乖孩子」，哪怕這樣的乖是以小心翼翼為代價。另一方面，家長們總覺得說「失敗」、「困難」是一件不吉利的事情，說不定說了就會成真，孩子就會不努力，因此，才有了要說吉利話、要說好話的傳統。因此，在內心裡，我們對於失敗和挫折是沒有準備的，我們相信：只要不準備，就不會用到。殊不知，害怕失敗，才是很多孩子不敢嘗試的根源。

　　面對這對異常焦慮的父母，我只是反覆告訴他們：「盡量不要罵他，給他一點時間。」媽媽回答說：「我真的很難做到，看到他垂頭喪氣的樣子我就生氣。」媽媽異常焦慮，一個月內瘦了好幾公斤。夫妻倆單獨來找我，尋求支持。她說：「我努力克制，但有時候還是忍不住對他發火。」她滿臉憂愁地望著我，說：「家裡的親戚朋友都不理解我們，只會讓我們逼他去上學，不上學就讓他去工作，覺得是我們太寵他，都在怪我們夫妻。」我靜靜地聽她說，明白這個過程，對父母和孩子，包括對我自己，都是考驗。父母都反覆說：「我們真的擔心他自暴自棄，一輩子都這樣了。」我認真地跟他們說：「我們現在做的事情，不就是讓他不要放棄自己嗎？」父母點頭，大約終於找到了自己堅持的意義。

他果真徹底頹廢起來。每天睡十三四個小時，還是不停地打哈欠，連最喜歡的遊戲也不再玩了，每天除了吃飯，幾乎都是在睡覺，體重在一個月之中上升了近十公斤。他還是每次都準時來，卻從不主動說話，他說自己現在的狀態沒什麼不好，自己也不難受。我問他：「那我能做點什麼呢？可以叫醒你嗎？」他很肯定地回答：「不能，你只能等，等到我願意醒來的時候。」我又問：「你相信自己會醒來嗎？」他說：「我不知道。」我告訴他：「我相信你會的。」他低著頭，沒有說話，但我看到他臉上的表情變得柔和起來。

　　他後來跟我說：「我覺得這段時間跟父母的關係好了一些。」我詢問原因，他搖搖頭，說：「我也說不清，只是感覺。」我想，他是感覺到了父母對他的接納和信任。我會跟他回饋他父母找我談了話，包括談話的主要內容，跟他澄清他爸媽有時候情緒失控的原因。他安靜地聽，偶爾點頭。我知道這個過程對他有意義，他需要相信，他信任的人會在他身邊，支持他。

　　這樣「睡」了一個多月之後，某一天，他突然告訴我他要去親戚家打工，因為借了爸爸的錢買喜歡的鍵盤，所以要想辦法賺錢。欣喜之餘，我詳細地跟他討論可能會遇到的困難，以及可能無法堅持的原因，他很驚訝，不過並不抗拒，他知道我是相信他的。我只是想告訴他，無法堅持也是情理之中的，他擅長的是用自責和愧疚懲罰自己，而這樣的懲罰會讓他更加一蹶不振。接受失敗並不會讓孩子刻意去失敗，而是讓他們更有勇氣去嘗試。果然，他去了一整天之後，同樣遇到了親戚家年輕員工的詢問，他又心生退意。好不容易才讓媽媽忍住沒有表達她的失望，而是積極地了解原因，跟孩子一起商量對策，最後，他答應換一個辦公室，每天去半天，就這樣一直堅持了下來。拿到薪水的那天，他給了爸

Story 16　頹廢的孩子，是因為懶嗎？

爸媽媽一人 500 塊作為父親節和母親節的禮物，說：「我不知道買什麼，就給錢讓他們自己買。」他臉上都是自豪的笑容。

接下來的九月，他就必須要回校上學了，我問他：「準備好了嗎？有把握嗎？」他想了想，說：「不算有把握，但應該沒問題。」顯然，這是一個經過深思熟慮的答案，不是一時興起的自我證明。我不知道是否會一切順利，但至少，他慢慢能夠正視失敗，不再如鴕鳥般一頭扎進泥裡昏睡，那一切便不再是問題。

頹廢的孩子，最需要的是時間，而異常焦慮的父母，最怕的就是時間。「怎麼還沒好起來？」「整天垂頭喪氣，我真怕他一輩子都這樣，看著心裡就生氣。」「到底要等到什麼時候啊？」焦慮的父母最害怕的就是無盡的等待，會覺得一年半載的等待，代表的是一輩子都不會有變化，心急如焚之際，恨不得有靈丹妙藥，或者是一針下去，孩子立刻就好起來，重新變得開朗、積極、陽光起來。

可惜，世上沒有這樣的藥。給孩子時間，等待孩子成長，就是最有效的靈藥。

等待，傳遞的是信任，是相信孩子可以靠自己一步步成長，是在孩子失敗時不灰心、不放棄，這原本就是最有效的鼓勵。十幾歲的孩子，人生才剛剛開始，擁有大把的時間，等不起的是父母內心的焦慮，父母們且告訴自己，「來得及，來得及，再給孩子一些時間」。

破繭的青春，孩子與家庭的心理對話：
缺乏自我認同 × 家庭教育偏激 × 情緒表達障礙 × 社交恐懼，16 個青少年諮商個案，揭開成長之路的破碎與迷茫

作　　　者：	韋志中，周治瓊
責 任 編 輯：	高惠娟
發 行 人：	黃振庭
出 版 者：	樂律文化事業有限公司
發 行 者：	崧博出版事業有限公司
E－mail：	sonbookservice@gmail.com
粉 絲 頁：	https://www.facebook.com/sonbookss
網　　　址：	https://sonbook.net/
地　　　址：	台北市中正區重慶南路一段 61 號 8 樓 8F., No.61, Sec. 1, Chongqing S. Rd., Zhongzheng Dist., Taipei City 100, Taiwan
電　　　話：	(02)2370-3310
傳　　　真：	(02)2388-1990
律 師 顧 問：	廣華律師事務所 張珮琦律師
定　　　價：	350 元
發 行 日 期：	2024 年 09 月第一版

◎本書以 POD 印製

Design Assets from Freepik.com

國家圖書館出版品預行編目資料

破繭的青春，孩子與家庭的心理對話：缺乏自我認同 × 家庭教育偏激 × 情緒表達障礙 × 社交恐懼，16 個青少年諮商個案，揭開成長之路的破碎與迷茫 / 韋志中，周治瓊 著. -- 第一版 . -- 臺北市：樂律文化事業有限公司，2024.09
面；　公分
POD 版
ISBN 978-626-7552-35-3(平裝)
1.CST: 青少年心理 2.CST: 兒童心理學 3.CST: 心理諮商
173.2　　113013821

電子書購買

爽讀 APP　　臉書